Dietlind Tornieporth

Von wegen perfekt!

Wie Sie entspannt die Welt erobern

Knaur Taschenbuch Verlag

Besuchen Sie uns im Internet:
www.knaur.de

FSC
www.fsc.org
MIX
Papier aus ver-
antwortungsvollen
Quellen
FSC® C083411

Originalausgabe Juni 2011
Copyright © 2011 bei Knaur Taschenbuch.
Ein Unternehmen der Droemerschen Verlagsanstalt
Th. Knaur Nachf. GmbH & Co. KG, München
Alle Rechte vorbehalten. Das Werk darf – auch teilweise –
nur mit Genehmigung des Verlags wiedergegeben werden.
Redaktion: Mareike Neukam
Umschlaggestaltung: ZERO Werbeagentur, München
Umschlagabbildung: GettyImages/Richard Drury
Satz: Adobe InDesign im Verlag
Druck und Bindung: CPI – Clausen & Bosse, Leck
Printed in Germany
ISBN 978-3-426-78413-6

2   4   5   3   1

Inhalt

Einleitung

Auf dem Podest steht eine zierliche Frau mit blondierter Pony-frisur, elegantem Kostüm und schwindelerregenden High Heels. Sie spricht mit hoher, dünner Stimme ins Mikrophon, streicht sich hin und wieder versonnen durchs Haar und spricht über ihre emotionalen Eindrücke. Nun ist sie nicht gerade CEO eines börsennotierten Unternehmens und doch hält sie die Rede in ihrer Funktion als Rektorin einer Münchner Grundschule – einer Schule, die mit Preisen ausgezeichnet ist, in der in jedem Klassenzimmer ein Computer steht und die eine Boulderwand auf dem Pausenhof hat. Dies haben die Schüler nicht nur einer engagierten Elternschaft, sondern auch der Hartnäckigkeit und Durchsetzungsfähigkeit ihrer Rekto-rin zu verdanken. Das DAX-Unternehmen hätte ihr vermut-lich auch ganz gut gestanden. Letztes Jahr feierte sie einen run-den Geburtstag. Charmanterweise hatte sie sich erbeten, das Jubiläum nicht genau zu beziffern. Obwohl es ohnehin jeder wusste.

Ich habe dieselbe Rektorin auch schon in diversen Elternbeirats-sitzungen erlebt. Die äußere Erscheinung und die zarte Stim-me hatten mich angesichts ihrer Position von Anfang an er-staunt. Richtig beeindruckt hat mich allerdings, wie sie vor versammelter Runde das Wort ergriff, indem sie ihre ohnehin viel zu leise Stimme auch noch senkte und sich trotzdem – oder gerade deswegen – Gehör verschaffte. So etwas hatte ich bis dahin noch nicht gesehen. Man kennt Frauen in hohen Posi-tionen und entsprechender Verantwortung. Sie reden mit tiefer Stimme, tragen schultergepolsterte Karrierefrauenblazer und ahmen auch sonst das businesstypische Dominanzgehabe erfolgsverwöhnter Männer nach. Aber eine solche Strategie, Flüsterton zum Chanel-Kostüm, und vor allem mit derart durchschlagendem Erfolg, das hatte ich in der Tat noch nicht erlebt. Und man kann sich vorstellen, wie sie mit ihrer betont leisen Art schon so manches Schulamt zum Beben gebracht hat.

Gibt es ihn also doch? Einen möglichen dritten Weg? Weder Weibchen noch Karrierepowerfrau, sondern einfach eine moderne, emanzipierte Frau, die alles unter einen Hut bringt – nicht nur Kinder und Karriere, sondern auch weiblichen Charme und Finesse, genauso wie Hartnäckigkeit und Durchsetzungsvermögen? Müssen erfolgreiche Frauen eigentlich immer aussehen wie Angela Merkel? Und kommen sie nur mit Ellenbogenmentalität und männlichem Dominanzverhalten ans Ziel? Schließen sich Karriere und Sexappeal grundsätzlich aus? Sind emanzipierte Frauen zwangsläufig verkniffen, unglamourös und schlecht gelaunt? Und Feministinnen allesamt verbissene Spaßbremsen?

Nun, natürlich nicht. Und dennoch schwirren in unseren Köpfen noch immer diese veralteten Vorstellungen von emanzipierter Weiblichkeit herum. Das Ergebnis: Über die Europaabgeordnete Silvana Koch-Mehrin wird gemunkelt, sie wäre damals für die FDP auch mit ihren langen Beinen auf Stimmenfang gegangen. Der *Stern* kann sich in Zusammenhang mit dem zäh errungenen Hartz-IV-Kompromiss den völlig überflüssigen Kommentar nicht verkneifen, wie »blond, frisch, lächelnd« die SPD-Ministerin Manuela Schwesig trotz nächtlicher Verhandlungen doch wirke, fast so, »als käme sie gerade von der Beauty-Farm«. Von der italienischen Ex-Ministerin Mara Carfagna nehmen wir sowieso an, dass sie nur aufgrund ihres Aussehens im Kabinett Berlusconi gelandet sein konnte.

Und auch der schnelle Aufstieg der ehemaligen französischen Justizministerin Rachida Dati war uns von Anfang an nicht ganz geheuer. Dass auf Schulradar.de auch hässliche Kommentare von Eltern nicht ausbleiben, die aufgrund ihres Aussehens an der fachlichen Qualifikation der Rektorin zweifeln, war ebenfalls zu befürchten.

Die ersten Reaktionen, wenn Karriere und Attraktivität tatsächlich aufeinandertreffen, sind Misstrauen und Zweifel. Entspricht das weibliche Auftreten nicht unseren verstaubten Ansichten einer emanzipierten Frau, werden wir nicht müde, immer und immer wieder den absoluten Exotenstatus dieser Erfolgsfrauen zu betonen. Auf die Idee, dass sich femininer Charme und emanzipierte Weiblichkeit keineswegs ausschließen müssen, kommt offenbar keiner. Wenn es um die Neudefinition eines modernen weiblichen Zeitgeistes geht, dann ist das Selbstverständnis vieler Frauen heute alles andere als emanzipiert. Oder zumindest reichlich unentspannt.

Ganz anders die Kanzlerin: Ich schätze mal, dass eine ganze Heerschar von Imageberatern und Stylisten sich mehr Gedanken um das Aussehen der Politikerin machen als sie selbst. Ihr ist es vermutlich herzlich egal, wie sie optisch wirkt, solange sie mit ihrer politischen Arbeit überzeugen kann. Und das ist dann auch das eigentlich Emanzipierte an Frau Merkel: die Selbstverständlichkeit und innere Unabhängigkeit, mit der sie ihre Ziele verfolgt, und die Fähigkeit, auf dem Weg dahin die richtigen Prioritäten zu setzen.

Was in diesem Zusammenhang jedoch auffällt: Es gibt im Grunde kaum weibliche Identifikationsfiguren. Die meisten berühmten Frauen in der Geschichte hatten in irgendeiner Form eine veritable Macke – zumindest in puncto Weiblichkeit. Madame Curie bestach zwar durch Intellekt, beeindruckte aber vor allem damit, dass sie sich in einer Männerdomäne durchsetzte und im naturwissenschaftlichen Bereich brillierte. Weibliche Raffinesse wurde ihr niemals nachgesagt. Margaret Thatcher wusste zwar ihre Handtasche im entscheidenden Augenblick dramatisch zu schwingen, galt aber als »Eiserne Lady«. Daran änderten auch ihre konsequenten Perlenohrringe und Halsketten nichts. Mal ganz zu schweigen von den Kämpferinnen der Emanzipationsbewegung, die uns allesamt freudlos, verbissen und in lila Latzhosen in Erinnerung geblieben sind. Wieso gibt es eigentlich kein positives Bild erfolgreicher Frauen, ein Beispiel emanzipierter Weiblichkeit und femininen Charmes zugleich?

Begeben wir uns mal auf die Suche …

Frauen heute

Was sind eigentlich erfolgreiche Frauen? Emanzipierte Frauen? Sollte man meinen. Doch ganz so einfach ist es nicht. Denn wenn man es genau nimmt, wird Emanzipation heute ausschließlich am beruflichen Erfolg gemessen. Frauen gelten dann als emanzipiert, wenn sie männliche Domänen erobert haben, also im Beruf oder an den Universitäten Gleichstellung erstritten und dort Karriere gemacht haben. Die erfolgreiche Chefredakteurin, die junge Universitätsprofessorin, die renommierte Herzchirurgin – solche Frauen sind nicht nur beruflich erfolgreich, sondern gelten gleichwohl auch als emanzipiert.

Die junge Mutter, die sich entschieden hat, mit ihrem Mann ein Kind nach dem anderen zu bekommen und zumindest in den ersten Lebensjahren der Sprösslinge um eine klassische Rollenverteilung nicht groß herumkommt, ist in unseren Augen per se altbacken und unemanzipiert. Dabei hat sie sich für eine sehr sinnvolle und höchst verantwortungsvolle Aufgabe entschieden. Aber das nur am Rande.

Bleiben wir bei den Karrierefrauen, also die, die einen »richtigen« Beruf ergriffen haben und nicht etwa Arzthelferin, Erzieherin oder Altenpflegerin geworden sind. Echte Karrierefrauen eben. Auch die werden nicht minder kritisch beäugt. Was aber zu einem rundum positiven Frauenbild oftmals fehlt, ist die Tatsache, dass sie nur deshalb so erfolgreich sein konnten, weil sie gelernt haben, männliche Verhaltensweisen zu imitieren. Viele Karrierefrauen strotzen nur so vor Hemdsärmeligkeit, Ellenbogenmentalität und männlichem Dominanzgehabe. Selten sagt man Frauen in Führungspositionen weiblichen Charme und Raffinesse nach. Karrierefrauen sind also in unserer Vorstellung nicht einfach nur gut in dem, was sie können, sondern ihnen lastet häufig auch das Image an, sie seien allesamt Arbeitstiere, tragen Hosenanzüge und pflegen einen harschen Umgangston.

Die Vorurteile gegenüber erfolgreichen Frauen sind längst auch wissenschaftlich belegt. Forscherinnen aus den USA und Australien legten jungen Männern und Frauen Unterlagen fiktiver Bewerber um eine Führungsposition vor. Die Untersuchungsteilnehmer sollten Sympathieurteile abgeben und erklären, ob sie sich die Bewerber als Chef vorstellen könnten. Das Ergebnis: Durchsetzungsfähigkeit, Effizienz und Leistungsorientierung wurden zwar positiv bewertet – aber nur, wenn es sich dabei um einen männlichen Bewerber handelte. Bei den weiblichen Kandidatinnen wurden dieselben Eigenschaften dagegen als negativ eingestuft. Sie wurden als Führungskräfte abgelehnt, weil man sie als unsympathisch, feindlich, intrigant, hart und nicht vertrauenswürdig einschätzte.

Die Studie offenbart allerdings noch eine weitere Besonderheit: Wurde von den Forscherinnen darauf hingewiesen, dass die jeweilige Bewerberin nicht nur hoch qualifiziert, sondern außerdem auch noch Mutter sei und zeigten sich diese ihren Mitarbeitern gegenüber betont aufmerksam, fürsorglich und einfühlsam, konnte dies die allgemeine Ablehnung kompensieren. Weibliche Führungsposition in der Kombination mit Mutterschaft brachte den Erfolgsfrauen also zumindest ein paar mehr Sympathiepunkte ein. Fazit: Rollenstereotype wirken enorm auf unser Urteilsvermögen. Auch das der Frauen. Denn sowohl Männer als auch Frauen stimmten in dieser Untersuchung gleichermaßen ab.[1]

1 Journal of Applied Psychology, Heft 1/2007

Erfolgreiche Karrierefrauen scheinen in unserer Vorstellung also einen ganz bestimmten Makel zu haben: Man unterstellt ihnen schnell, dass sie zugunsten der Karriere etwas von ihrer Weiblichkeit eingebüßt hätten. Die schultergepolsterte Durchsetzungsfähigkeit der Frauen wird nicht gern gesehen. Und das nicht nur von Männern. Das ist fatal, wärmt es doch im Grunde den hässlichen, altmodischen Anspruch wieder auf, Frauen müssten es erst mal besser machen als Männer, um mindestens genauso gut zu sein – sprich, nicht nur die nötige Kompetenz und Qualifikation, sondern auch noch ein ganz bestimmtes Aussehen und spezielle Eigenschaften mitbringen. Karriere ja, aber bitte trotzdem noch schön weiblich.

Doch genau das wird den Frauen heute so schwer gemacht. Denn ungerechterweise werden ambitionierte Frauen in unserer Gesellschaft als kalt und berechnend wahrgenommen. Klug, erfolgreich und bezaubernd – das sprengt offenbar unser kollektives Vorstellungsvermögen. Aber nicht nur das: Wir sprechen erfolgreichen Frauen von vornherein jegliche Feminität ab (und rühmen penetrant die wenigen Ausnahmen). Allerdings scheinen traditionell weibliche Eigenschaften, schaut man sich die raren Beispiele der weiblichen Führungskräfte in Politik oder Topmanagement einmal genauer an, auch tatsächlich mitunter auf der Strecke zu bleiben. Das gilt vor allem für »männliche« Karrierefrauen wie Angela Merkel oder Renate Künast, aber auch für viele andere der rund 5,9 Prozent Topentscheiderinnen in Deutschland.[2] Nicht wenige von ihnen wirken nicht nur sehr maskulin, sondern sie haben der Karriere zuliebe auch auf Kinder verzichtet. Allein im Bankensektor haben 77 Prozent der weiblichen Führungskräfte keine Kinder.

2 Laut der für das Jahr 2010 veröffentlichten Studie »Frauen in Führungspositionen« der Hoppenstedt Firmeninformationen GmbH.

Ein weiteres Indiz für die Unvereinbarkeit von weiblichen Führungsqualitäten und femininem Rollenverständnis? Im *Spiegel*-Online-Nachruf auf die 2009 verstorbene Schauspielerin Barbara Rudnik wird diese als »elegant, schweigsam und abgründig« beschrieben. Welche Vorstandsvorsitzende oder Physikprofessorin hätte nicht auch gerne etwas von deren Anziehungskraft und Attraktivität? Stattdessen schlüpfen Frauen, um Karriere zu machen, auch optisch in die Rolle der toughen Businesslady, die an Hartnäckigkeit und Durchsetzungsvermögen den Männern in nichts nachsteht. Eine Frau mit Haaren auf den Zähnen heißt es dann schnell – und wenig schmeichelhaft.

Die Situation wird nicht viel besser, wenn Frauen auch noch versuchen, Kinder und Karriere unter einen Hut zu bringen. Berufstätige Frauen und Mütter sind in der Regel vor allem eines: echte Kämpferinnen – im Beruf ambitioniert und ehrgeizig, als Mutter aufopfernd, selbstlos und schier unbegrenzt belastbar, nicht wenige allein erziehend und doch voll berufstätig. Um im Alltag zu bestehen, haben sie Durchsetzungsvermögen und Ellenbogenmentalität verinnerlicht. Sie wirken gehetzt, dauergestresst und verbissen. Dabei würden sich auch diese Frauen viel lieber von ihrer weiblichen Seite zeigen, stark, glamourös und selbstbestimmt sein, vielleicht sogar charmant und bezaubernd. Doch genau das scheint in unserem kollektiven Bildrepertoire nicht vorgesehen. Da gibt es nur Karrierepowerfrauen oder Supermütter. Sonst nichts.

Und meist sehen deutsche Mütter auch anders aus: Nicht wenige Frauen tendieren nach der Geburt des ersten Kindes zu praktischer Kurzhaarfrisur, Fleecepulli und festem Schuhwerk. Von weiblicher Anmut und Raffinesse keine Spur. Vielleicht nicht gerade in Münchens Glockenbachviertel oder rund um den Prenzlauer Berg in Berlin, aber sonst eigentlich überall in dieser Republik. Besonders auf den Spielplätzen. Da steht dann das aufopfernde Muttertier, bepackt mit Wickelrucksack und in wetterfesten Outdoor-Klamotten, bei eisiger Kälte geduldig hinter der Schaukel und schubst ausdauernd den Sprössling an, der zwar leider noch keinen Schwung holen kann, dafür aber eine studierte und hochqualifizierte Mutter hat, die beruflich zurücksteckt und sich nun als Antrieb verdient macht.

Die hippen Szenemütter in den Großstädten sind allerdings nicht viel besser dran. Die sind zwar top gestylt, auch ihr Nachwuchs trägt die Kindermodelinie namhafter Designer, und so flanieren sie an schicken Boutiquen und Coffeeshops vorbei, schlürfen Latte macchiato aus Pappbechern, die sie zwischendurch im Dosenhalter ihrer Kinderwagen abstellen, und versuchen sich an einer Neudefinition der Mutterrolle: die Frau von heute, freiberuflich, flexibel, mit Kind – und alles immer ganz locker und entspannt. Aber auch auf den Szenemüttern vom Prenzlauer Berg lastet der Druck, immer alles richtig machen zu müssen. Auch sie haben Angst, bestimmten Ansprüchen nicht zu genügen, wenn sie ihr Kind nicht ausschließlich biologisch ernähren oder alle Möglichkeiten der Frühförderung ausschöpfen. Ehrgeizig werden die Kleinen in Englischkurse und zur musikalischen Früherziehung geschickt. Und das am besten schon mit zwei Jahren. Aber auch das natürlich ganz entspannt und ohne Druck.

Mittlerweile gibt es in Fragen der Kindererziehung so etwas wie einen Zwang zur Zwanglosigkeit. Auch so ein Perfektionismus.

Wenn schon keine musikalische Früherziehung, dann zumindest der Zwang, modisch mithalten zu können. Das Kind als schickes Lifestyle-Accessoire braucht natürlich den dazugehörigen Bugaboo – der Mercedes unter den Kinderwagen und hierzulande nicht zuletzt deswegen so begehrt, weil schon

Miranda aus *Sex and the City* damit durchs urbane Großstadtleben surfte. Das Perfektionsstreben der Mütter hat auch der holländische Kinderwagenbauer erkannt und seinen Bugaboo so auf dem Markt etabliert, dass sich trendbewusste Eltern inzwischen minderwertig fühlen, wenn sie ihn nicht besitzen. Nicht nur beim »Early English«-Kurs für die Allerkleinsten, auch beim Kinderwagen zeigt sich offenbar, wer eine gute Mutter ist und wer nicht.

Doch ganz gleich, ob hippe Szenemutter oder Wickelrucksackfraktion: Das weibliche Selbstverständnis bröckelt. Und zwar ausgerechnet das der modernen und emanzipierten Frauen. Statt sich mit Gelassenheit, Zuversicht und Souveränität den Herausforderungen einer berufstätigen Frau und/oder Mutter zu stellen, herrscht nichts als ehrgeiziges Perfektionsstreben, wohin man sieht. Frauen heute sind zwar emanzipiert und erfolgreich, sie haben Kinder und sie machen Karriere, aber ihnen scheint jede Selbstverständlichkeit und Normalität verloren gegangen, wenn es um das eigene Selbstbild geht. Und was bei alldem Perfektionismus als Erstes hinten runterfällt, ist nicht selten der selbstbewusste Umgang mit der eigenen Weiblichkeit.

Das hat mit dem fatalen Hang vieler Frauen zu tun, die eigenen Bedürfnisse stets an letzte Stelle zu setzen – hinter Karriere, Mann, Heim und Kinder sowieso. Das hat aber auch damit zu tun, dass Frauen sich viel zu oft an medialen Vorgaben und gängigen Glücksversprechen von Erfolg und gutem Aussehen orientieren. Und da gibt es eigentlich nur Supermütter, Karrierepowerfrauen und andere Superlative. Was in jedem Fall fehlt, ist die Selbstverständlichkeit und innere Unabhängigkeit, mit der Frauen ganz einfach ihr Leben leben, Kinder haben oder auch nicht, einer geregelten Beschäftigung nachgehen und sich für den Weg in ihrem Leben entscheiden, den sie selbst für richtig halten.

Wenn wir uns all die emanzipierten Lebensentwürfe heute einmal genauer anschauen, dann scheint es in der Tat so, als ob Beruf und Karriere neben Familie und Kindern zum einzig sinnstiftenden Element im Leben einer Frau avanciert sind. Doch verspüren all die Karrierepowerfrauen und Supermuttis neben PowerPoint-Präsentationen und Pampers-Windeln nicht hin und wieder auch das Bedürfnis nach so etwas wie Glamour und Sexappeal in ihrem Leben? Haben Frauen neben Kindern und Karriere nicht auch noch ein eigenes Leben, ein gesellschaftliches, ein soziales, ein Liebesleben?

Das zumindest scheint gar nicht mehr so selbstverständlich. Emanzipierte Weiblichkeit jenseits von Kindern und Karriere gibt es eigentlich nicht. Genauso wie sich weibliche Führungsqualitäten und feminines Rollenverständnis offenbar ausschließen. Entweder man ist als Frau bereit, auf ein familiäres Umfeld gänzlich zu verzichten, oder man ist berufstätige Mutter, die mit eiserner Disziplin und maximaler Selbstoptimierung nicht nur eine perfekte Karriere hinlegt, sondern mit Kinderfrau und Putzhilfe auch den Familienalltag perfekt im Griff hat. Daneben gibt es ein paar vereinzelte Vollzeit-Muttis. Die gleichen dann aber eher einer aussterbenden Spezies aus einer grauen, voremanzipierten Steinzeit.

War da sonst noch was?

Sind berufstätige Frauen und Mütter nicht in erster Linie ganz normale Erwachsene in einer Welt ganz normaler gesellschaftlicher Verpflichtungen, die ihren Wert als Frau weder mit einer bedingungslosen Bereitschaft zu beruflichen Höchstleistungen noch mit der völligen Selbstaufgabe und Vermütterlichung gleichsetzen? Oder werden wir präziser: Sind moderne, emanzipierte Frauen nicht in erster Linie Frauen und erst dann Karrierepowerfrauen, Supermütter oder was auch immer. Nein?

Frauen von heute wollen am liebsten tagsüber Aufsichtsräten vorsitzen und abends Windeln wechseln? Ist das alles?

Dann erklären Sie mir mal, warum Serien wie *Sex and the City* oder *Lippstick Jungle* mit ihren ewig Schuhe kaufenden und Partys feiernden Damen so erfolgreich sind. Drängt sich da nicht der Verdacht auf, dass die ungeheure Popularität amerikanischer TV-Serien rund um die moderne und emanzipierte Großstadtpflanze genau daher rührt, dass sich die berufstätige Frau und Mutter wenigstens auf dem Bildschirm anschauen will, was der eigene spröde Alltag schon längst nicht mehr hergibt?

Und was ist eigentlich mit den Frauen, die den Spagat zwischen tougher Businessfrau und hingebungsvoller Mutter zwar meistern, aber nicht beabsichtigen, sich deswegen in Sack und Asche zu hüllen? Frauen, die ihre Weiblichkeit betonen und High Heels und Lippenstift nicht abgeneigt sind? Was ist eigentlich mit denen? Sind die in unseren Augen noch emanzipiert?

Smart, souverän und sexy?

Ich behaupte mal: Natürlich wollen Frauen, neben all der erkämpften Gleichstellung und den beruflichen Erfolgen, neben Kind und Karriere auch noch als weibliche Wesen wahrgenommen werden, sich begehrenswert fühlen und die eigene Weiblichkeit hochhalten. Nur genau das scheint sich mit einem emanzipierten Frauenbild nicht zu vertragen. Zumindest nicht in Deutschland. Warum eigentlich? Müssen wir uns Narzissmus vorwerfen lassen, wenn wir uns für Mode interessieren? Sind wir unemanzipiert, wenn wir regelmäßig zum Friseur gehen? Müssen wir auf hohe Absätze verzichten, um beruflich ernst genommen zu werden?

Unlängst war von der britischen Kolumnistin Charlotte Raven die These zu lesen, die Anfangserfolge des Feminismus seien von einer narzisstischen Frauengeneration verschleudert worden.[3] Gerade intellektuelle Frauen, so heißt es, hätten sich vom Feminismus abgewandt, weil er unglamourös sei, sie verkrampft wirken lasse und, was noch viel schlimmer sei, sie vom Shoppen abhielte.[4] Wütend und verbittert habe eine waschechte Feministin zu sein, ist da zu lesen, spaßig und locker hingegen sei das Motto der Girlpower und dies wiederum eigentlich ein Marketingkniff und keine Bewegung ... Aha!

Das heißt dann wohl: Frauen können heute also zusehen, wie sie sich eine neue Identität zurechtbasteln, die all die verschiedenen Facetten einer modernen Weiblichkeit vereint: Karrierefrau, Mutter, Ehefrau, Geliebte, Hausfrau, Femme fatale – nur um einige zu nennen. Da kann es einem schon mal schwindelig werden. Und da sträuben sich selbst bei den Frauen sämtliche Nackenhaare, die bislang mit dem Feminismus-Begriff eigentlich wenig anfangen konnten.

Neidvoll mag da so manche Frau auf ihre südeuropäischen Geschlechtsgenossinnen blicken, die ganz nach Lust und Laune in figurbetonter Aufmachung und auf hohen Absätzen, das Handy am Ohr, den Kinderwagen vor sich herschieben und offenbar weit weniger Probleme damit haben, all die verschiedenen Facetten moderner Weiblichkeit unter einen Hut zu bringen. Nun gut, wir wissen nicht, ob all diese Frauen in Spanien, Griechenland und Italien, die dem Klischee nach viel modebe-

---

3 Charlotte Raven, »That's Why the Lady Is a Tramp« in: *SZ-Magazin* vom 04. 06. 2010

4 Raven bezieht sich dabei offensichtlich auf die Thesen der britischen Journalistin und Feministin Natasha Walters, die in ihrem Buch *Living Dolls: The Return of Sexism* kritisiert, dass das weibliche Selbstbewusstsein derzeit völlig oberflächlich auf High Heels daherstolpere.

wusster und insgesamt weiblicher sind, also die mit den Kinderwägen und den High Heels, auch wirklich arbeiten und in ihrem Beruf erfolgreich – sprich emanzipiert – sind. Aber warum um alles in der Welt sollten die Frauen in halb Europa nicht arbeiten? Das kann ich mir nun auch wieder nicht vorstellen. Oder nehmen wir Frankreich. Ein Blick zu unseren Nachbarn zeigt: Die Diskussion um eine narzisstische Frauengeneration, die den Feminismus verschleudert habe, wird dort in der Form nicht geführt. In Frankreich muss sich keine Frau dafür rechtfertigen, wenn sie sich die Lippen schminkt. Die französische Frau gilt als Inbegriff von schlichter Eleganz und weiblichem Charme. Und selbst die wird wohl hin und wieder arbeiten müssen. Ihr aber werden Sinnlichkeit und Glamour wohl kaum als Narzissmus ausgelegt. Welcher Franzose käme denn auf die blöde Idee?

Wir Deutschen haben aber noch ein ganz anderes Problem mit unseren Nachbarn. Die französische Ministerin, die nur wenige Wochen nach der Geburt ihres Kindes wieder gertenschlank im Kabinett erscheint, finden wir irgendwie anstößig. Insgeheim beeindruckt uns zwar, mit welch unverschämter Lässigkeit und Selbstverständlichkeit die französische Frau Kinder und Karriere unter einen Hut zu bringen scheint. Doch das Ideal der deutschen Übermutter zwingt viele Frauen hierzulande, sich irgendwann zwischen Beruf und Familie zu entscheiden. Und so verschwinden reihenweise akademisch bestens ausgebildete Frauen jenseits der 30 in idyllischen Vororthäuschen, um sich dort Mann und Kind und damit ihrer vom deutschen Feuilleton vielfach beschworenen »eigentlichen« Aufgabe zu widmen.

Das weibliche Dilemma

Versuchen Frauen jedoch den Balanceakt zwischen Berufstätigkeit und Mutterschaft, so wie es der Realität vieler Frauen hierzulande ja längst entspricht, haben sie oftmals einen hohen Preis dafür zu zahlen – nämlich den der absoluten Kontrolle und Selbstperfektion, um Job, Familienleben, Freizeit und soziale Kontakte überhaupt bewältigen zu können. Was dabei nicht selten auf der Strecke bleibt, sind Gelassenheit und Souveränität im Alltag, aber auch die Selbstverständlichkeit oder auch Lust daran, sich als Frau zu inszenieren und wahrzunehmen.

Das Leben dieser Frauen ist perfekt organisiert und minutengenau durchgeplant. Und das bezieht sich längst nicht nur auf berufliche Verpflichtungen. Klavierstunde, Reiten und Fußballtraining der Sprösslinge sind in Excel-Tabellen festgehalten. Das iPhone meldet pünktlich, dass der wöchentliche Spinning-Kurs in 15 Minuten beginnt, und abends steht noch die Elternbeiratssitzung in der Schule an. Den Einkauf hat man zum Glück schon in der Mittagspause erledigt, gekocht wird natürlich selbst, am besten bio und gesund. Hausaufgaben durchsehen, Vokabeln abfragen, Gutenachtgeschichten vorlesen stehen sowieso auf dem Programm. Nach der Elternbeiratssitzung muss noch die morgige Kundenpräsentation vorbereitet werden. Die Wäsche bleibt da mitunter liegen. Zeit für sich haben diese Frauen schon lange nicht mehr.

Viel besser ergeht es den Singlefrauen und kinderlosen High Potentials allerdings auch nicht. Das Arbeitsleben hat sich radikalisiert. Der Preis für den beruflichen Erfolg: 50 oder 60 Stunden im Büro sind keine Seltenheit mehr. Bei den hochdotierten Führungspositionen können es auch mal 80 Stunden werden. Wer beruflich ganz nach oben will, der muss bereit sein, auf ein familiäres Umfeld und einen großen Freundeskreis zu verzichten, nur um durch ein Höchstmaß an Unabhängigkeit und Flexibilität die besseren Chancen zu haben, in Spitzenpositionen aufzusteigen. Mit Perfektion und eiserner Disziplin, mit beständiger Optimierung und Selbstmaximierung wird schließlich an der Ausnahmekarriere gefeilt. Das Leben ist hoch getaktet. Ein Privatleben gibt es kaum. Und in Anbetracht ihrer 80-Stunden-Woche muss die weibliche Führungskraft sowieso jeden Abend alleine ins Bett gehen.

Angesichts eines solchen Pensums ist es kaum verwunderlich, dass so manche Frau zum schmallippigen und disziplinierten Karrieremonster und/oder Supermutti mutiert, die angestrengt und verbissen Punkt für Punkt ihren Alltag abarbeitet. Es ist ein ungeheurer Kraftakt, der vielen Frauen da tagtäglich abverlangt wird, und es ist wenig überraschend, dass viele von ihnen das bisschen Glamour und Sexappeal in ihrem Leben nur noch aus dem Fernsehen kennen. Das letzte Mal im Kino gewesen? Mit einer Freundin zum sonntäglichen Brunch? Mit dem eigenen Partner auf einer Party bis weit nach Mitternacht? Pff, in den letzten zehn Jahren zumindest nicht.

Vielleicht ist es aber auch ein hausgemachtes Problem? Zumindest eines made in Germany? Eiserne Disziplin und Selbstmaximierung, Pflicht und Perfektion, Opfermentalität und verbissener Ehrgeiz bestimmen nicht mehr nur den Arbeitsalltag deutscher Frauen, sondern haben längst Einzug ins Private genommen. Selbst was das Mutterdasein angeht. Auf den Entbindungsstationen in Deutschland finden die frischen Wöchnerinnen auf dem Nachtkästchen gleich die einschlägigen Broschüren der La-Leche-Liga, einem Verein zur Förderung des Stillens. Ungefragt weisen Still-Beraterinnen den jungen Müttern den Weg zur Brustnahrung. Schließlich sei das immer noch das Beste fürs Kind. In französischen Krankenhäusern dagegen enthalten die Informationsbroschüren Tipps, wie stillende Mütter ihre Brüste in Form halten können. In Deutschland wird ausschließlich die Mutter angesprochen, gibt die *Zeit*-Redakteurin Ilka Piepgras zu bedenken, in Frankreich auch die Frau.[5] Das ist ein bedeutsamer Unterschied.

Und damit ist auch schon das eigentliche Dilemma vieler Frauen zwischen 30 und 40 benannt: Es ist nicht mehr nur die Entscheidung zwischen Kind und Karriere, sondern auch die zwischen Berufstätigkeit, Mutterschaft und einem offenbar nicht mehr ganz problemfreien Selbstverständnis als Frau – ein Selbstverständnis, das zumindest in Deutschland von verschiedenen Seiten kontrovers diskutiert und mit vielfältigen Forderungen belegt wird.

Es sind nicht nur deutsche Chefredakteure, die schon vor einigen Jahren eine demografische Apokalypse ausgerufen haben und seither die Rückbesinnung auf alte Geschlechterrollen fordern. Es sind auch die politisch ambitionierten Aufrufe der neuen Alphamädchen und Neo-Feministinnen, die einen modernen weiblichen Zeitgeist ins Visier genommen haben. Und so konträr die Ausgangspositionen beider auch sein mögen, so erstaunlich einhellig geben beide Seiten doch nur wieder eine Dimension vor: Formiert euch als neue Frauen! Man könnte auch sagen: Funktioniert doch einfach noch besser! Nur genau darin liegt das Problem. Es ist ja nicht so, dass Frauen sich nicht alle Mühe geben würden, im Beruf erfolgreich zu sein und auch noch eine gute Mutter abzugeben. Und jetzt sollen sie schon wieder kämpfen?

Dabei ist das Dilemma moderner, emanzipierter Frauen ein ganz anderes. Die ganze Diskussion um einen neuen weiblichen Zeitgeist wirft nämlich zwei Fragen auf, die bislang

---

5 Ilka Piepgras, »Büro & Klammern« in: *Die Zeit* vom 06.05.2004

keiner so richtig gestellt hat, geschweige denn irgendwie beantwortet hätte:

1. Welches Frauenbild liegt der ganzen Diskussion um einen neuen weiblichen Zeitgeist eigentlich zugrunde? Oder genauer, welches Frauenbild ist heute noch angebracht?

2. Und wie ist die Doppel- und Dreifachbelastung der Frauen überhaupt noch zu meistern, ohne an Gelassenheit, Souveränität oder gar Weiblichkeit zu verlieren?

Machen wir uns auf die Suche …

Neue Weiblichkeit?

Welche Frauen beeindrucken uns? Mit welchen Biographien können wir uns identifizieren? Was gefällt uns an anderen Frauen? Nehmen wir diesmal bewusst *nicht* jene, die stets ganz oben auf der Trefferliste erscheinen, wenn wir bei Google den Passus »erfolgreiche Frauen« eingeben – also nicht Angela Merkel, Alice Schwarzer oder Condoleezza Rice.[6] Mal ganz ungeachtet deren beachtlicher Leistungen, wollen wir das Thema beruflicher Erfolg zunächst ausklammern und nach Eigenschaften suchen, mit denen sich Frauen neben Beruf, Karriere und Mutterschaft vielleicht auch noch identifizieren können. Machen wir uns einmal auf die Suche nach einer neuen, modernen Weiblichkeit.

Nehmen wir zunächst ein ungewöhnliches Beispiel: die Filmfigur Erin Brockovich, gespielt von Julia Roberts, in dem gleichnamigen, schon etwas älteren Film über die in den USA

---

6 Gibt man im Übrigen die beiden Stichwörter »Erfolg« und »Frauen« in die Suchmaschinen ein, erscheinen zunächst einmal jede Menge Flirttipps, also wie Mann bei Frauen Erfolg haben kann. Auch irgendwie bezeichnend.

sehr erfolgreiche Verbraucherschützerin, Selfmadefrau, Mutter und kämpferische Lobbyistin[7]. Die Protagonistin des Films ist smart, sexy, unerschrocken und einfach drauflos. Ihr Markenzeichen: blitzende Augen, ein ansteckendes Lachen und der »unverkennbare Mut, sich der Welt von ihrer Schokoladenseite zu zeigen«, wie es Elena Bates in *Viva la Diva!* so treffend formuliert hat. Vielleicht ist uns das Dekolleté ein bisschen zu üppig, die High Heels zu schwindelig, das Anknipslächeln zu aufgesetzt und die ganze Frau auf jeden Fall zu amerikanisch. Und doch bewundern wir insgeheim diesen Typ Frau, ganz einfach, weil solche Frauen stark, schön und aufregend sind.

Wagen wir mal einen Blick Richtung Süden: Italienische Frauen assoziieren die meisten Menschen mit Temperament und Leidenschaft. Das geflügelte Wort »bella figura« steht für das selbstbewusste Auftreten der Südländerin, ihr feuriger Blick, die lebhaften Gesten und ihre natürliche Eleganz. Die italienische Diva gilt als geheimnisvoll und glamourös, gleichzeitig sprüht sie nur so vor Leben, Lachen und Zuneigung. Viele denken sofort an Sophia Loren oder Monica Bellucci. Und die meisten bewundern diese Frauen nicht nur für ihr künstlerisches Talent, sondern auch für ihre Anmut und ihre Grazie. Aber halten wir sie deshalb per se für unemanzipiert?

Gehen wir nach Frankreich: Dort gibt es den Frauentypus der Desmoiselles – eine perfekte Mischung aus Zurückhaltung und Verführung, Bescheidenheit und Luxus. Die Französin gilt als Inbegriff von schlichter Eleganz, Finesse und weiblichem Charme. Und was halten wir von Frauen wie Catherine Deneuve, Juliette Binoche oder Julie Delpy? Ideal einer modernen Frau oder narzisstisches Weibchen?

---

7 Der Film beruht auf der wahren Geschichte der amerikanischen Verbraucherschützerin Erin Brockovich (siehe www.brockovich.com).

Schließlich denken wir noch an den Frauentypus der Latina: Sie steht für Vitalität, Sinnlichkeit und Selbstbewusstsein. Lateinamerikanische Frauen gelten als heißblütig, wild und wahnsinnig weiblich. Frauen wie Jennifer Lopez oder Shakira zeigen sich gerne sexy, unwiderstehlich und stark. Ihr Markenzeichen: geballte Sinnlichkeit gepaart mit Zielstrebigkeit, Selbstbewusstsein und Talent. Und? Halten wir die beiden Damen nun wegen ihres unbestrittenen Sexappeals für unemanzipiert?

Welches Frauenbild ließe sich daraus ableiten? Welche dieser Eigenschaften sind möglicherweise recyclebar für ein zeitgemäßes Selbstbild moderner deutscher Frauen? Gestehen wir uns überhaupt zu, solche Ideale zu äußern? Müssen wir nicht auf unsere berufliche Eigenständigkeit und finanzielle Unabhängigkeit pochen, um uns emanzipiert zu geben? Dürfen wir eine Erin Brockovich überhaupt gut finden? Auch nur ansatzweise?

Gerade stelle ich mir Alice Schwarzer vor, wie sie energisch den Kopf schüttelt. Überhaupt denke ich die ganze Zeit an Frau Schwarzer, während ich diese Zeilen schreibe. Kein Wunder, schließlich ist sie die Ikone der deutschen Emanzipationsbewegung. Und mit Sicherheit not amused über die Richtung, die ich hier einschlage. Schließlich wage ich es, die sehr bedeutsame politische Frage der Frauen in Deutschland um einen sehr profanen Aspekt zu ergänzen, nämlich um die Frage, ob die moderne und emanzipierte Frau, aufgerieben zwischen Kind und Karriere, außerdem auch noch das Bedürfnis haben darf, sich als weibliches Wesen zu fühlen, schön und begehrenswert, vielleicht sogar glamourös und sexy?

Ich will allerdings die Diskussion um ein zeitgemäßes Frauenbild gar nicht unnötig verengen. Denn mitnichten geht es beim Thema Selbstbild allein um irgendwelche Äußerlichkeiten. Das weibliche Selbstverständnis steht offenbar auch dann zur Disposition, wenn Frauen nach der Heirat den Namen ihres Mannes annehmen. Die Kritik an Familienministerin Kristina Schröder, ehemals Köhler, blieb natürlich nicht aus. Oder wenn Frauen den Kindern zuliebe auf die große Karriere verzichten. Und das am Ende auch noch ohne Bedauern. Selbst das ausschließliche Stillen oder der Verzicht auf die Peridural-Anästhesie bei der Entbindung sind ja heute schon diskussionswürdig geworden, je nach politisch-ideologischer Couleur. Und so langsam stellt sich mir die Frage, warum für die Unabhängigkeit der Frauen heutzutage eigentlich keiner mehr auf die Straße geht.

Wer nimmt sich eigentlich das Recht heraus, über derart private und intime Angelegenheiten öffentlich zu diskutieren? Warum muss sich eine moderne und emanzipierte Frau heute noch dafür rechtfertigen, wenn sie auf einen Bindestrich in ihrem Nachnamen verzichtet? Oder einen Minirock trägt? Oder von einem Häuschen mit Garten und einer großen Kinderschar träumt? Oder ihr Kind mit der Flasche großzieht? Oder ein Nagelstudio eröffnen möchte? Waren wir in diesem Punkt nicht schon ein bisschen weiter?

In den 60ern gründeten Frauen Aktionsgruppen und Weiberräte, verteilten Flugblätter, stürmten Gerichte, zogen ihre T-Shirts hoch und sagten den »bürgerlichen Schwänzen« den Kampf an. Damals war eine andere Radikalität vonnöten, um politisch etwas zu bewegen. Und damals wurde im solidarischen Schulterschluss der Frauen gerade das Private zum Politikum erklärt – nicht zuletzt weil die ungerechten Strukturen viel weiter in die privaten Belange hineinreichten.[8] Das war alles richtig, und ohne die mutigen Aktionen der Frauenrechtsbewegung hätten wir heute mit Sicherheit keine Bundeskanzlerin.

---

8 Noch bis in die 1960er Jahre hinein mussten Frauen nach damals geltendem Recht ihre Ehemänner um Erlaubnis bitten, wenn sie arbeiten wollten.

Aber hat sich da nicht mittlerweile etwas ins Gegenteil verkehrt? Zumindest dann, wenn den Frauen aus ihrer lang erkämpften Freiheit nun ein Strick gedreht wird und man ihnen vorwirft, sie würden feministische Errungenschaften verspielen, sobald sie sich die Lippen schminken, den Namen ihres Mannes annehmen oder nach der Geburt der Kinder zu Hause bleiben wollen? Damals diente der Slogan »Das Private ist politisch« dazu, dem Begehren der Frauen zu mehr Einfluss zu verhelfen. Heute wird unter diesem Deckmäntelchen Kritik an einzelnen Lebensentwürfen geübt, die aus Sicht manch frauenbewegter Frauen vielleicht nicht emanzipiert genug erscheinen. Nur mit welchem Recht? Mitunter hat es den Anschein, dass nicht nur der 68er-Slogan, sondern auch so manche Ansichten etwas in die Jahre gekommen sind.

Nun ist meine Forderung nach einer neuen Weiblichkeit jenseits von Kind und Karriere keineswegs mit einer »weichgespülten Kinder & Karriere-Sexyness«[9] gleichzusetzen, wie sie in den Romanen von Hera Lind oder Ildikó von Kürthy propagiert wird. Mir geht es um ein neues weibliches Selbstverständnis und damit um die nötige Souveränität und innere Unabhängigkeit, mit der sich Frauen heute für einen ganz bestimmten Lebensweg entscheiden. Und dazu gehört auch das äußere Auftreten einer Frau.

Ich stelle daher die gar nicht so profane Frage, ob eigentlich alle, die nicht nur Mutter oder Karrieristin oder beides sein wollen, sondern nebenbei auch noch Frau, ob all diese Frauen zwangsläufig narzisstisch sind? Oder »Femizisstinnen«[10], wie

9 Thea Dorn, *Die neue F-Klasse*.
10 Frauen, die ein typisch weibliches Verhalten an den Tag legen, was ein neues Selbstbewusstsein ausdrücken soll, sich aber als Gefallsucht im klassischen Sinn erweist.

Charlotte Raven dieses hedonistische Pack genannt hat, also moderne, emanzipierte Frauen, die sich die Lippen schminken, hohe Absätze tragen und auch sonst durchaus Gefallen an einer weiblichen Inszenierung finden. Alles Frauen, so die feministische Kritik, die mit Nagellack und kesser Lippe eigentlich ihren Minderwertigkeitskomplex kaschieren wollen und allesamt an Gefallsucht leiden?

Ich weiß, Glamour und Sexappeal im Leben einer Frau, das ist nun wahrlich keine Frage von besonderer politischer Tragweite. Aber ich stelle sie trotzdem. Ich finde nämlich die Frage nach einer neuen, modernen Weiblichkeit jenseits von Kind und Karriere wichtig. Nicht ganz so wichtig wie gesellschaftliche und politische Gleichstellung. Aber eben auch wichtig. Und ich finde, dass diese Frage in der heutigen Diskussion irgendwie zu kurz gekommen ist.

Die Schlagseite der Emanzipation

Die Modekette *Orsay* wirbt mit dem Slogan »Thank God, I am a Woman«. Laut Pressemitteilung versteht sich *Orsay* als Hersteller von »jungen, modischen, preiswürdigen Outfits, mit denen Frauen ihre Feminität zu jeder Zeit individuell ausdrücken können«. Ob Alice Schwarzer wohl mit dieser Formulierung schon ein Problem hätte?

Das neue deutsche Fräuleinwunder Lena Meyer-Landrut verkündet in einer Pressekonferenz im Vorfeld ihres Grandprix-Siegeszuges, sie trage gerne High Heels auf der Bühne, denn sie finde, das sehe sehr hübsch aus. Ist Lena nun ein narzisstisches Weibchen oder eine selbstbewusste junge Frau, die unbefangen mit ihrer Weiblichkeit umgeht? Und das gerade weil sie so jung ist und weil die ersten politischen Emanzipationsbestrebungen so weit zurückliegen? Ist Lenas Haltung nun modern oder rückwärtsgewandt? Ist sie souverän und selbstbewusst oder ist sie eine Sklavin auf dem Jahrmarkt der Eitelkeiten?

Woher kommt es eigentlich zu dieser Art von Empfindlichkeit, sobald es um das Äußere einer Frau geht? Und was sagt das über das Selbstverständnis moderner, emanzipierter Frauen aus?

Wie sehen sich heutige Frauen denn selbst gerne? Unabhängig, stark, selbstbestimmt? Mit Sicherheit. Da ist selbst Frau Schwarzer noch dabei. Intelligent, vielseitig, unkonventionell? Auch so ein gemeinsamer Nenner, möchte ich behaupten. Wie steht es aber mit sinnlich, lebendig und leidenschaftlich? Das wären wir mit Sicherheit alle gerne, nur da springen auch schon die ersten ab und behaupten, das gehöre doch nicht zwingend zum Selbstbild moderner, emanzipierter Frauen. Und wie ist es dann erst mit solchen Eigenschaften wie glamourös, aufregend und geheimnisvoll? Oder gar mit bezaubernd und aufreizend? Da kippt die ganze Sache schon, wetten! Zwar sind auch diese Eigenschaften durchaus weibliche Attribute, doch haben sie für viele, gerade emanzipierte Frauen heutzutage fast schon eine negative Konnotation. Warum eigentlich?

Das Dilemma dieser Frauen: Sie sind gebildet, kultiviert und eigenständig – aber nicht unbedingt sexy. Sie stehen mit beiden Beinen im Leben, aber ihnen fehlt oft jegliche Spur von weiblicher Anmut und Raffinesse. Sie verhalten sich unauffällig und stehen nicht gerne im Rampenlicht. Sie vermeiden aufreizende Kleidung, bewundernde Blicke und glamouröse Auftritte. Sie versuchen stattdessen mit Wissen und Intellekt zu glänzen. Und sie scheinen sich in ihrer Rolle als Frau nicht besonders wohl zu fühlen. Der Spruch »Thank God, I Am a Woman« ist keineswegs selbstverständlich, sondern für viele Frauen hochgradig polarisierend. Eine ganze Generation von Frauen überlegen, ob Lenas Bekenntnis zu hohen Absätzen nicht bereits einem Verrat an der Frauenbewegung gleichkommt.

Was um Himmels willen ist eigentlich mit den Frauen in Deutschland los? Die Italienerin, die Französin, die Latina – sie alle haben mit Sicherheit weit weniger Probleme damit, sich gleichzeitig smart, souverän und sexy zu fühlen. Vielleicht ist also auch das Unbehagen so mancher Frau hierzulande völlig unangebracht?

Überlegen wir noch mal kurz, warum das Aufreizende einer Frau bei uns so in Verruf geraten ist.

Aussehen und erotisches Kapital

Ein Besuch des Chandella-Tempels im zentralindischen Khajuraho macht deutlich: Offensichtlich genießen Schönheit und erotisches Kapital in anderen Kulturen einen ganz anderen Stellenwert. Die Tempelanlage ist übersät mit Reliefs verführerischer Göttinnen und der Darstellungen teils recht exotischer sexueller Akte. Dieses überbordende Fest der Sinnlichkeit, Sexualität und weiblicher Schönheit wirkt auf den westlichen Betrachter einigermaßen anstößig, ja geradezu pornographisch, zumal der Europäer aus den christlichen Kirchen eher die Ikonographie des Leidens Christi kennt, der Geißelung und Kreuzigung, dem Sterben umgeben von klagenden Frauen. Die unverblümte Erotik und freizügige Darstellung weiblicher Schönheit, und das in einem Gotteshaus, sind für den europäischen Betrachter in höchstem Maße irritierend.

Nun ist Indien nicht gerade ein freizügiges Land. Im Gegenteil. Und doch lässt der indische Tempel vermuten, dass erotisches

Kapital und weibliche Schönheit in anderen Kulturen anders gewürdigt werden. Man denke an Brasilien, wo weibliche Erotik und Verführungsmacht ganz anders akzeptiert und honoriert werden. Die jährlichen Karnevals-Paraden mit ihren spärlich bekleideten Menschen und der zur Schau gestellten Erotik ist keineswegs eine Nischenveranstaltung einfacher Leute oder sexueller Randgruppen. Mitnichten. An den Umzügen beteiligen sich sämtliche gesellschaftlichen Schichten Brasiliens.

In Europa trifft man dagegen häufig auf eine sehr puritanische, angelsächsisch geprägte Abneigung gegen alles Sinnliche, Erotische und Schöne. Das Christentum wurde durch all die Jahrhunderte hinweg nicht müde, Sexualität und alles, was damit zusammenhängt, zu missbilligen und für unrein, schambehaftet und triebgesteuert zu erklären. Die feministische Ideologie hat der christlichen Abneigung gegen alles Sinnliche, Erotische und Schöne schließlich weiteren Vorschub geleistet: Emanzipierte Frauen brillieren mit Intelligenz, Bildung, Qualifikation und beruflichem Engagement, nicht aber mit weiblicher Schönheit und sexueller Ausstrahlung. Der Feminismus wehrt sich vehement dagegen, Frauen auf ihr Äußeres zu reduzieren, und sieht im Grunde gar nicht vor, dass Frauen möglicherweise beides besitzen, Kompetenz und Aussehen – und das auch noch zu nutzen wissen. Der Einsatz von erotischem Kapital wird so in der feministischen Vorstellung nicht nur zum subversiven, sondern gar zum verräterischen Akt.

Dabei ist mit erotischem Kapital, ein Begriff, den die Soziologin Catherine Hakim von der *London School of Economics* geprägt hat[11], nicht ein perfektes Äußeres gemeint. Erotisches

11 Catherine Hakim, »Erotisches Kapital. Warum dieser Wert so lange übersehen wurde und warum das ein Fehler ist« in: *Internationale Politik,* Ausgabe Mai/Juni 2010.

Kapital ist viel mehr. Es ist eine schwer greifbare Mischung aus Sexappeal, äußerer Schönheit und sozialer Attraktivität, die manchen Menschen eine besondere Anziehungskraft verleiht. Schönheit ist natürlich ein zentrales Element. Darüber hinaus fällt aber auch sexuelle Attraktivität stark ins Gewicht. Und die kann sich mitunter vom klassischen Schönheitsideal sehr unterscheiden.

Sexappeal, so Hakim, rührt von Persönlichkeit und Stil und von einer bestimmten Art, sich in der Welt zu bewegen. Sexuelle Anziehung lebt von den Bewegungen eines Menschen, von seinem Verhalten, von seiner Stimme. Was zählt, sind Charme, Anmut, ein einnehmendes Wesen und, nicht zu unterschätzen, die Fähigkeit, anderen Menschen ein gutes Gefühl zu vermitteln. Dazu kommt so etwas wie Lebendigkeit, eine Mischung aus körperlicher Fitness, sozialer Energie und Humor. Abgerundet wird das Bild des Menschen mit hohem erotischem Kapital davon, wie sich jemand sozial präsentiert, also alles, was Kleidung, Make-up, Düfte, Schmuck, Frisur und Accessoires betrifft. Aber auch, wie jemand auftritt, wie sich jemand im gesellschaftlichen Kontext bewegt, ob jemand einen eigenen Kopf hat und seine eigene Meinung vertritt. Persönlichkeit und Individualität machen sexy.

Die Bedeutung dieser Kapitalform in modernen Industriegesellschaften wächst. Hochglanzerotik, Modemagazine und Supermodels haben natürlich ihren Teil dazu beigetragen. Erotisches Kapital war aber schon immer ein knappes Gut und daher von universellem Wert. Und Frauen haben hier einen gewissen Vorteil. Denn in den meisten Gesellschaften besitzen Frauen mehr erotisches Kapital als Männer, vor allem deshalb, weil Frauen tendenziell mehr Wert auf ihr Äußeres legen und intensiver an ihrer erotischen Darstellung arbeiten. Erotisches Kapital ist eine Ressource, meint die Soziologin, deren

Bedeutung mittlerweile genauso wichtig geworden ist wie ökonomisches, soziales und kulturelles Kapital. Laut Hakim entscheidet die erotische Ausstrahlung zunehmend auch auf dem Arbeitsmarkt, in den Medien, in der Politik, in der Werbung, im Sport und in der Kunst.

Weibliche Schönheit contra emanzipiertes Frauenbild

Kritische Stimmen wähnen die Ursachen für den steigenden Wert des erotischen Kapitals einzig in der zunehmenden Sexualisierung und Individualisierung unserer Gesellschaft. Und die wiederum diskriminiere vor allem Frauen. Und überhaupt: Frauen, die ihre Schönheit und Sexualität offen zu Markte tragen, denen muss man doch sowieso eine gewisse Intellektualität absprechen. Emanzipiert ist das ohnehin nicht. So weit die gängigen Vorurteile.

Schade eigentlich. Denn wir reden hier von einem klaren strategischen Vorteil, einem, der eindeutig den Frauen zugeschrieben werden kann. Eigentlich eine schöne Sache. Aber das mag so gar nicht in das emanzipierte Frauenbild unserer Zeit passen. Den Wert erotischen Kapitals zu erkennen und in irgendeiner Form aufzuwerten, liegt dem feministischen Denken fern. Da wird lieber weiterhin auf Intelligenz, Bildung und Qualifikation gepocht und die soziale und zunehmend auch wirtschaftliche Bedeutung des erotischen Kapitals schlichtweg geleugnet.

Dabei sehen manche im Wettbewerbsvorteil weiblicher Schönheit sogar einen Schlüsselfaktor, was die Veränderung des Status von Frauen in Wirtschaft und Gesellschaft angeht. Das zumindest behauptet Catherine Hakim. Künftig werde in bestimmten Bereichen des Arbeitsmarktes das erotische Kapital der Frauen sogar eine größere Wirkkraft entfalten als wirtschaftliches, soziales oder kulturelles Kapital. Ihr Fazit: Eine Frau, die attraktiv und intelligent ist, wäre schön blöd, nicht beides einzusetzen.

Gleich mehren sich jedoch kritische Stimmen, denen die Thesen Hakims in jedem Fall zu profan und zu sehr nach populärer Ratgeberliteratur klingen. Die Behauptung der Soziologin, dass Attraktivität, Schönheit und Sexappeal in einer dem Körperkult huldigenden Zeit von zunehmender Bedeutung sind, habe zwar auf den ersten Blick eine gewisse Plausibilität, sei aber im Grunde absolut frauenfeindlich, weil sie die von Frauen lang erkämpfte gesellschaftliche Anerkennung schmälere. Schließlich sei erotisches Kapital, so das häufige Argument, nur begrenzt haltbar und ließe sich nur ausspielen, solange man jung und hübsch sei.[12]

Also wieder nix mit dem strategischen Vorteil. Der weibliche Schönheitsbonus ist nur ein billiger Trick – zu plump, zu vergänglich, zu ungerecht. Und vor allem zu wenig emanzipiert. Denn wie war das gleich noch mal mit der Emanzipation? Genau, emanzipierte Frauen sind in erster Linie beruflich erfolgreiche Frauen. So war das. Und daran hat sich bis heute nichts geändert. Bei der ganzen feministischen Diskussion geht und ging es im Grunde immer nur darum, sicherzustellen, dass Frauen auf Teufel komm raus Karriere machen.

Richtig?

Das heutige Ideal emanzipierter Weiblichkeit: Frauen in Nadelstreifen, also oberes Topmanagement. Mindestens. Besser noch börsennotiertes DAX-Unternehmen. Und falls Kinder

---

12 Peter Gross, »Je schöner, desto erfolgreicher?« in: *Neue Züricher Zeitung* vom 26. 07. 2010.

im Spiel sind: das moderne »Superweib«, also die berufstätige Frau, die Kind und Karriere »ganz spielerisch unter einen Hut bekommt, so dass der Lippenstift zu jedem Zeitpunkt perfekt sitzt.« (Vera Bohle in *Die neue F-Klasse*). Die Betonung liegt eindeutig auf Perfektion. Egal ob als Vorstandsvorsitzende oder Supermutti. Am besten beides.

Auch richtig?

Die emanzipierte Frau von heute hat beständig gegen ihre fortwährende Unterdrückung zu rebellieren. Im besten Fall erkennt sie hinter jeder H&M-Reklame sexistische Muster und wittert bei den Adressatinnen dieser Werbung sogleich einen Verrat an der Frauenbewegung. Die Dauerparanoia bringt zwar mit sich, dass sich so manche Frau mit Lippenstift und auf hohen Absätzen zunehmend unwohl fühlt. Aber was soll's. Lieber feministisch als gänzlich unpolitisch.

Auch richtig?

Ein gepflegtes Äußeres? Selbstverständlich, was tut man nicht alles für beruflichen Erfolg und gesellschaftliche Anerkennung. Aber die weibliche Inszenierung genießen? Sich souverän und sexy zugleich fühlen? Das ist nur was für Verona Pooth und andere schlichte Gemüter. Die emanzipierte Frau und Sexappeal? Warum? Frauen können doch mit Geist und Verstand brillieren. Wozu haben sie schließlich studiert.

Auch richtig?

Fazit: Moderne Frauen sind in den Chefetagen zumindest schon mal angekommen. Erste Teilerfolge sichtbar. Zwar ist es bis zur endgültigen Gleichstellung noch ein weiter Weg, aber den berufstätigen Müttern stehen heute immerhin ein paar Krippenplätze zur Verfügung. Prinzipiell steht der Karriere also nichts mehr im Wege. Die moderne, emanzipierte Frau ist beruflich erfolgreich und finanziell unabhängig und damit in der Lage, ihren Friseurbesuch, die Shopping-Tour oder das

Wellness-Wochenende aus eigener Tasche zu finanzieren. Die gängigen Glücksversprechen von Erfolg und gutem Aussehen sind heute also zum Greifen nahe.

Haben wir uns die schöne neue Frauenwelt so vorgestellt? Sind wir da, wo wir eigentlich hinwollten?

Der traditionelle Feminismus jedenfalls, verkniffen, unglamourös und schlecht gelaunt, scheint passé. Die Frauen nicht mehr ganz so kämpferisch und verbissen, dafür aber perfekt von vorne bis hinten. Karriere, Kinder, Haushalt, Aussehen – heutzutage alles optimiert. Die moderne, emanzipierte Frau ist smart, unabhängig, selbstbestimmt und dabei auch noch möglichst hübsch anzusehen. Feminismus light sozusagen, zwar ein bisschen unpolitisch und narzisstisch, dafür aber neben alldem Stress mit dem nötigen Fun-Faktor ausgestattet.

Sieht so das neue Frauenbild aus?

Und wo sind die echten Frauen? Die, die sich weder als Opfer patriarchaler Strukturen noch als Hochglanz-Weibchen sehen, sondern ganz einfach Frauen, die ihren Job erledigen, ihren Alltag meistern, aber auch keine Angst davor haben, sich bereits in dem Moment in althergebrachte Rollenmuster zu fügen, in dem sie den Namen des Mannes annehmen, in Teilzeit arbeiten oder gerne hohe Absätze tragen? Das entsprechende Frauenbild dazu fehlt. Aber weder Modemagazine, Frauenzeitschriften und RTL 2 haben bislang ein passendes gefunden, noch sind die konservativen oder neo-feministischen Definitionen eines modernen, weiblichen Zeitgeistes mit Forderungen wie »Bekommt wieder mehr Kinder!« oder »Werdet Aufsichtsratschefin in einem Dax-Unternehmen!« oder besser noch »Macht beides!« wirklich brauchbar.

Ein neues, realistisches Frauenbild muss her

Stellen wir doch einfach mal folgende Behauptung auf: Frauen sind dafür geschaffen, geliebt, bewundert und vom Leben beschenkt zu werden.[13] Sie sind schön. Sie sind smart. Sie sind emotional intelligent. Gut ausgebildet und qualifiziert noch dazu. Und trotzdem hat ihnen bisher das richtige Betriebssystem gefehlt, um genau das Maß an Respekt, Bewunderung und Zuneigung zu erfahren, das ihnen zusteht. Es ist an der Zeit, dass Frauen im Leben all das für sich reklamieren. Und das fängt mit dem richtigen Selbstbild an.

Doch darum ist es in unserer Gesellschaft schlecht bestellt. Unser kollektives Bildrepertoire der modernen, emanzipierten Frau erschöpft sich in der Vorstellung von Karrierepowerfrau und/oder Supermutti. Moderne Weiblichkeit jenseits von Kindern und Karriere gibt es im Grunde nicht. Dafür aber jede Menge Hochglanzerotik, Modemagazine und Supermodels. Welche Frau soll sich davon eigentlich angesprochen fühlen?

Was wir brauchen, ist ein ganz neues Betriebssystem: Es geht nicht um Pflicht und Perfektion. Weder um das perfekte Styling noch um das perfekte Nebeneinander von Kind und Karriere. Es geht darum, sich zu nehmen, was das Leben für einen bereithält. Und nicht darauf zu warten, ob sich Spaß und Leidenschaft, Zufriedenheit und Lebensfreude vielleicht dann einstellen, wenn die Karriereleiter erklommen, die Kinder aus dem Haus und das Gröbste vorüber ist. Zu lange haben Frauen den Fehler gemacht, sich auf die Rolle der ehrgeizigen Businessfrau oder selbstlosen Mutter (und nicht selten beides) reduzieren zu lassen. Sie haben Karriere gemacht und Kinder

---

13 In diesem Punkt schließe ich mich bedingungslos den Thesen von Elena Bates et al. in *Viva La Diva* an!

bekommen. Und dabei auch noch versucht, möglichst gut auszusehen. Nur leider haben sie darüber oftmals ihr Selbstverständnis als Frau aus den Augen verloren.

Frauen, die dieses Buch gelesen haben, können in Zukunft
selbst entscheiden, zu welcher Gruppe sie gehören möchten:
Zu jenen, die sich an gängigen Glücksversprechen von Erfolg und gutem Aussehen orientieren und versuchen, fremden
Erwartungen zu entsprechen, Frauen, die jeden Tag Enormes
leisten und perfekt funktionieren, deren Alltag aber aus alltäglichen, zur Routine erstarrten Aufgaben und Pflichten besteht.
Oder zu jenen, die die Fesseln der Erwartungen und des Per-
fektionsstrebens abstreifen und lernen, das zu genießen, was
das Leben für sie bereithält.

Ich behaupte: Jede Frau kann sich die nötige Souveränität und
Gelassenheit zurückerobern, um schließlich so geliebt, bewundert und vom Leben beschenkt zu werden, wie sie es verdient.
Und dabei geht es weder um das perfekte Styling noch um das
perfekte Nebeneinander von Kind und Karriere. Es geht um
etwas ganz anderes, nämlich um Frauen, die im Leben alles wollen: Kinder und Karriere, genauso wie Spaß, Leidenschaft, Zufriedenheit und Lebensfreude. Es geht um ein neues Selbstverständnis als Frau und damit um die richtige Balance zwischen
fremden Erwartungen und dem, was wir selbst vom Leben erwarten. Erst wenn wir lernen, uns nicht mehr nach den Vorstellungen anderer zu richten, erst dann sind wir in der Lage, dem
vielfältigen Anforderungsprofil moderner und emanzipierter
Frauen mit Souveränität und Gelassenheit nachzukommen und
Glück und Zufriedenheit im Leben zu erfahren.

Wir haben es selbst in der Hand.

Ich halte nichts von Frauenzeitschriften, die versprechen, mit
einer neuen Frisur oder dem entsprechenden Fitnessprogramm
ließe sich das weibliche Selbstbild stabilisieren.

Ich halte allerdings genauso wenig von Diskussionen, in denen von mangelnder Emanzipation oder weiblicher Gefallsucht die Rede ist, sobald sich eine Frau für Mode, Make-up oder Fitness interessiert.

Ich glaube, dass Binnenversalien, Frauenparkplätze und Quotenregelungen noch keine Emanzipation machen.

Und ich finde, dass ein modernes weibliches Selbstverständnis weder durch die Attribute Karrierefrau *oder* Supermutti noch durch den Anspruch Karrierefrau *und* Supermutti hinreichend definiert ist. Emanzipation beginnt im Kopf. Und angekommen sind wir noch lange nicht.

Ich bin der Meinung, dass Frauen sich nicht zufriedengeben sollten mit einem emanzipierten Frauenbild, das von Chefredakteuren, Feministinnen und anderen Meinungsmachern ausgerufen wird. Und von Modezeitschriften und Lifestylemagazinen schon gar nicht. Darum gibt es dieses Buch. Es setzt da an, wo Frauen wirklich etwas für ihr Glück und ihre Zufriedenheit tun können: bei der weiblichen Software.

Von wegen emanzipierte Weiblichkeit

Das weibliche Betriebssystem ist beim Thema Selbstbild noch immer falsch programmiert. Viele Frauen wehren sich zu Recht gegen den vor allem bei jungen Frauen verbreiteten Glauben, im Kampf um Freiheit und Gleichberechtigung sei im Prinzip alles erreicht. Das reale Ungleichgewicht besteht weiterhin – doch nicht nur im Alltag, sondern auch in unseren Köpfen. Frauen beklagen ihre Ohnmacht und die Ungerechtigkeit dieser Welt. Und das oftmals nicht ohne Grund. Doch die ganze Wahrheit ist: Die politische und gesellschaftliche Gleichstellung der Frau ist im Grunde nichts wert, wenn dahinter nicht auch ein stabiles weibliches Selbstverständnis steht.

Und das ist häufig alles andere als emanzipiert.

Warum sonst haben Frauen wohl solche Probleme mit einer Daniela Katzenberger oder den Castingshows auf RTL, wenn doch die Mittel der Selbstinszenierung jedermann freistehen, zu welchem Zwecke auch immer? Natürlich ist *Germany's Next Topmodel* und dergleichen ausgesprochen schlichte Fernsehunterhaltung und Frau Katzenberger kaum mehr als eine betont trashige Kunstfigur. Aber nicht nur Frauen, auch Männer feilen an ihrer Selbstinszenierung – zur Erhöhung des eigenen Marktwertes, für den privaten und beruflichen Erfolg, gewissermaßen als Schwungmasse für das eigene Fortkommen. Allein Frauen wird daraus ein Vorwurf gemacht. Und das in erster Linie von anderen Frauen. Sofort wittern selbsternannte Wortführerinnen einen Verrat an der Frauenbewegung oder diagnostizieren Narzissmus und die Rückkehr des Sexismus, wenn Frauen sich der Mittel der Selbstinszenierung bedienen. Als ob dieses Phänomen allein auf Frauen zu reduzieren sei. Gerecht ist das nicht.

Aber emanzipiert auch nicht, sofern dadurch das eigene Selbstbild tatsächlich ins Wanken gerät. Und das tut es offenbar. Zumindest bei denen, die sich mit ihren überzogenen Erwartungen und vermeintlichen Schönheitsidealen an ebensolchen Fernsehsendungen und Celebrity-Sternchen orientieren. Aber auch bei denen, die sich von Chefredakteuren, Feministinnen und anderen Meinungsmachern die Spielregeln diktieren lassen – also ausgerechnet von jenen, die eine medienwirksam inszenierte Darstellung von Weiblichkeit mit einem neuen Frauenbild gleichsetzen. Als ob sich die Frauen von heute den lieben langen Tag die Nägel lackieren würden.

Bei aller berechtigten Medienschelte gibt es aus meiner Sicht keinen vernünftigen Grund, an einem angeblich unemanzipierten

Frauenbild rumzumäkeln, nur weil sich schlechtes Fernsehen plakativer Mittel bedient. Wo bitte schön bleibt denn da das gesunde Selbstbewusstsein moderner, emanzipierter Frauen?

Ein anderes Beispiel: Nicht wenige Frauen glauben, ihnen bleibt heutzutage nur das Wellness-Wochenende oder der unkontrollierte Frustkauf, um dem Alltagstrott zu entrinnen – so wie uns das all die medialen Lifestyle-Propagandisten glauben machen wollen. Frauenzeitschriften und Fernsehboulevard sind voll von Tipps und Kaufanreizen für das perfekte Styling, das perfekte Fitnessprogramm, den perfekten Lifestyle. Ein billiger Eskapismus, der nichts anderes bezwecken soll, als ein diffuses Gefühl der Unzulänglichkeit bei den nicht ganz so perfekten Frauen zu schüren, um es dann verkaufswirksam ausschlachten zu können. Und so sind Frauen in der Tat bereit, einiges an Zeit und Geld zu investieren, um sich attraktiver und rundum wohler zu fühlen. Aber natürlich auch, um einem bestimmten Frauenbild zu entsprechen. Sie unternehmen exzessive Shopping-Touren und buchen exklusive Wellness-Wochenenden. Doch das ist nicht nur kostspielig, sondern auch die völlig falsche Software, die da auf dem weiblichen Betriebssystem läuft.

Der Grund: Was da als Lifestyle moderner Frauen ausgegeben wird, ist im Grunde nichts anderes als eine neuerliche Variante der altbekannten Opferrolle: die Frau, das unterdrückte und notorisch benachteiligte Geschlecht – eine Rolle, die nun wirklich ganz, ganz weit hinten auf der Emanzipations-Skala rangiert. Aber offenbar lassen sich mit Styling- und Diättipps noch immer Auflagen und Einschaltquoten steigern, versprechen sie doch, die armen Frauen aus ihrer misslichen Lage zu befreien. Die Frage ist nur, warum das eigentlich immer noch funktioniert? Sollten wir nicht auch in diesem Punkt schon längst einen Schritt weiter sein?

Sollte man meinen. Doch Emanzipation hin oder her, um das weibliche Selbstverständnis ist es nach wie vor schlecht bestellt. Laut einer repräsentativen Umfrage im Auftrag des britischen Magazins *Grazia* denken Frauen durchschnittlich alle 15 Minuten daran, wie sie aussehen, wie ihr Körper im Blick der anderen, der Konkurrentinnen und vor allem der Männer erscheint. 87 Prozent der Befragten »hassen« ihre Oberschenkel. 65 Prozent der Frauen sind mit ihren Brüsten unzufrieden. Fast alle der 5000 Teilnehmerinnen haben schon mindestens eine Diät hinter sich. Eine Umfrage des Emnid-Instituts ergab außerdem, dass 25 Prozent der jungen Frauen bereits über eine Schönheitsoperation nachdenken. Begriffe wie »Problemzone« und die Rubrik »Bauch – Beine – Po« sind heute aus keiner Frauenzeitschrift mehr wegzudenken. Von emanzipierter Weiblichkeit kann da nicht die Rede sein.

Der Umfrage zufolge sind offenbar nur zwei Prozent der befragten Frauen mit ihrem Körper zufrieden. Rein rechnerisch müssten also 98 Prozent der Frauen eine problematische Figur haben. Die sehe ich allerdings nirgendwo. Und zwar weder tagsüber in den Büros oder auf der Straße noch abends in den Cafés und Lokalen. Wo sollen die denn bitte schön alle sein? Da kann doch etwas nicht ganz stimmen. Und zwar – wenn wir mal ehrlich sind – mit der weiblichen Wahrnehmung.

Nun kann man natürlich darüber, dass Castingshows wie *Germany's Next Topmodel* solche verqueren Selbstbilder erst produzieren, lang und breit diskutieren. Nur warum haben Frauen überhaupt ein solches Problem mit offensiver Weiblichkeit – sei es der eigenen, der einer Daniela Katzenberger oder der medienwirksam inszenierten auf RTL 2? Eine selbstbewusste, emanzipierte Haltung wäre beispielsweise: Gefällt mir nicht, hat aber vielleicht auch gar nichts mit mir zu tun. Doch diese Haltung findet sich selten. Dass die Machart solcher Fernsehsendungen mehr als fragwürdig ist, darüber sind sich wohl die meisten einig. Nur warum lassen sich Frauen von medialen Vorgaben überhaupt so beeindrucken?

Warum lassen sich junge, selbstbewusste Frauen vorschreiben, wie sie sich zu kleiden und wie sie zu leben haben? Ist das nicht jedem selbst überlassen? Soll doch eine mediale Öffentlichkeit Lifestyle-Parolen ausgeben, wie sie will, und ansonsten das Private privat sein lassen. Aber liegt es nicht auch an den Frauen, diesen privaten Bereich ausnahmslos für sich zu reklamieren? Warum wird denn über das Aussehen einer Daniela Katzenberger so hitzig diskutiert? Und warum gab es schon Zeiten, fragt Thea Dorn in *Die neue F-Klasse,* in denen mehr über die Frisur Angela Merkels geschrieben wurde als über ihre politischen Ziele? Sollten sich moderne und emanzipierte Frauen solche Diskussion nicht verbitten? Sollte man meinen. Aber leider sind es die Frauen selbst, die in solchen Diskussionen jedes Mal ganz vorne mitmischen.

Spätestens an dieser Stelle wird deutlich, dass es um ein stabiles weibliches Selbstverständnis hierzulande nicht sonderlich gut bestellt ist. Wagen wir daher mal eine Annäherung an ein alternatives Modell.

Aufstieg Ost – ein mögliches Vorbild?

Ostdeutsche Frauen galten lange als Verliererinnen der Einheit. Sie wurden als erste arbeitslos, nachdem ein Großteil der ostdeutschen Betriebe die Pforten schloss und sich ihr von der DDR-Diktatur verordneter Job in Luft auflöste.

Doch 20 Jahre nach dem Fall der Mauer gibt es zahlreiche Erfolgsgeschichten, die jungen und emanzipierten Frauen auch im Westen als Vorbild dienen können: nicht nur Angela Merkel, auch die Moderatorinnen Maybrit Illner und Sarah Kuttner, die Schauspielerinnen Nadja Uhl, Corinna Harfouch, Simone Thomalla, Fritzi Haberlandt und Nora Tschirner, die ehemalige Microsoft-Managerin Anke Domscheit-Berg, die Autorin Jana Hensel, die Kirchentagspräsidentin Katrin Göring-Eckardt, die thüringische Ministerpräsidentin Christine Lieberknecht und die Biathlon-Weltmeisterin Kati Wilhelm, um nur einige zu nennen. »Ostdeutsche Frauen sind überall – und häufig ganz oben«, resümiert der *Stern* in seiner Titelgeschichte »Aufstieg Ost«.[14]

Im Osten machen 40 Prozent der Mädchen Abitur, im Westen sind es 30 Prozent. Sie haben weniger Angst vor der Macht und gelangen häufiger in Führungspositionen. Doch hier kommt das eigentlich Interessante: Ostdeutsche Frauen sind nicht nur erfolgreich, sie sind aktuellen Studien zufolge auch selbstbewusster und unabhängiger. »Sie arbeiten, haben Kinder – und kein schlechtes Gewissen dabei«, so die *Stern*-Autoren.

In ihren Einstellungen und Werten sind ostdeutsche Frauen ihren skandinavischen Nachbarinnen um einiges näher als den Frauen im Westen: Sie lassen sich weniger beeindrucken vom medialen Schönheitsdruck und Körperkult und sind insgesamt zufriedener mit sich. Jede fünfte ostdeutsche Frau ist laut einer Studie der Berliner Frauenforscherin Jutta Allmendinger mit ihrem Aussehen zufrieden, im Westen nur jede zehnte.[15] Aber auch auf die Frage der Soziologin, ob sie gerne mehr verdienen

14 Nikola Sellmair und Catrin Boldebuck, »Aufstieg Ost« in: *Stern* vom 05.11.2009.
15 Im Auftrag der Zeitschrift *Brigitte* haben das Wissenschaftszentrum Berlin für Sozialforschung und das Sozialforschungsinstitut infas unter der Leitung der Soziologin Jutta Allmendinger mehr als 1000 Frauen zwischen 17 und 19 und zwischen 27 und 29 befragt und ihre Ergebnisse in einer Studie mit dem Titel

würden als ihr Partner, antworten über ein Drittel der ostdeutschen Frauen: Ja, gerne. Im Westen sind es gerade mal 20 Prozent. Und das schlägt sich auch in den tatsächlichen Löhnen nieder.[16]

Fazit: Ostdeutsche Frauen sind nicht nur beruflich erfolgreicher, sondern tendenziell auch unabhängiger, zielstrebiger und selbstbewusster als ihre westdeutschen Geschlechtsgenossinnen. Und wo sie auf jeden Fall Vorreiterinnen sind, ist beim Thema weibliches Selbstbild.

Anke Domscheit-Berg fällt auf im grauen Business-Einheitslook. Ihre Lippen sind knallrot geschminkt, sie trägt eng anliegende Röcke und Plateauschuhe. Die ehemalige Microsoft-Managerin kam nach der Wende in den Westen. Ihre Fachschulausbildung zur Textilkünstlerin war dort nichts mehr wert. Also fing sie ein BWL-Studium an, ein Fach, von dem sie anfangs noch nicht einmal wusste, was das überhaupt sein sollte. Sie arbeitete bei McKinsey, bekam einen Sohn, wechselte Städte und Unternehmen. Lange Zeit war sie in der IT-Branche ganz oben – in einem von Männern dominierten Haifischbecken. Aber Anke Domscheit-Berg fühlte sich da offenbar ganz wohl. Nun hat sie sich als Beraterin in Sachen Frauenförderung selbständig gemacht.

Ostfrauen, so heißt es, sind nicht nur die mobilste und flexibelste Bevölkerungsgruppe, sie sind auch die besseren Krisenmanagerinnen. Alles auf null, das haben Frauen wie Anke

»Frauen auf dem Sprung. Wie junge Frauen heute leben wollen« zusammengefasst.

16 Der Lohnabstand zu den Männern beträgt im Osten nur 6 Prozent, bundesweit sind es jedoch 23 Prozent. Eine Studie des Instituts für Arbeitsmarkt- und Berufsforschung (IAB) zeigt: In Ostdeutschland haben Frauen in der höchsten Führungsebene 30 Prozent der Posten, in der zweiten Führungsebene 44 Prozent. Im Westen sind es rund zehn Prozentpunkte weniger.

Domscheit-Berg nach der Wende am eigenen Leib erfahren. Nur wer mutig und flexibel war, hatte überhaupt eine Chance. Vielleicht sind ostdeutsche Frauen heute dadurch so selbstbewusst und stellen ihr Licht seltener unter den Scheffel, wie es westdeutsche, ebenfalls gut ausgebildete und hochqualifizierte Frauen häufig tun.

Ostdeutsche Frauen haben aber nicht nur beachtliche berufliche Erfolge vorzuweisen, sie bekommen heute auch mehr Kinder und entscheiden sich deutlich früher für Nachwuchs. »Im Westen muss alles perfekt sein, bevor ein Kind auf die Welt kommt. Ostfrauen improvisieren auch mal«, sagt Michaela Kreyenfeld vom Max-Planck-Institut für demografische Forschung. Wenn ostdeutsche Frauen schwanger werden, vertreten sie das ganz selbstverständlich. Westdeutsche Frauen entschuldigen sich schon fast bei ihrem Arbeitgeber dafür, dass sie ein Kind bekommen. Ostfrauen müssen Kinder und Karriere genauso irgendwie unter einen Hut bringen wie Westfrauen. Aber der Unterschied ist: Sie lassen sich dabei kein schlechtes Gewissen einreden. Das Wort Rabenmutter war den Frauen in der ehemaligen DDR bis zur Wende nicht geläufig

Natürlich ist die Arbeitslosigkeit im Osten immer noch sehr hoch und gerade dort müssen Frauen oftmals im Niedriglohn-Sektor arbeiten. Doch was ihr Selbstverständnis angeht, so sind ostdeutsche Frauen denen im Westen um einiges voraus. Den Grund dafür vermuten die beiden *Stern*-Autoren in der Tatsache, dass die jungen Frauen berufstätige Mütter zum Vorbild haben und mit anderen Rollenbildern aufgewachsen sind. In der jungen Bundesrepublik hingegen wurden aus den Trümmerfrauen schnell wieder Hausfrauen. In den Bräuteschulen der 50er und 60er Jahre wurden junge Frauen auf ihre zukünftige Rolle als Hausfrau und Mutter vorbereitet. Im Osten dagegen brauchte man die Frauen an den Werkbänken und in den Büros. Arbeitskräfte waren rar. Krippen und Kindergärten waren weitgehend kostenlos und hatten lange geöffnet.

In der DDR waren Frauen insgesamt weniger auf die klassische Mutterrolle festgelegt. Sie waren es gewohnt, ihr eigenes Geld zu verdienen. Als die Mauer 1989 fiel, hatte die DDR mit rund 90 Prozent eine der höchsten Frauenerwerbsquoten der Welt. Die Frauen im Westen mussten ihr Recht auf Arbeit über Jahre mühsam einfordern, den Ostfrauen wurde Arbeit quasi von oben verordnet.

Natürlich hatte die SED-Führung dabei nicht die Emanzipation der Frau im Sinn, sondern ihr ging es allein um die nötige Rekrutierung von Arbeitskräften. »Aber auch eine verordnete Gleichstellung hinterlässt Spuren«, so das Fazit der *Stern*-Titelgeschichte: Noch heute suchen die Frauen aus dem Osten weniger einen Versorger, sondern vielmehr einen Partner. Die Kinderfrage machen sie nicht vom Einkommen des Mannes abhängig. Und der Aussage, Frauen sollten zu Hause bleiben und für die Kinder sorgen, stimmen nur 20 Prozent der Frauen in Ostdeutschland zu. Im Westen sind es beachtliche 53 Prozent. Die ganze Diskussion »Wie viel Mutter braucht ein Kind?« ist für viele im Osten eine sehr westdeutsche Wohlstandsdiskussion und geht an der Lebensrealität der meisten Frauen in Gera, Rostock und Dresden völlig vorbei.

Auch im Westen wollen die Frauen immer häufiger alles: Beruf, Erfolg, Familie, Kinder. Doch während Frauen im Westen noch ausführlich über die Emanzipation nachdenken, wird sie im Osten einfach gelebt. Und das auf der Grundlage eines ganz anderen, häufig wesentlich emanzipierteren Selbstverständnisses als Frau.

Neue Software für den Alltag

Frauen haben lange um gesellschaftliche Gleichstellung ge-
kämpft. Heute sind sie Chefinnen. Sie haben Geld. Und sie haben Einfluss. Doch wenn es um ihr Selbstbild geht, dann mes-
sen sich Frauen noch viel zu oft an unerfüllten Erwartungen
oder jagen fremden Zielen hinterher. Die perfekte Karriere, die
perfekte Mutter, das perfekte Äußere – und am besten noch
alles zusammen. Bleiben diese Ziele schließlich unerreicht, ergeben sich noch immer viel zu viele Frauen ohnmächtig in ihr
vermeintliches Schicksal. Dabei ist nicht einmal gesagt, dass
diese gängigen Glücksversprechen tatsächlich für jeden die ersehnte Erfüllung bedeuten. Frauen lamentieren und resignieren. Aber ändern tut sich dadurch natürlich nichts.

Souveränität und Gelassenheit im Alltag setzen immer eine
ganz bestimmte innere Haltung voraus. Es reicht nicht, sich ab
und zu neue Schuhe oder ein Schokotörtchen zu gönnen, wenn
das Hamsterrad sich mal wieder schneller dreht. Nichts gegen
Schuhe und Schokotörtchen, ganz und gar nicht. Aber unter
Glück und Zufriedenheit verstehen die meisten Menschen eben
doch etwas mehr, als sich den Augenblick mit uninspirierten
Konsumräuschen zu versüßen.

Das Häufigste, was Frauen in einer Situation tun, in der ihnen
der Alltag über den Kopf wächst, ist: sich beklagen. Und das
möglicherweise zu Recht. Daneben gibt es immer auch diejenigen, die tapfer die Zähne zusammenbeißen und trotzdem einfach
weitermachen, auch wenn ihnen schon längst alles zu viel wird.
Das ist dann meistens ziemlich ungesund. Um Hilfe bitten? Unterstützung einfordern? »Das schaff ich schon alleine« ist ein solcher Spruch, mit dem sich so manche berufstätige Frau und Mutter tagtäglich durchs Leben boxt. Daher kommt dann auch das
Gehetzte, Dauergestresste und Verbissene. Also nicht von unge-

fähr. Was auch nur mäßig funktioniert: Stress und Unzufriedenheit auf andere Menschen oder allgemeine Umstände zu schieben. Das ist zwar manchmal naheliegend, aber selten die ganze Wahrheit. Schließlich ist jeder Mensch für sich selbst verantwortlich, wenn es darum geht, das eigene Leben so zu leben, wie man es für richtig hält. Also auch wenig erfolgversprechend.

Was Frauen aber in den seltensten Fällen tun, ist, sich aus ihrer Opferrolle zu befreien und irgendetwas an ihrer Situation zu ändern. Dabei gibt es immer die Möglichkeit, sich neue Handlungsspielräume zu eröffnen oder mehr Freiraum zu schaffen und so für mehr Spaß, mehr Zufriedenheit und mehr Erfüllung im Alltag zu sorgen. Natürlich sind die Möglichkeiten der alleinerziehenden Mutter mit Vollzeitjob weitaus geringer als die der kinderlosen Singlefrau mit Putzhilfe und großzügigem Freizeitangebot. Doch auch die Singlefrau ist für ihr Glück und ihre Zufriedenheit selbst verantwortlich. Wer sonst? Auch sie muss sich den medialen Vorgaben und gängigen Glücksversprechungen widersetzen und die eigenen Erwartungen und Ziele neu definieren, wenn ihr die Decke mal wieder auf den Kopf fällt. Denn für jeden gilt: Wer sich stets an unerfüllten Erwartungen misst oder fremden Zielen hinterherjagt, hindert sich selbst am meisten daran, genau das zu haben, zu tun und zu sein, was man wirklich will. Freiheit ist ein Geisteszustand und den muss man pflegen.

Das vergessen viele Frauen, die nach einem Acht-Stunden-Tag im Büro, nachdem Hausaufgaben betreut, die Kinder im Bett und der Haushalt erledigt ist, bis spät in die Nacht hinein noch das Faschingskostüm für die Jüngste nähen. Die anderen Kinder im Kindergarten tragen schließlich auch selbstgenähte Kostüme. Am nächsten Morgen stehen ebendiese Frauen wieder als Erste in der Küche, unausgeschlafen und mit tiefen Augenringen, um ihrer Familie das Frühstück auf den Tisch zu stellen, bevor sie ins Büro hetzen, in der Mittagspause schnell den Einkauf erledigen und nach Feierabend mit dem ganzen Trott von vorne beginnen.

Das hat aber auch jede andere Frau vergessen, die sich an überzogenen Erwartungen und vermeintlichen Idealen orientiert. Frauen geben Unsummen für Kosmetika und Pflegeprodukte aus. Sie machen eine Diät nach der anderen, strampeln sich im Fitnessstudio die Seele aus dem Leib und investieren einen Großteil ihrer Freizeit in das, was sie für eine Idealfigur halten. Frauen tragen ihr selbst verdientes Geld in sündhaft teure Boutiquen und lassen, ohne mit der Wimper zu zucken, einen dreistelligen Betrag beim Friseur ihres Vertrauens. Die meisten glauben, erst das perfekte Äußere mache sie begehrenswert.

Nicht viel anders verhält es sich mit den Frauen, die ihren Selbstwert mit der bedingungslosen Bereitschaft zu beruflichen Höchstleistungen gleichsetzen und bereit sind, auf Familie und einen großen Freundeskreis zu verzichten, nur um durch ein Höchstmaß an Unabhängigkeit und Flexibilität die besseren Chancen zu haben, in Spitzenpositionen aufzusteigen.

Haben sich die gut ausgebildeten und emanzipierten Frauen von heute ihr Leben so vorgestellt?

Es ist an der Zeit, dass Frauen sich aus ihrer selbstverschuldeten Unmündigkeit befreien. Es bringt überhaupt nichts, zu klagen, zu resignieren oder die Widrigkeiten des Alltags mit unkontrollierten Shopping-Exzessen zu kompensieren. Das Einzige, was funktioniert, ist, sich von fremden Erwartungen und dem eigenen Perfektionsstreben zu befreien und Glück und Zufriedenheit nicht von der Anerkennung anderer abhängig zu machen.

Natürlich bleiben die Forderung an Politik und Gesellschaft und der solidarische Schulterschluss im gemeinsamen Kampf um gleiche Rechte für Mann und Frau wichtig. Aber noch viel wichtiger ist es, auch die dazugehörige geistige Emanzipation zu leben. Warum ist es mir nicht einfach herzlich egal, was Hochglanzerotik, Modemagazine und Topmodels für Frauenbilder vorgeben? Was interessiert mich denn, was Herr Schirrmacher oder Frau Schwarzer denken, wenn jeden Morgen um sechs Uhr der Wecker klingelt, die Kinder schulfertig gemacht, die Arbeit im Büro erledigt und pünktlich nach Dienstschluss das familiäre Abendprogramm abgespult werden soll. Das alles passiert doch längst. Wen interessiert da noch, was irgendwelche Experten, Meinungsmacher und Moralapostel denken?

Dies Buch ist für all jene geschrieben, die die Kontrolle über ihren Alltag zurückgewinnen und sich nicht mehr ehrgeizig und verbissen als perfekte Karrierefrau und/oder perfekte Mutter durch den Tag kämpfen wollen. Für Frauen, die so viel Souveränität und Gelassenheit im Alltag erreichen wollen, dass genug Raum bleibt, auch die charmante, witzige und aufregende Seite ihrer Weiblichkeit hervorzukehren. All das ist möglich. Der Schlüssel dazu liegt in einem emanzipierten Selbstverständnis.

Ein emanzipiertes Selbstverständnis als Frau erreichen wir aber erst dann, wenn wir zu einer richtigen Balance finden zwischen fremden Erwartungen und dem, was wir selbst vom Leben erwarten. Ein emanzipiertes Selbstverständnis erreichen wir dann, wenn wir mit der nötigen Selbstverständlichkeit und inneren Unabhängigkeit genau das Leben leben, das wir selbst für richtig halten. Das kann mitunter bedeuten, dass wir Neues ausprobieren, alte Gewohnheiten abstreifen und erlernte Verhaltensmuster über Bord werfen müssen. Das bedeutet aber auch, dass wir mit Blick auf die weibliche Software lernen sollten, eigene Prioritäten zu setzen, neue Handlungsspielräume auszuloten und mehr Freiräume zu schaffen – und zwar in den Bereichen Beruf und Karriere, Karriere und Kinder und Kinder und Familie.

Beruf und Karriere

Die meiste Zeit unseres Tages verbringen wir am Arbeitsplatz. Etwa die Hälfte aller erwerbstätigen Frauen arbeitet heute Vollzeit und ist damit acht oder mehr Stunden am Tag in Büros, Arztpraxen oder hinter der Supermarktkasse.
Ein Jammer, wenn wir da nicht unseren Spaß hätten!
Gut, für den ein oder anderen ist der Job eher lästige Pflicht, reiner Broterwerb und hat nichts mit Berufung oder Erfüllung persönlicher Leidenschaften zu tun. Aber gehen wir mal davon aus, dass jeder auch nur den Beruf ausübt, den er sich ausgesucht hat, und ihn daher gerne macht. Und ganz gleich, ob wir diese acht Stunden nun mehr oder weniger absitzen oder ob wir bei der Arbeit Inspiration, Anerkennung und Bestätigung finden: Wir sollten dabei auf jeden Fall unseren Spaß haben.

(Er)nüchternde Fakten

Bevor wir allerdings auf den Spaß eingehen, tragen wir zunächst einmal zusammen, was zum Thema »Frau und Beruf« nicht ausgeklammert werden darf.
Wir alle kennen die kritischen Punkte: Derzeit sind laut Allensbach-Institut in Westdeutschland rund 70 Prozent der Frauen berufstätig, im Osten sind es sogar 76. Allerdings arbeiten rund 20 Prozent der berufstätigen Frauen weniger als 20 Stunden pro Woche, bei den Männern sind es nur ganze 3 Prozent. Frauen verdienen für die gleiche Arbeit weniger

Geld als Männer, sind weitaus seltener in Führungspositionen zu finden und müssen oftmals schlecht bezahlte Jobs ausüben, um überhaupt Geld zu verdienen. Aber dazu im Einzelnen:

1. Ungleiche Vergütung

In Vollzeit berufstätige Frauen verdienen im Schnitt 23 Prozent weniger als Männer. Die Lohnlücke zwischen Mann und Frau in Deutschland liegt damit deutlich über dem Durchschnitt im europäischen Vergleich.[17]

Die Gründe hierfür sind vielfältig:

Zum einen werden Tätigkeiten schlechter bezahlt, wenn sie mehrheitlich von Frauen ausgeübt werden. So verdienen etwa (vorwiegend weibliche) Kassenkräfte im Supermarkt weniger als die (hauptsächlich männlichen) Beschäftigten, die Regale bestücken. Und das bei im Grunde gleichwertiger Tätigkeit.

Ein weiterer Punkt: Frauen und Männer tendieren zu unterschiedlichen Berufen. Über 40 Prozent der Frauen arbeiten im Bereich Gesundheit, Erziehung und öffentliche Verwaltung. Im Gesundheits- und Sozialsektor allein beträgt der Frauenanteil 80 Prozent. Diese Branchen sind aber vergleichsweise schlecht bezahlt. Schlimmer noch: Dringen Frauen ver-

17 Das Statistische Bundesamt, das solche Zahlen herausgibt, hat jedoch nicht gleiche Tätigkeiten unter gleichen Voraussetzungen innerhalb einer Firma verglichen, sondern nur sogenannte Leistungsgruppen. Wenn man es genau nimmt, müssten bei den 23 Prozent Lohnlücke beispielsweise Unterschiede im Anforderungsniveau, die Verteilung auf besser und schlechter bezahlte Wirtschaftszweige, die Größe der Unternehmen, die Zahl der Berufsjahre, die Dauer der Betriebszugehörigkeit und des Ausbildungsniveaus berücksichtigt werden. Würde man diese Faktoren zugrunde legen, würde sich der Lohnabstand wieder verringern. Es gibt Schätzungen, wonach sich eine um ebendiese Faktoren bereinigte Gehaltslücke bei gleicher Tätigkeit auf ungefähr 12 Prozent beläuft. Dennoch, wenn auch nur eine Frau bei vergleichbarer Leistung weniger verdient, ist das auf jeden Fall eine zu viel.

stärkt in ehemals männlich dominierte Berufszweige vor (z. B. Medizin), sinkt dort nach und nach das Lohnniveau.

Und natürlich wird die Versorgung von Kindern und Haushalt mehrheitlich den Frauen übertragen. Die Beschäftigungsquote von Frauen mit Kindern liegt derzeit bei 62,4 Prozent. Bei den Vätern sind es 91,4 Prozent. Die Teilzeit ist für viele Frauen pure Notwendigkeit. Allerdings verschlechtern sich dadurch die Aufstiegschancen. Und das bedeutet für die Frauen meist auch finanziell weniger attraktive Karrieren.[18]

2. Weibliche Führungspositionen

Auch diese Zahlen sind längst bekannt: Lange Zeit war Bettina von Oesterreich vom Immobilienfinazierer Hypo Real Estate weit und breit die einzige Frau, die im Vorstand eines DAX-Unternehmens arbeitete. Heute sind es eine Handvoll mehr. Und dennoch: Der Anteil der Frauen im Topmanagement liegt derzeit bei gerade mal 9 Prozent, auf der Vorstandsebene sind es sogar nur noch 2,5 Prozent.[19] Es gibt sie jedoch, die Hotelmanagerinnen, Professorinnen, Werbeagenturleiterinnen und Chefredakteurinnen. Was es allerdings kaum gibt, sind weiblich besetzte Managerposten in der Finanz- und Versicherungsbranche. Wie ist der verschwindend geringe Anteil der Frauen in diesen Führungsgremien also zu bewerten?

18 Zahlen der Europäischen Kommission zu Beschäftigung, sozialen Angelegenheiten und Chancengleichheit.

19 Deutsches Institut für Wirtschaftsforschung. Eine Untersuchung des Informationsdienstleisters Hoppenstedt belegt zwar, dass der Anteil von Managerinnen umso größer ausfällt, je kleiner die Unternehmen sind: Bei klein- und mittelständischen Unternehmen liegt der Frauenanteil bei 17 Prozent, in Kleinunternehmen sind sogar mehr als ein Drittel der Manager in der zweiten Führungsebene weiblich. Und dennoch: Das oberste Topmanagement ist nahezu komplett männlich.

Tatsächlich machen Mädchen mittlerweile häufiger Abitur als Jungen. Und das mit den besseren Noten. Sie studieren auch häufiger als Männer und nicht immer nur das »Falsche«. In den Wirtschaftswissenschaften beispielsweise liegt der Anteil der Absolventinnen heute bei 50 Prozent.[20] Frauen legen im Schnitt auch die besseren Abschlüsse hin. Nur, warum landen sie dann nicht direkt in den Chefetagen?

»Es gibt eine Schieflage zwischen den vielen jungen, gut ausgebildeten Frauen, die loslaufen, und den wenigen, die oben ankommen«, meint auch die ehemalige Hauptgeschäftsführerin des Arbeitgeberverbandes Gesamtmetall Heike Maria von Joest. Viele der gut ausgebildeten Frauen wie sie wollen nicht Karriere machen – zumindest nicht zu den gegebenen Bedingungen: 60-Stunden-Woche, Dauerstress, Konkurrenzkämpfe. Sie wollen beides: Kinder *und* Karriere. Und dazu brauchen sie die nötige Flexibilität. Aber die bietet eine männlich geprägte Unternehmenskultur mit starrer Anwesenheitsstruktur in der Regel nicht. Statt für Blackberry und Senator Card entscheiden sich daher viele Frauen für Familie und individuelle Selbstverwirklichung.

Es wäre jedoch falsch zu behaupten, die geringe Zahl weiblicher Führungspositionen wäre darauf zurückzuführen, dass Frauen einfach keine Lust auf Karriere hätten. Vielmehr stoßen die meisten an die viel beschworene gläserne Decke, sprich viele Frauen wissen ganz einfach nicht, wie sie sich in den Macht- und Konkurrenzkämpfen einer männlich geprägten Unternehmenskultur behaupten können.

Am Selbstbewusstsein liegt es nicht: Laut einer Studie des Wissenschaftszentrums in Berlin sagen 99 Prozent der Frauen zwischen 20 und 30 Jahren: »Ich bin gut in dem, was ich tue.« Auf

20 *Stern* vom 30. 09. 2010

die Frage, ob es erstrebenswert sei, nach ganz oben zu kommen, antworten 24 Prozent der Frauen mit Abitur mit Ja. Bei den Männern sind das nicht mehr. Nur wissen die ihr Potenzial offenbar besser zu nutzen. Die Fähigkeiten der gut ausgebildeten Frauen werden dagegen nicht voll ausgeschöpft.

Ein Problem ist die unterschiedliche Sozialisierung: In Schule und Ausbildung wird ordentliches und diszipliniertes Verhalten belohnt. In der Bildung zählen vor allem Inhalte. Im Job kommt es plötzlich auf das Auftreten an, auf die Fähigkeit, sich zu verkaufen, behauptet Karrierecoach Marion Knath. Es geht um Rangordnung und Machtkämpfe. Nur wer sich da einen guten Platz erkämpft, kann seine Ideen auch durchsetzen. Qualifikationen und Inhalte sind plötzlich nicht mehr alles. Frauen kapitulieren dann enttäuscht. Statt die Regeln der Männer zu lernen, lehnen sie diese ab – und verzichten damit nicht selten auf ihre Karriere.

Ein anderes Thema ist die Wahl des Bildungsweges und der Wirtschaftszweige. Frauen haben zwar einen Anteil von 55 Prozent an den Universitäten, aber über 70 Prozent der Studentinnen entscheiden sich für geisteswissenschaftliche oder sozialwissenschaftliche Fachrichtungen wie Sprachen, Pädagogik oder Psychologie. Gleichzeitig meiden sie »karriereträchtigere« Fächer wie Elektrotechnik, Maschinenbau und Informatik. Akademikerinnen suchen im späteren Berufsleben persönliche Entfaltungsmöglichkeiten und Jobsicherheit. Männer werden dagegen vor allem von hohen Gehältern gelockt.

Männer planen ihre berufliche Laufbahn auch häufiger von Anfang an und suchen sich dafür die richtigen Verbündeten. Frauen haben oftmals keine konkreten Vorstellungen davon, wo sie hinwollen. Wer Germanistik studiert, wird aber wohl kaum in der Vorstandsetage eines IT-Unternehmens landen. Das mag es auch geben, ist aber mit Sicherheit der etwas steinigere Weg.

3. Soft Spots

Das sind die harten Fakten, die man vorausschicken muss, will man sich dem Thema Frau und Beruf nähern. Es gibt aber noch jede Menge *Soft Spots,* die Frauen den Berufsalltag schwer machen: Die männlichen Kollegen im Büro oder in der Firma dürfen einen Bauch vor sich herschieben, sie tragen unmögliche Hosen und haben dreckige Fingernägel. Und trotzdem werden sie danach beurteilt, wie viele Neukunden sie akquiriert oder Posten bilanziert haben. Ist die Frau mal nicht wie aus dem Ei gepellt, wird im Büro gleich getuschelt: »Wie die wieder rumläuft!« Ob sie aber einen ausgezeichneten Monatsbericht abgeliefert hat, darüber verliert kaum einer ein Wort.

Eine spezielle Realität hat natürlich die berufstätige Mutter. Während der engagiert Papa bei Chefs und Kollegen auf Verständnis stößt und die mütterliche Sekretärin dafür sorgt, dass der dringende Anruf des Kunden kurz vor Feierabend dem kinderlosen Kollegen aufs Auge gedrückt wird, damit der Vorzeige-Vater auch ja pünktlich die Kleinen von der Kita abholen kann, nervt die alleinerziehende Mutter mit ihren vielen Fehlstunden, weil das Kind mit schöner Regelmäßigkeit Infekte, Läuse oder Sonstiges aus dem Kindergarten mit nach Hause bringt. »Die und ihre Kinder!«, heißt es dann.[21] Und schon entbrennt eine Diskussion um überambitionierte oder wahlweise schlecht organisierte Mütter.

Aber Moment mal, ist das so? Sind Frauen in erster Linie Opfer widriger Zustände? Sollen wir hier wirklich einstimmen in das kollektive Lamentieren, das verständnisvolle Klagelied über die schwierige Situation der Frauen im Berufsleben, wie es mit schöner Regelmäßigkeit von den Medien verbreitet wird? Spie-

---

21 Sehr schön beobachtet von Hauke Brost und Marie Theres Kroetz-Relin in *Wie Frauen ticken.*

len sich da nicht so manche Vertreter der Presse verkaufswirksam als Anwälte der berufstätigen Frauen auf, um dann doch wieder nur mit den perfekten Styling- und Diättipps (bei den Frauenzeitschriften, mit einem Anteil von rund 80 Prozent) gegen das diffuse Gefühl der weiblichen Unzulänglichkeit anzugehen? Müssen wir da nicht empört aufschreien und gegen das Bild der gebeutelten Frauen und ohnmächtigen Opfer mit begrenztem Handlungsspielraum ankämpfen, denen allenfalls ein paar Eskapismen im Bereich Beauty, Styling und Mode zugestanden werden? Ist das wirklich alles, was wir der harten Realität des Berufsalltags entgegensetzen können?
Ich glaube nicht.
Das Thema Frau und Beruf ist ein weites Feld, die Zustände nicht immer gerecht und natürlich könnten wir hier über Frauenquoten, Männerseilschaften und Ähnliches diskutieren. Tun wir aber nicht. Dies Buch ist ja kein politisches Fachmagazin. Andererseits doch wieder so politisch, als dass ich versuchen möchte, nach möglichen Handlungsspielräumen für die berufstätige Frau zu fahnden. Also tun wir nun genau das.

Klare Wettbewerbsvorteile

Frauen bringen oft die allerbesten Voraussetzungen mit, wenn am Arbeitsplatz Teamfähigkeit, komplexes Denken und Flexibilität gefordert sind. Wo Männer ausführlich an Plänen und Strategien feilen, haben Frauen das Problem schon längst gelöst. Vielleicht nicht logisch-strategisch, aber durchaus erfolgreich. Arbeitsmarktexperten behaupten, dass Frauen im Beruf oft intuitiver und kreativer sind, außerdem komplexer und beweglicher im Denken. Frauen, die mit Kindern beruflich am

Ball bleiben, haben Kompetenzen, die auch für Unternehmen wichtig sind, behauptet die Münchner Soziologin Susanne Ihsen. »Belastbarkeit, Organisationstalent und Fähigkeiten im Krisenmanagement bewähren sich nicht nur, wenn plötzlich drei Schulstunden ausfallen, sondern sind auch im Beruf wichtige Talente.«

In den USA gibt es bereits den Trend, bevorzugt Hausfrauen einzustellen, weil die chaoserprobt, belastbar und erfinderisch im Lösen von Problemen sind. Frauen denken in verschiedene Richtungen, können mehrere Dinge gleichzeitig erledigen und verfügen über jede Menge emotionale Intelligenz, was bei Kundenkontakt und Mitarbeiterführung wichtige Pluspunkte sind.

Wem das jetzt zu viele geschlechterspezifische Klischees auf einmal sind, der sei auf folgende überraschende Erkenntnisse neuer Studien verwiesen: Firmen, in denen Frauen führende Positionen innehaben, erwirtschaften mehr Gewinn. Die US-Frauenorganisation Catalyst beispielsweise untersuchte die 500 größten Aktiengesellschaften Amerikas und kam dabei zum gleichen Schluss wie auch die renommierte Unternehmensberatung McKinsey: Gemischte Führungsgremien sind sowohl ökonomisch als auch von der Unternehmenskultur her signifikant erfolgreicher. Die Firmen mit den meisten Frauen im Vorstand erzielten sogar eine bis zu 53 Prozent höhere Eigenkapitalrendite im Vergleich zu rein männlich geführten Unternehmen. Aber nicht nur das. Eine Langzeitstudie des Finanzdienstleisters Bloomberg zeigt, dass von Frauen gesteuerte Fonds zum Teil doppelt so gut abschnitten wie die ihrer männlichen Kollegen.

Das Jahrzehnt der Frauen hat begonnen, behauptet zumindest die *Financial Times Deutschland*.[22] Mehr Frauen sind gut fürs

---

22 Katja Marjan, »Auf Frauen Bauen« in: *Financial Times Deutschland* vom 18.06.2010

Unternehmen. Das haben nach der Medienkrise notgedrungen auch die Männer erkannt. Die neuen Einsichten etwa von Andrew Robertson, Chef der weltweit agierenden Werbeagentur BBDO, hören sich zwar an wie aus einem drittklassigen Beziehungsratgeber (»Männer steuern geradewegs auf ein Ziel los, Frauen gehen auf Erkundungstour«, »Männer sind passiver, Frauen aktiver. Sie ist kreativ, während er sich lieber berieseln lässt« oder »Männer leben gern in einer Phantasiewelt, Frauen lieber in der Realität«), aber der Agenturchef hat jedenfalls schnell reagiert: In der BBDO-Zentrale in New York sind 55 Prozent der Belegschaft weiblich. Die Länderchefs in Australien, Malaysia, Russland, China, Frankreich und in den Niederlanden – allesamt Frauen. In Deutschland sieht es da leider noch anders aus.

Das weibliche Geschlecht wird zum gigantischen Wirtschaftsfaktor. Seit Ende letzten Jahres stehen in den USA erstmals mehr Frauen in einem Arbeitsverhältnis als Männer, heißt es. Und in den nächsten Jahrzehnten werden sie noch begehrter, weil dem Arbeitsmarkt der Nachwuchs ausgeht. Weltweit gibt es immer mehr Uni-Absolventinnen, deren Einkommen stetig steigt. 5000 Milliarden Dollar mehr als heute werden Frauen in den kommenden fünf Jahren verdienen, schätzt die Unternehmensberatung Boston Consulting Group. Das Kalkül des Agenturchefs Robertson: »Frauen blicken anders auf die Welt. Wenn wir sie als Kundin erreichen wollen, müssen wir sie in den Entscheidungsprozess einbeziehen.« Und darum sind Frauen nicht nur als Konsumentinnen gefragt, sondern zunehmend auch als Entscheiderinnen.

Inzwischen setzen auch deutsche Unternehmen wie Daimler oder die Telekom verstärkt auf Frauen in Führungspositionen. Der Stuttgarter Autobauer will bis 2020 den Anteil weiblicher Führungskräfte auf 20 Prozent erhöhen, und die Deutsche

Telekom plant sogar bis Ende 2015 rund 30 Prozent der Führungspositionen mit Frauen zu besetzen.

Das sind die Fakten, die wir uns vor Augen halten sollten, wenn wir mit flauem Gefühl im Magen auf dem Weg zum Vorstellungsgespräch sind oder uns zum wiederholten Male über den Kollegen ärgern, der sich, wie so oft, den völlig überflüssigen, anzüglichen Kommentar nicht verkneifen konnte. Versuchen wir aber auch mit Blick auf die weibliche Software mögliche Handlungsspielräume auszuloten und nach neuen Strategien zu fahnden. Denn wie wir uns in der Berufswelt positionieren, hat nicht nur mit den gegebenen Strukturen zu tun, sondern auch mit dem, was wir selbst ausstrahlen. Und da kommen wir ganz schnell zu ein paar sehr empfindlichen Punkten …

Neuralgische Punkte

Wir sollten uns zu Recht darüber empören, dass die Aufstiegschancen für Frauen in Deutschland de facto schlechter sind als für Männer. Noch immer ist es in unserer Gesellschaft viel zu selbstverständlich, dass Frauen beruflich zurückstecken, sobald Kinder im Spiel sind. Und noch immer gibt es nicht nur eine völlig unzureichende Kinderbetreuungssituation, sondern in Vollzeit berufstätige Mütter werden auch noch als Rabenmütter beschimpft.[23] Das sind die gesellschaftlichen Struktu-

---

23 Noch in dem vom Familienministerium Ende 2005 herausgegebenen Gender-Datenreport sind rund 70 Prozent der westdeutschen Männer (in Ostdeutschland 35 Prozent) der Meinung, ein Kleinkind werde mit Sicherheit darunter leiden, wenn die Mutter berufstätig ist. Die westdeutschen Frauen waren immerhin zu 56 Prozent dieser Ansicht, die ostdeutschen noch zu 23 Prozent.

ren, die dringend einer Veränderung bedürfen und die wir alle gemeinschaftlich angehen müssen. Jeder Einzelne in seinem eigenen Umfeld und als politische Forderung an die Gesellschaft insgesamt.

Ich will auch nicht unter den Teppich kehren, dass der fehlende berufliche Aufstieg vieler Frauen vor allem mit ebendiesen Strukturen zusammenhängt. Und ich finde es fatal, dass Frauen viel zu schnell bereit sind, das eigene berufliche Scheitern mit einem »Vielleicht bin ich einfach nicht gut genug« erklären zu wollen.

Aber dabei dürfen wir es nicht belassen.

Wir müssen uns auch mit den neuralgischen Punkten beschäftigen, wie sich Frauen im Arbeitsleben unter Umständen selbst im Weg stehen. Gemeint ist mal wieder die weibliche Software, die möglicherweise ein grundlegendes Reset gebrauchen könnte. Hier ein paar neue Programmierungsvorschläge:

1. Stichwort Motivation

Wenn es um die Karriere geht, haben Männer einen ganz klaren strategischen Vorteil: Egal, ob Fensterputzer oder Börsenmakler, Männer wollen am liebsten die Welt neu erfinden. Oder zumindest den Nobelpreis gewinnen.

Frauen dagegen suchen im Job vor allem eines: Anerkennung. Sie wollen gelobt werden. Von Vorgesetzten. Von Kollegen. Von Kunden und Klienten. Diese weibliche Disposition hat die Berufsberaterin Uta Glaubitz in Thea Dorns *Die neue F-Klasse* folgendermaßen auf den Punkt gebracht: »Diese Haltung der ewigen Schülerin, die am glücklichsten ist, wenn ihr Chef sie lobt, ist einer der Hauptgründe, warum Frauen auf der Karriereleiter nicht weiter nach oben kommen.«

Doch neue Herausforderungen suchen, Visionen haben oder

auch mal nach den Sternen zu greifen – das ist der Stoff, aus dem Traumkarrieren gemacht sind. Und diese Haltung findet sich tendenziell nun mal eher bei den Männern.

2. Stichwort Machtentschlossenheit

Ich komme Ihnen mal mit einer schlichten Beobachtung aus einem ganz anderen Kontext: Elternbeiratssitzung in der Grundschule. In der Runde sitzen mehrheitlich Mütter. Doch als es um die Wahl des Vorsitzenden geht, fangen die anwesenden Frauen plötzlich an herumzudrucksen. Der Posten des Elternbeirats-Vorsitzenden liege ihnen nicht so. Gewählt werden sollten doch lieber die anderen, am besten die Männer. Und dabei geht es keineswegs darum, die Väter neuerdings in die Pflicht zu nehmen. Nein, es ist die Scheu vieler Frauen davor, im Rampenlicht zu stehen und aus dem wohligen Schatten der Gruppe herauszutreten.

Nun gut, der Elternbeirat ist kein Wirtschaftsunternehmen. Und doch besteht die Funktion des Vorsitzenden vor allem darin, die Sitzungen zu leiten, die Fäden in der Hand zu halten und Verantwortung zu übernehmen. Und das tun viele Frauen offenbar nicht gerne. Gewählt wurde schließlich mal wieder ein Mann, um den Vater abzulösen, der bereits seit vier Jahren dem Elternbeirat vorsaß. Er wurde einstimmig gewählt. Eine weibliche Alternative gab es ohnehin nicht.

Wenn ich mir das so ansehe, mache ich mir ernsthaft Sorgen, wie es um die Machtentschlossenheit der Frauen in der Arbeitswelt bestellt ist. Das weibliche Unbehagen, sich zu exponieren, und die fehlende Machtentschlossenheit vieler Frauen gehen Hand in Hand. Am Ende heißt es dann, dass Frauen der Aufstieg in die höheren Führungsetagen versperrt bleibt. Das ist auch oft genug der Fall. Aber eben nicht die ganze Wahrheit.

3. Stichwort weibliche Tiefstapelei

Frauen machen sich im beruflichen Kontext oftmals unnötig klein. Ist eine Frau erfolgreich, neigt sie dazu, ihre Leistung abzutun, kleinzureden oder leichtfertig darüber hinwegzugehen.

Frauen behaupten steif und fest: »Ich hatte einfach ein Riesenglück«, wenn das Jobangebot ins Haus flattert, das Projekt ein Überraschungserfolg wird oder die Beförderung vor der Tür steht. Kein Mann würde je von »Glück« reden, wenn es um berufliche Erfolge geht. Und kein Mann würde auf die Idee kommen, den Zufall dafür verantwortlich zu machen, wenn er mit Beförderungen oder vergleichbaren Auszeichnungen bedacht wird. Er wird immer behaupten: »Ich habe dafür am härtesten und längsten gearbeitet« oder »Meine Leistung war einfach die beste.« Und das unter Umständen zu Recht.

Falsche Bescheidenheit? Im Berufsalltag absolut fehl am Platz.

4. Stichwort Attraktivitätsfalle

Frauen haben Angst davor, unattraktiv zu wirken, wenn sie beruflichen Ehrgeiz entwickeln. Der Grund, warum Frauen beruflich zurückstehen, liegt nicht selten in der diffusen Formel »Ehrgeiz = maskulin = unattraktiv« begründet. Frauen glauben mehr Zustimmung und Anerkennung zu ernten, so Uta Glaubitz, wenn sie das erfüllen, was man traditionell für eine weibliche Rolle hält. Sie haben Angst davor, an Attraktivität zu verlieren, wenn sie in der ersten Reihe stehen. Das ist auch der Grund, warum Frauen sich häufig mit niedrigeren Gehältern zufriedengeben. Sie befürchten, als »geldgeil« und somit »unweiblich« zu gelten, wenn sie nach dem großen Gehalt verlangen.

Das ist nicht nur völliger Blödsinn, sondern hat in vereinzelten Fällen auch schon dazu geführt, dass Topstellen extra hoch dotiert ausgeschrieben wurden, damit sich keine Frauen drauf bewerben. Eine völlig inakzeptable Entwicklung – die allerdings vom weiblichen Verhalten weiter begünstigt wird.

5. Stichwort Machtspiele

Frauen meiden Machtspiele. Im Gegensatz zu Männern sind sie selten fasziniert von der Frage, welche Strategie man einschlagen muss, um die eigenen Ziele auch gegen große Widerstände durchzusetzen. Taktieren und strategisches Kalkül sind nicht so ihr Ding.

Das wird schon am unterschiedlichen Auftreten erkennbar: Der Stil, mit dem Männer zu überzeugen versuchen, ist ein anderer. Mit lauter Stimme und selbstsicherem Gebärden zeigen sie sich gerne überzeugt von ihrem Können. Frauen wollen lieber eine Sache gut machen, als sich selbst darzustellen. Das ist grundsympathisch, aber im Berufsalltag meist kontraproduktiv. Frauen fühlen sich in der zweiten Reihe durchaus wohl. Die Initiative überlassen sie gerne anderen.

Aber damit leider auch ihre Aufstiegschancen.

Nun möchte ich keine Frau dazu anhalten, im Berufsleben irgendwelche Tricks oder Strategien anzuwenden, die ihr nicht behagen. Taktieren und strategisches Kalkül sind allerdings genau die Gründe, warum viele Männer bei gleicher Qualifikation in den Chefetagen landen, Frauen aber nicht. Und das sollte uns zu denken geben.

6. Stichwort Gelassenheit

Männer sind tendenziell gelassener als Frauen. Ihnen fällt es leichter, auch mal fünfe gerade sein zu lassen. Das ist im Berufsleben keine schlechte Sache.

Die Fernsehjournalistin Maybrit Illner kennt aus ihrem beruflichen Umfeld den bei Frauen deutlich stärker ausgeprägten Hang, sich durch übertriebene Selbstzweifel im Weg zu stehen: »Frauen sind grandios darin, ständig zu antizipieren, was schiefgehen könnte, und mit großer Ausdauer zu reflektieren, was alles schiefgegangen ist, wie schrecklich sie an irgendeinem Punkt versagt haben und dass sie in Wahrheit doch viel mehr können.«[24]

Männer sind da, sagen wir mal, etwas robuster. Sie haben eine viel sportlichere Art, mit Niederlagen und Misserfolgen umzugehen. Vielleicht weil sie von klein auf mehr trainiert wurden, in kämpferischen Auseinandersetzungen zu bestehen. Frauen fehlt darin mitunter etwas Routine. Und damit die nötige Gelassenheit, um im Berufsalltag Schwierigkeiten und Konflikte einfach auszusitzen.

24 Zitiert in Thea Dorn, *Die neue F-Klasse*

Erster Schritt:
Die innere Haltung verändern

Ist das so? Sind mangelnde Machtentschlossenheit, Tiefstapelei und falsche Motivation die eigentlichen Gründe, warum Frauen der berufliche Aufstieg verwehrt bleibt? Sind es gar nicht die Widerstände, die das Old boy network aufbringt, an denen Frauen scheitern, wenn sie in die oberste Etage vorstoßen wollen? Sind es die Frauen, die sich viel mehr selbst im Wege stehen, wenn es um Karriere geht, als dass Männer sie daran hindern würden – wie es Barbara Bierach in ihrem Buch *Über das dämliche Geschlecht* so provokant formuliert hat? Frauen sind also selber schuld, wenn es im Beruf nicht so klappt, wie sie es gerne hätten?

Ich mag solche Bücher nicht. Debattenbücher nennt man derlei Streitschriften. Und kürzlich hat die ehemalige *taz*-Chefredakteurin Bascha Mika mit *Die Feigheit der Frauen* ein ähnliches Machwerk nachgelegt. Viele absolute Formulierungen. Viel Schwarzweiß. Viele Ausrufezeichen. Und jede Menge Schuldzuweisungen. Auch bei Frau Mika sind die Frauen selbst an allem schuld.

Mich interessieren solche Debatten nicht. Ich will auch gar nicht wissen, wer nun angeblich schuld sein soll und wer nicht. Mit provokanten Thesen kann man vielleicht Bücher verkaufen und Auflagen steigern, aber helfen tun sie keinem. Mich interessiert etwas ganz anderes: Ich will wissen, welche typisch weiblichen Verhaltensmuster mich möglicherweise tatsächlich behindern und, was noch viel wichtiger ist, wie ich sie aus dem Weg räumen kann. Darauf kommt es doch an. Denn wenn sich bei der weiblichen Software tatsächlich etwas verändern ließe, dann will ich doch vor allem wissen, wie. Mir geht es um neue

Handlungsspielräume. Und da ist beim Thema Frau und Beruf noch jede Menge Luft drin, glauben Sie mir.

Viel lohnender als die zweifelhafte Schuldfrage finde ich es, den Frauen neue Wege aufzuzeigen, wie sie beruflich ganz einfach noch erfolgreicher werden können. Und da gibt es eine ganze Menge. Nur müssen Frauen auch bereit sein, Neues auszuprobieren, alte Gewohnheiten abzustreifen und erlernte Verhaltensmuster über Bord zu werfen.

Übung 1:

Fangen Sie am besten gleich damit an. Nehmen Sie sich einen x-beliebigen Karriere-Tipp vor. Irgendeinen. Etwas, was Sie in einem Berufsratgeber gefunden oder in einer Zeitschrift gelesen haben. Etwas, das Ihnen auf Anhieb gefallen hat. Etwas, das Sie sich zutrauen. Etwas, das einfach umzusetzen ist. Vielleicht ein forscheres Auftreten wagen, sich mit deutlichen Worten und lauter Stimme Gehör verschaffen oder Netzwerke mit anderen beruflich erfolgreichen Frauen bilden. Sie können auch etwas ausprobieren, das Ihnen auf den vorangegangenen Seiten aufgefallen ist, vielleicht weil Sie selbst dazu neigen, sich unnötig klein zu machen. Oder versuchen Sie, mehr Gelassenheit an den Tag zu legen. Es kommt gar nicht so sehr darauf an, was Sie sich nun konkret vornehmen. Wichtig ist nur, dass Sie sich etwas Neues vornehmen und versuchen, es tatsächlich auch einmal auszuprobieren. Fangen Sie irgendwo an, Hauptsache, Sie tun es, am besten heute noch!

Gene oder Gesellschaft?

Was ist also dran? Sind es nun die Gene oder die Gesellschaft, die über Machtentschlossenheit und Motivation und somit über beruflichen Erfolg oder Misserfolg entscheiden? Sind wir das Produkt unserer Biologie oder das Ergebnis der gesellschaftlichen Umwelt?

Sowohl als auch. Unsere Eigenschaften sind nur zum Teil biologisch determiniert. Das meiste ist gesellschaftlich konditioniert – das heißt, wir haben unser Verhalten erlernt. Von unseren Eltern, von Lehrern, von Freunden, von den Medien. Einiges bewusst, vieles unbewusst.

Ein Beispiel: Das in den 50er Jahren geprägte Ideal vom Heimchen am Herd stand den Frauen beim Thema Karriere, Macht und Erfolg lange Zeit im Weg. Im Gegensatz zu den Jungs wurden Mädchen ohnehin seltener dazu angehalten, auf ihre Leistungen stolz zu sein. Wer dann noch konsequent zur sanftmütigen, kooperativen und nachgiebigen Hausfrau erzogen wurde, deren Aufgabe vor allem darin bestand, dem Mann den Rücken frei zu halten, hatte es natürlich später schwer, eigene berufliche Erfolge zu genießen.

Doch diesen erlernten Teil unseres Verhaltens können wir verändern. Durch unseren Willen. Plötzlich. Von einem Tag auf den anderen. Unsicherheit und Zurückhaltung etwa sind anerzogene Verhaltensweisen – eine soziale Limitierung, kein Charakterzug. Wer bislang im Beruf damit zu kämpfen hatte, der kann das in Zukunft ändern. Man muss nur etwas dagegen tun.

Ich behaupte nicht, dass das einfach wäre. Aber immerhin haben wir einen gewissen Spielraum: Wir können uns verändern, wenn wir es nur wollen – und wissen, wo wir ansetzen müssen.

Übung 2:

Gehen Sie ganz pragmatisch vor. Suchen Sie sich am besten etwas aus, das Sie Ihrer Meinung nach nicht sonderlich gut beherrschen. Sie haben beispielsweise Schwierigkeiten damit, vor versammelter Runde die Stimme zu erheben? Ihnen wäre es ein wenig unangenehm, im Geschäftsmeeting das Thema an sich zu reißen? Und im Mittelpunkt stehen Sie sowieso nicht gerne? Sehr gut. Dann wissen Sie nämlich genau, wo es hakt und in welcher Hinsicht Sie sich noch verbessern können. Setzen Sie genau da an.

Die Analyse meiner Denk- und Verhaltensweisen

Wenn ich den Eindruck habe, dass ich mit meiner unsicheren und zurückhaltenden Art meiner Karriere im Wege stehe, dann kann und muss ich daran etwas ändern. Mir bleibt gar nichts anderes übrig, als mein bisheriges Verhalten zu adaptieren und eine geeignetere Strategie zu wählen. Das ist nicht nur im Berufsleben so, das gilt auch für jeden anderen Bereich des Lebens. Und daher unterscheiden sich die folgenden Passagen nur wenig von dem, was ich schon in meinem Flirtbuch zum Thema innere Haltung geschrieben habe: Wenn ich an einem ganz bestimmten Punkt in meinem Leben nicht mehr weiterkomme, egal ob beruflich oder privat, dann ist die einzig sinnvolle Strategie, mein bisheriges Vorgehen zu überprüfen und meine Verhaltensweisen zu ändern.

Das ist allerdings gar nicht so einfach. In jeder Situation vergleicht unser Gehirn unterbewusst das, was wir gerade erleben, mit zurückliegenden Ereignissen. Womöglich mit negativen:

Als ich im Vorstellungsgespräch sitze, habe ich plötzlich vor Augen, wie ich mich das letzte Mal als Projektleiterin beworben habe – und von meinem potenziellen Chef eine Absage erhalten habe. Gut, ich hatte damals kaum Berufserfahrung vorzuweisen, Unsicherheit und Zurückhaltung kamen also nicht von ungefähr. Heute ist das natürlich anders. Und trotzdem: Sofort schlägt mein Gehirn Alarm. Stress. Unsicherheit. Nervosität.

Was ich in so einem Moment tue? Ich atme einmal kräftig durch. Ich setze meine »Was kostet die Welt«-Miene auf. Ich verändere meine Körpersprache. Ich bin gut. Ich bin qualifiziert. Ich bin die Beste für den Job. Es bringt mich aber auch nicht um, wenn es diesmal nicht klappen sollte. Sollen sie doch gucken, wie sie in diesem Laden ohne mich zurechtkommen. Das nächste Jobangebot kommt bestimmt.

Es ist erstaunlich, wie unmittelbar andere Menschen auf das reagieren, was man ausstrahlt. Ich habe die Erfahrung gemacht, dass wir uns unsere Wirklichkeit sehr wohl aussuchen können. Mehr noch: Wir können sie sogar ganz entscheidend beeinflussen – und zwar allein durch unseren Willen und mit der richtigen Einstellung.

Übung 3:

Sie sind der Meinung, dass die interessanten Projekte immer nur an andere vergeben werden? Es ist wie ein Fluch – nur weil Sie nicht jedes Mal gleich nach vorne preschen, wenn es um die Projektvergabe geht, werden Sie im Büro oder in der Firma mittlerweile schon nicht mal mehr in die engere Wahl gezogen? Ihnen bleibt immer nur das, was zwar erledigt werden muss, aber eben vergleichsweise uninteressant ist? Ihr Können und Ihre Qualifikation werden gar nicht mehr wahrgenommen?

Ignorieren Sie diese Glaubenssätze und ersetzen Sie sie durch neue. Sagen Sie sich für eine Zeitspanne von mindestens drei Wochen: »In dieser Firma wissen die schon genau, wem sie die interessantesten Projekte anvertrauen können. Letztlich landet doch alles, was wirklich wichtig ist, auf meinem Tisch.« Probieren Sie es aus. Achten Sie auf Ihre Wahrnehmung. Aber achten Sie auch auf Ihr Verhalten … und was tatsächlich passiert!

Die richtigen Glaubenssätze wählen

Wer im Beruf erfolgreich sein will, der braucht nicht nur Können und Qualifikation, sondern auch die richtige Haltung. Warum das so ist? Ganz einfach: Unsere Glaubenssätze beeinflussen über kurz oder lang auch unsere Denk- und Verhaltensweisen. Also achte ich darauf, was ich denke – es wird zu dem, was ich sage. Ich achte darauf, was ich sage – es wird zu dem, was ich tue. Am Anfang steht immer die Analyse meiner Denk- und Verhaltensweisen. Dann muss ich die Glaubenssätze verändern, die bislang mein Denken und mein Verhalten limitieren. Erst dann kann ich mein Auftreten ändern und eine Rolle einnehmen, die ich frei wähle. Ich muss mich nur intensiv darum bemühen, das zu ändern, womit ich mir selber im Wege stehe.

Die Wissenschaft nennt diesen Bereich menschlicher Eigenschaften das »sozial reflexiv formbare Mitbringsel« – einer der wesentlichen Unterschiede zwischen Mensch und Tier. Jede Limitierung (z.B. Unsicherheit und Zurückhaltung) ist im Grunde nur eine Illusion. Ich kann sie ersetzen. Ich bin einfach nicht mehr die Unsichere und Zurückhaltende. Ich begebe mich aus der Deckung und ergreife in Zukunft die Initiative. Ich zeige mich forsch und einfach drauflos. Ich strahle Entschlossenheit und Souveränität aus. Ich verändere meine Glaubenssätze und arbeite so lange daran, bis sie Realität werden.

Man braucht etwa 30 Tage, um eine unliebsame Eigenschaft durch eine neue zu ersetzen, hat mir mal ein Hypnosetrainer verraten. Und tatsächlich ist es so, dass man sich neue Verhaltensweisen viel schneller aneignet, als man zunächst glaubt. Anfangs mag es vielleicht schwierig erscheinen, mit einem Mal ein offensives und entschlossenes Auftreten zu demonstrieren. Bislang hielten Sie sich lieber in der zweiten Reihe und nun sollen Sie mit fester Stimme sprechen, Blickkontakt halten und im Gespräch die Initiative ergreifen? Probieren Sie es aus! Sie werden sehen, es dauert nur wenige Wochen, bis Sie erste Erfolge eines veränderten Verhaltens deutlich bemerken können.

Übung 4:

Wenn Sie ansonsten eher der schüchterne Typ sind, nehmen Sie einmal bewusst eine betont fordernde Haltung ein. Finden Sie zu einem freundlichen, aber bestimmten Ton und formulieren Sie Ihr Anliegen konkret. Bestehen Sie auf das, was Ihnen wichtig ist, und bleiben Sie dran. Unterstreichen Sie Ihre Ansichten mit festem Blick und deutlichen Worten. Und achten Sie darauf, ob Sie Vorgesetzte und Kollegen damit tatsächlich vor den Kopf stoßen (wie Sie es vielleicht befürchten) oder ob nicht endlich Ihre Vorschläge die nötige Beachtung finden, Ihr Anliegen ernst genommen wird und Ihre Anweisungen befolgt werden. Ich tippe auf Letzteres. Und diese Erfahrung sollten Sie unbedingt machen.

Wie das alles funktionieren kann? Ein bisschen skeptisch sind Sie schon? Was steckt eigentlich dahinter? Fakt ist: Unsere

Wahrnehmung ist im höchsten Maße selektiv. Das menschliche Hirn besteht im Grunde aus zwei unterschiedlichen Persönlichkeiten, einer denkenden und einer beweisführenden. Die denkende Hälfte ist flexibel, sie denkt sich alles Mögliche. Die beweisführende Hälfte versucht dagegen zu zeigen, dass die denkende recht hat. Dazu sammeln wir selektiv solche Informationen, die die These der denkenden Hälfte bestätigen, während wir die widersprechenden Informationen einfach abwehren oder nicht beachten. Wenn wir also etwas nur überzeugend genug denken, dann werden wir auch genügend Beweise dafür finden, dass es stimmt. Das heißt, wir nehmen die Realität so wahr, dass sie unsere Glaubenssätze untermauert. Umgekehrt prägen bestimmte Einstellungen und Überzeugungen unsere Wahrnehmung. Deshalb kommt es auch im Berufsleben ganz entscheidend darauf an, dass wir die richtigen Glaubenssätze auswählen.

Übung 5:

Überlisten Sie Ihr Gehirn. Konzentrieren Sie sich auf die beweisführende Hälfte. Zählen Sie alle Gründe auf, warum Sie die beste Wahl für den Posten der Projektleiterin, der Marketingchefin, der Hotelmanagerin oder einfach nur der besten Busfahrerin in der ganzen Stadt sind. Schreiben Sie die gesammelten Gründe auf einen Zettel, in Ihr Notizbüchlein, in eine Word-Datei oder legen Sie von mir aus eine Excel-Tabelle an. Ganz egal. Wichtig ist nur, dass Ihre Liste ausnahmslos positiv ausfällt. Aber das versteht sich hoffentlich von selbst.

Welche Glaubenssätze schränken meine Denkweisen und Verhaltensmuster ein? Ich habe sie auf einen Zettel geschrieben und Beweise dafür gesucht, dass diese Glaubenssätze falsch sind. Coaching-Spezialisten nennen das Reframing. Dieser Begriff geht auf die Metapher zurück, dass ein Bilderrahmen immer nur den Ausschnitt eines Gesamtbildes definiert, also einen ganz bestimmten Blickwinkel. Damit ist ein Rahmen aber immer auch etwas, das unsere Sicht einschränkt. Verlassen wir diese Festlegung, kann sich das Bild verändern und dadurch neue Vorstellungen und Deutungsmöglichkeiten zulassen. Genauso ist das auch mit den Glaubenssätzen, die wir abgespeichert haben, die wir aber auch immer wieder durch neue ersetzen können.

Vieles in unseren Köpfen ist mit bestimmten Gefühlen verknüpft. Diese »Verkabelungen« in unserem Gehirn sind verantwortlich für unser Denken und Handeln. Wichtig ist nur, dass wir von jetzt an die positiven Verknüpfungen aktivieren und die negativen so weit wie möglich ignorieren. Wie soll ich meinen Chef davon überzeugen, dass ich die Beste für den Job bin, wenn ich mich selbst nicht dafür halte? Ich muss davon überzeugt sein, dass ich die absolute Topbesetzung für diesen Posten oder jenes Projekt bin. Das ist der Ausgangspunkt für jede erfolgreiche Bewerbung, jedes Kundengespräch und jede gelungene Akquise.

Übung 6:

Gehen Sie ganz pragmatisch vor, und versuchen Sie herauszufinden, warum Sie unter Umständen an Ihrem eigenen Erfolg zweifeln. Warum halten Sie sich selbst nicht für die beste Option, wenn es um den neuen Posten oder das neue Projekt geht? Welche Glaubenssätze stehen Ihnen dabei möglicherweise im Weg? Sie brauchen sich jetzt nicht gleich ein Notizbüchlein zu kaufen und dort Ihre intimsten Geheimnisse festzuhalten. Sie müssen sich auch keine Merkzettel mit zweifelhaften Durchhalteparolen an den Spiegel pinnen. Denken Sie einfach mal über diese Fragen nach. Unter der Dusche. In der Schlange an der Kinokasse. Beim Autofahren. Finden Sie heraus, was Sie daran hindert, im Beruf so erfolgreich zu sein, wie Sie es gerne wären. Und ändern Sie etwas daran, wenn Ihnen nicht gefällt, was Sie herausfinden.

Warum bin ich, wie ich bin? Was bestimmt mein Verhalten? Im Gegensatz zu Männern denken Frauen häufiger über solche Kernfragen des Lebens nach und grübeln über ihre Persönlichkeit. Männer machen lieber Sport, gehen in die Kneipe oder kaufen sich ein dickes Auto, wenn sie von Selbstzweifeln geplagt werden. Verdrängen oder grübeln – keine der beiden Varianten ist besser oder schlechter. Männer haben nur seltener mit einem spezifisch weiblichen Folgeproblem zu kämpfen: Sie neigen weniger dazu, sich mit existenziellen Fragen ihr Hirn zu zermartern und am Ende alles in Frage zu stellen.

Es ist gut, über sich und sein Leben nachzudenken. Es ist wichtig, sich selbst genau zu kennen, wenn man sich verändern möchte. Es ist ganz entscheidend, herauszufinden, was einen bislang daran gehindert hat, im Job so erfolgreich zu sein, wie man es gerne wäre. Aber es ist nie ein Grund, an sich selbst zu zweifeln.

Im Marketing lautet eine der wichtigsten Grundregeln: »Doubt your marketing, not your product.« Für jeden anderen Bereich im Leben gilt das genauso. Wenn ich den beruflichen Aufstieg suche, werde ich unweigerlich mit kleineren Rückschlägen oder Misserfolgen konfrontiert werden. Das darf jedoch nie dazu führen, dass ich anfange, grundsätzlich an mir selbst zu zweifeln, sondern daß ich allenfalls mein Vorgehen in Frage stelle.

Das eigene Denken beeinflussen

Sie sind noch immer nicht ganz überzeugt? O. k., dann versuche ich Sie mit einem Beispiel aus dem Flirttraining zu überzeugen. Denn auch beim Flirten geht es vor allem um die richtige Motivation und die richtigen Glaubenssätze. Erfolgreiche Verführungskünstler auf der ganzen Welt haben eines gemeinsam – sie legen besonderen Wert auf das sogenannte *inner game*. Damit ist jener Teil der Verführung gemeint, der sich im Kopf abspielt. Dem wahren Profi geht es zunächst einmal nicht um die Eroberung einer Frau, sondern um die Entwicklung der eigenen Persönlichkeit. Wer bin ich? Was will ich? Wie komme ich dahin?

Das kommt Ihnen nun allerdings ein bisschen abwegig vor? Flirttipps als Karrierecoaching? Keine Sorge, das ist Absicht. Denn mal ganz im Ernst: Im Managertraining oder in Fortbildungsseminaren wird Ihnen auch nichts anderes erzählt. Ich habe mich lange genug mit diesen Themen befasst, um Ihnen versichern zu können: Dort wird auch nur mit Wasser gekocht. Wenn es um die richtige Motivation und die richtigen Glaubenssätze geht, sind die Flirt- und Verführungskünstler meiner Meinung nach sogar ganz vorne dabei.

Ich habe mal einen der ganz großen Verführungskünstler Europas getroffen. Den kroatischen Superstar Daniel Nesse alias Badboy. Nesse hat mir das Geheimnis seines Erfolgs verraten. Er hat mir erklärt, dass die perfekte Verführung im Kopf beginnt – schon morgens mit dem Aufwachen. Jeden Morgen stellt er sich die immer gleichen Fragen: Warum bin ich so begehrenswert? Warum bin ich so sexy? Warum verspürt jede Frau dieses unweigerliche Verlangen, in meiner Nähe zu sein? Badboy nennt solche Fragen sein persönliches Mantra, eine Art Meditation, durch die es ihm möglich war, in die höheren Sphären der Verführungskunst aufzusteigen.

Badboy hinkt schwerfällig auf der Bühne des Tagungsortes umher, an dem ich beobachten kann, wie er nicht nur Frauen, sondern auch sein vornehmlich männliches Publikum verführte. Auf seinem kahlrasierten Schädel zeugt eine hufeisengroße Narbe von dem Tag, an dem er während des Balkankriegs von einem Heckenschützen niedergestreckt wurde. Seitdem ist er halbseitig gelähmt. Und doch ist er einer der größten Frauenhelden Europas.

Auch wenn Badboy rein optisch nicht die besten Voraussetzungen mitbringt, was seine Wirkung auf Frauen angeht, so ist seine Ausstrahlung doch ungemein faszinierend. Es ist sein männlich dominantes Auftreten, das Frauen unweigerlich in seinen Bann zieht. Wenn Badboy auch nur eine Sekunde an seinem Erfolg zweifeln würde, keine Frau würde sich für den hinkenden Kroaten interessieren. Aber sie alle spüren seinen unglaublichen Willen, seine kompromisslose Haltung und seine grenzenlose Zuversicht.

Sie finden das Motivationsbeispiel immer noch abwegig? Das Mantra eines schwindeligen Verführungskünstlers wohl kaum geeignet, der kalten Realität der Berufswelt etwas entgegenzusetzen? Das sehe ich anders. Egal ob beim Flirten oder bei der Präsentation der Geschäftszahlen vor dem Aufsichtsrat: Wenn ich auch nur eine Sekunde an meinem Erfolg zweifle, werde ich scheitern.

Doch warum sollte ich überhaupt Angst vor neuen Herausforderungen haben? Warum stelle ich mein Können und meine Qualifikation in Frage? Warum traue ich mir nicht zu, jeden Job und jede Herausforderung zu meistern?

Das ist wie beim Karate-Training. Wenn ich beim Durchschlagen eines soliden Holzscheites nicht daran glaube, dass ich das Brett zerlegen kann, werde ich mir die Hand brechen. Wir alle wissen aber, dass es möglich ist, ein dickes Holzbrett mit bloßer Hand in zwei Hälften zu trennen. Meine Freundin Jasmin hat das in einem Selbstverteidigungskurs einmal getan. Und zwar als eine der ersten Übungen. Wie das funktioniert? Der Kursleiter hatte erklärt, dass man das Brett schon vorher in Gedanken durchschlagen müsse, noch bevor man zum eigentlichen Schlag ansetzt. Also fokussierte Jasmin ihre ganze Aufmerksamkeit auf den Moment nach dem Schlag und holte erst dann aus. Das Brett zerbrach, als wäre es ein Streichholz.

Karate ist das beste Beispiel dafür, dass der Körper nur ein Abbild des Geistes ist.

Übung 7:

Halten Sie sich immer vor Augen: Wenn ein Mann wie Badboy beim Flirten und Verführen so ungemein erfolgreich sein kann, dann sollten das Kundengespräch oder die Vertragsverhandlungen für Sie doch eigentlich ein Klacks sein. Schließlich sind Sie eine Frau und bringen die allerbesten Voraussetzungen mit, was Flexibilität, komplexes Denken und Kommunikationsfähigkeiten angeht. Entwickeln Sie Ihr ganz persönliches Mantra. Konzentrieren Sie sich auf die Glaubenssätze, die Ihnen dabei helfen, Ihre beruflichen Ziele zu erreichen. Egal was Sie formulieren, darin vorkommen sollte auf jeden Fall: Sie sind gut. Sie sind smart. Sie sind bestens qualifiziert. Sie besitzen jede Menge Soft Skills. Und damit sind Sie in der Lage, absolut jede berufliche Herausforderung zu meistern.

Ziele definieren

Kaum ein Mensch zweifelt heute mehr am Erfolg von autogenem Training. Solche Kurse gibt es inzwischen an jeder Volkshochschule. Autogenes Training ist eine weit verbreitete und anerkannte Methode zum Abbau von Stress und psychosomatischen Störungen. Seine Wirksamkeit ist in zahlreichen Studien belegt.

Autogenes Training ist nichts anderes als eine auf Autosuggestion basierende Entspannungstechnik. Das Prinzip: Körperliche Entspannung ist durch bestimmte Empfindungen gekennzeichnet. Die Entspannung der Gliedmaßen beispielsweise führt zu einem Schweregefühl und eine gute Durchblutung zu einem Gefühl der Wärme. Umgekehrt kann ich durch völlige Konzentration auf diese Empfindungen ihre körperliche Ursache selbst herbeiführen. Ich kann mir also im Geist vorstellen, wie meine Arme und Beine warm werden, und damit willentlich beeinflussen, dass Arme und Beine de facto besser durchblutet werden.

Das ist keine Zauberei. Das ist messbar. Es ist das Ergebnis einer besonders intensiven Vorstellungskraft und lässt sich an der Oberflächentemperatur der Haut nachweisen.

Ich bin nicht esoterisch veranlagt. Ehrlich gesagt bin ich schon Homöopathie gegenüber äußerst skeptisch. Ich habe mal einen Yoga-Kurs besucht und verspürte bereits beim ersten gemeinschaftlichen »Om« einen deutlichen Fluchtimpuls. Ich glaube allerdings, dass dem menschlichen Willen eine enorme Kraft innewohnt.

Mit genau dieser Kraft widersetzte sich die Sängerin Anastacia Krankheit. Genau so gelangen Profisportler aufs Siegerpodest. Erfolge im Spitzensport erreicht man nicht nur durch Talent und Disziplin, sondern zu einem beträchtlichen Anteil auch durch mentales Training. Und nach diesem Prinzip funktionieren im Grunde auch Karate, Yoga, Meditation oder Selbsthypnose. Warum also nicht die Kraft des menschlichen Willens für die eigenen Ziele nutzen? Spitzensportler haben das längst erkannt. Für das berufliche Fortkommen funktioniert das genauso.

Übung 8:

Melden Sie sich zu einem Karatekurs an, belegen Sie einen Kurs in autogenem Training oder setzen Sie sich ein ganz konkretes Ziel in Ihrer Lieblingssportart und arbeiten Sie gezielt darauf hin. Machen Sie die Erfahrung, wie weit Sie es mit mentalem Training und eisernem Willen tatsächlich bringen können. Und stellen Sie sich die Frage, warum Sie nicht schon viel früher auf die Idee gekommen sind, die Kraft des menschlichen Willens auch für Ihre beruflichen Ziele zu nutzen.

Ich habe mich also hingesetzt und Glaubenssätze notiert, die mir helfen, meine Ziele zu erreichen. Mir hat es geholfen, mir klarzumachen, was ich genau möchte. Will ich einen anderen Job? Eine bessere Bezahlung? Will ich mehr Verantwortung? Will ich etwas ganz anderes machen?

Dann habe ich mein Ziel formuliert. Ich habe mir klargemacht, warum ich dieses Ziel verfolge.

Als Nächstes habe ich mir überlegt, was mich alles von diesem Ziel abhielt: Ich hielt mich für nicht gut genug. Ich habe es nie gewagt, Forderungen zu stellen. Ich habe mich in meiner bisherigen Position verschanzt. Ich habe mich mit weniger zufriedengegeben. Ich habe mir eingeredet, dass die besten Jobs sowieso für andere vorbehalten sind, usw.

Daraufhin habe ich meine Glaubenssätze geändert:

Ich bin gut in dem, was ich mache. Es gibt keinen Job und keine Herausforderung, die ich nicht meistern könnte.

Ich arbeite, um im Beruf meine ganz persönliche Inspiration, Anerkennung und Bestätigung zu finden. Mein Glück und meine Zufriedenheit stehen dabei im Vordergrund.

Ich brauche keine Vorgesetzten oder Kollegen, um mir die nötige Anerkennung und Bestätigung zu verschaffen. Aber jeder Vorgesetzte und jeder Kollege kann sich glücklich schätzen, mit mir beruflich zu tun zu haben.

Jede berufliche Herausforderung verbessert mein Können und meine Fähigkeiten. Ich habe nichts zu verlieren. Ich kann nur dazulernen und mit jedem Mal besser werden.

Ich strahle Gelassenheit, Zuversicht und Souveränität aus. Ich kann alles erreichen, was ich will.

Ich habe festgestellt, dass es für mich besser funktioniert, wenn ich meine Grundsätze radikal und schlagartig verändere, anstatt mich Schritt für Schritt meinem Ziel zu nähern. »Wer vom Fünfmeterbrett springen möchte, der sollte nicht erst mit dem Dreimeterbrett anfangen, sondern gleich vom Zehnerbrett springen«, so ein Münchner Motivationstrainer.

Jeder Psychologe oder Therapeut würde vermutlich davon abraten. Zu groß sei die Herausforderung. Lieber anfangs kleine Ziele setzen. So werden erste Erfolge schneller sichtbar. Und die Enttäuschung ist nicht so groß.

Viele Profisportler beweisen jedoch das Gegenteil. Sie wollen aufs Siegerpodest. Das ist ihr erklärtes Ziel. Kein »immerhin unter den besten zehn«. Kein »verdienter dritter Platz«. Nein, Gold soll es sein und nichts anderes. Und nur mit dieser Haltung kommen sie auch dahin.

Warum sollte das im Berufsleben anders sein? Warum sollte ich mich mit einer mehr symbolischen Lohnerhöhung zufriedengeben, wenn auch ich Besseres verdient habe? Warum sollte ich nicht gleich aufs Ganze gehen und mich an die wirklich großen beruflichen Herausforderungen heranwagen, wenn ich mich für jeden Job oder jedes Projekt ins Gespräch bringen will? Auch ich riskiere sonst, mich in einem schlecht bezahlten Job zu verschanzen, der nicht mal Spaß macht und mir allenfalls ein Minimum an Jobsicherheit bietet. Sieht so Inspiration und Erfüllung im Beruf aus?

Ich will mir meinen Beruf und meine Position aber aussuchen können. Also werde ich in Zukunft selbst entscheiden, welche Grundsätze mein Leben bestimmen und in welchem Tempo ich meine Ziele erreichen möchte.

Zweiter Schritt: Verhaltensmuster ändern

Bis hierher ist nun schon einiges erreicht: Ich bin mir meiner bisherigen Denk- und Verhaltensweisen bewusst geworden. Ich habe die dahinter liegenden Glaubenssätze verändert. Ich habe mir neue Ziele gesetzt. Doch nun muss ich mich noch auf folgende Punkte konzentrieren, um mein Verhalten grundsätzlich zu ändern:

1. Respekt verschaffen

Das Problem vieler Frauen im beruflichen Kontext ist, dass sie in erster Linie gemocht werden wollen. Für Männer zählt vor allem der Aufstieg im Unternehmen. Sie legen Wert auf eine schnelle Steigerung ihres Gehalts und der dazugehörigen Boni. Für Frauen hingegen ist die persönliche und fachliche Akzeptanz das wichtigste Kriterium für ein erfülltes Berufsleben. Die Zahl der Frauen, die als Kollegin geschätzt werden wollen und die Akzeptanz und Anerkennung als wichtigsten Wert ansehen, liegt rund 20 Prozent über dem Prozentsatz der männlichen Mitarbeiter.[25]

Mit der sogenannten Beliebtheitsfalle verhält es sich damit ganz ähnlich wie beim Thema Attraktivitätsfalle, also der Angst davor, als Frau unattraktiv zu wirken, wenn man beruflichen Ehrgeiz entwickelt, oder »geldgeil« zu wirken, wenn man nach dem großen Geld greift. Wenn es um Karriere geht, ist es aber weniger wichtig, gemocht als vielmehr respektiert zu werden.

Von vielen Menschen bekomme ich Respekt aufgrund der eigenen Leistung, der Position oder der Persönlichkeit. Aber eben nicht von allen. Bei manchen Kollegen, Chefs oder Kunden muss ich mir den Respekt erst erarbeiten. Und da kann das Dauerlächeln oder die übertriebene Freundlichkeit, die so manche Frau mitunter an den Tag legt, schon mal kontraproduktiv sein. Dabei geht es keineswegs darum, den harschen Umgangston der männlichen Kollegen zu imitieren, sondern zu einem freundlichen, aber bestimmten Ton zu finden, der mir nicht nur Aufmerksamkeit und Anerkennung bringt, sondern eben auch den nötigen Respekt verschafft.

Übung 9:

Wenn Sie sich tatsächlich Sorgen um Ihre weibliche Attraktivität machen sollten, dann ziehen Sie halt in Gottes Namen etwas Figurbetontes oder hohe Schuhe an. Aber verzichten Sie niemals, und zwar absolut nie, auf eine hoch dotierte Stelle, die unverschämte Gehaltsforderung oder den überraschend üppig ausgefallenen Extrabonus, nur um gemocht zu werden.

---

25 Diese Zahlen gelten unabhängig von Position und vorhandenen Aufstiegschancen, so eine aktuelle Studie der US-Unternehmensberatung Personnel Decisions International (PDI), die dazu 1500 Angestellte in den USA befragt hat.

Sie würden sich das unter Umständen niemals verzeihen. Aber nicht nur das: Sie versäumen damit auch die Chance, sich Respekt zu verschaffen. Also nehmen Sie das Geld und quittieren Sie es mit einem souveränen Lächeln.

Maybrit Illner behauptet, die größere Emotionalität vieler Frauen wird ihnen im Berufsleben zur Achillesferse: »Man macht sich nicht nur Freude und Freunde, wenn man Entscheidungen fällt. Man wird weniger geliebt. Das muss man aushalten und gegebenenfalls sogar gut finden, auch wenn das jetzt ein bisschen masochistisch klingt.« In einer Führungsposition qua Hierarchie Dinge durchsetzen, macht tendenziell unbeliebt, verschafft einem aber letztlich Respekt. Wenn ich dagegen zu weich und verbindlich auftrete oder mein Führungsstil zu partnerschaftlich-freundlich ist, wird einem das gerade als Frau schnell als Schwäche ausgelegt.

Bei Männern ist das ein bisschen anders. Vielleicht machen auch sie sich mit einer dominanten Haltung nicht gerade beliebt, doch das Verbindlich-Freundliche wird ihnen selten als Schwäche angerechnet. Was Sympathiepunkte angeht, so haben viele Männer auch hier frühzeitig gelernt, sich diesbezüglich eine etwas dickere Haut zuzulegen. Politiker können ein Lied davon singen. »Wer Hitze nicht verträgt, darf nicht Koch werden«, hat Bundespräsident Christian Wulff unlängst in einem Interview verkündet. Was ein bisschen nach Mutmach-Parole klingt, ist vor allem eines: ein strategisch bedeutsamer Vorteil.

Auch die heutige Arbeitsministerin Ursula von der Leyen hat es sich mit ihren politischen Entscheidungen nicht immer leicht gemacht. Aber offenbar wusste sie stets zwischen sachlicher Kritik und unsachlichen Anwürfen zu unterscheiden. Schließlich hat sie es geschafft, in Zeiten knapper Kassen mehr Geld für neue Sozialleistungen und eine modernere Familienpolitik zu erkämpfen. Ohne sich einen gewissen Panzer zuzulegen, an dem selbst so etwas wie die massive Kritik aus den eigenen Reihen abprallt, würde es heute vermutlich kein Elterngeld geben.

Übung 10:

Setzen Sie im Büro einmal ganz bewusst eine unliebsame Entscheidung durch. Irgendetwas. Von mir aus etwas völlig Banales. Zum Beispiel, dass sich in der Teeküche keine Pfandflaschen mehr ansammeln dürfen. Oder reihum Kaffee auf Vorrat gekauft werden soll. Oder wochenweise einer für frisches Obst zuständig ist. Nichts, was unsinnig wäre – schließlich ähneln die meisten Teeküche einer Abstellkammer, in der ständig dreckiges Geschirr rumsteht und der Kaffee aus ist –, aber doch etwas, das vielleicht nicht bei allen so gut ankommt.

Machen Sie sich doch einfach mal unbeliebt. Und zwar bewusst. Achten Sie darauf, ob Ihnen nun tatsächlich eine Woge der Empörung und Antipathie entgegenschwappt oder ob der ein oder andere sich nicht sogar zu einem kleinen Plausch in der nun aufgeräumten Teeküche einfindet. Haben Sie keine Angst vor unliebsamen Entscheidungen. Solche Ängste sind in den meisten Fällen völlig unbegründet.

Wenn Ihnen die Teeküchen-Initiative zu banal ist, dann können Sie sich auch für das umstrittene Projekt einsetzen, von dem Sie jedoch überzeugt sind. Es ist völlig egal, wie Sie sich dem Thema Beliebtheitsfalle nähern. Wichtig ist nur, dass Sie deutlich nach außen kommunizieren, dass Sie einen anderen Standpunkt einnehmen – und zwar einen, der unter Umständen nicht gefällt. Halten Sie das ruhig einmal aus. Und warten Sie ab, ob sich im Büro oder in der Firma nun tatsächlich alles gegen Sie verschwört.

Und by the way: Einen eigenen Kopf zu haben und eine eigene Meinung zu vertreten, ist extrem sexy!

2. Unsicherheit überwinden

Weicher Händedruck, scheuer Blick, unsicheres Lächeln – Frauen verpassen oftmals die Gelegenheit, schon beim ersten Eindruck souverän zu punkten. Gerade im beruflichen Kontext ist es aber wichtig, Selbstbewusstsein, Zielstrebigkeit und Dominanz auszustrahlen. Und dabei geht es mir keineswegs darum, männliches Imponiergehabe zu kopieren. Ein souveränes und bestimmtes Auftreten ist auch in einer explizit weiblichen Variante möglich.

Was allerdings gar nicht geht, sind Ausreden wie »Ich bin eben eher zurückhaltend« oder »Ich stehe einfach nicht gerne im Rampenlicht«. Im Gegensatz zu den meisten Männern haben Frauen häufig eine gewisse Scheu davor, Aufmerksamkeit auf sich zu lenken oder sich in den Mittelpunkt zu drängen. Sie verhalten sich lieber unauffällig und sind es nicht gewohnt, sich in Szene zu setzen. Das ist aber im beruflichen Kontext meist von Nachteil.

Was also tun?

Zunächst einmal muss ich erkennen, dass das Verhalten meiner Chefs und Kollegen mir gegenüber nichts anderes ist als eine Reaktion auf mein eigenes Verhalten, mein Auftreten, die von mir ausgesendeten Signale. Und trotzdem hat jede Kommunikation mit Vorgesetzten, Kollegen oder Kunden erst einmal herzlich wenig mit mir als Person zu tun, sondern viel mehr mit irgendwelchen Stimmungen, Erwartungshaltungen, allgemeinen Sympathien und natürlich den ganz persönlichen Erfahrungen auf beiden Seiten.

Ich behelfe mir damit, das Bewerbungsgespräch, die Kundenakquise oder den Gehaltspoker als ein Spiel zu begreifen, das es zu gewinnen gilt. Ich sehe mich also als Spieler in einem Spiel, bei dem es unter anderem um Strategie und Taktik geht. Das macht die Sache bedeutend einfacher. Denn dieses Spiel funktioniert nach ganz klaren Regeln. Und ein selbstbewusstes, zielstrebiges und dominantes Auftreten gehören nun mal dazu.

Je besser ich die Regeln kenne, desto wahrscheinlicher wird es, dass ich das Spiel auch »gewinne«. Dazu muss ich das Spiel möglicherweise häufiger spielen und mich mit den Regeln vertraut machen, ein bisschen herumprobieren und versuchen, die dahinter liegenden Mechanismen zu erkennen – um sie schließlich kontrollieren zu können. Das ist das eigentliche Ziel. Und diesem Ziel komme ich mit jeder Runde ein Stückchen näher.

Übung 11:

Auch hier kommen Sie um einen Selbstversuch nicht herum. Nehmen Sie sich wieder für eine Zeitspanne von mindestens drei Wochen etwas vor, was Ihrer unsicheren und zurückhaltenden Art eigentlich zuwiderläuft: Sprechen Sie mit betont lauter Stimme. Nehmen Sie im Gespräch bewusst mehr Raum ein. Suchen Sie Blickkontakt mit Ihren Gesprächspartnern und halten Sie den Blick auch mal etwas länger als gewohnt. Proben Sie den forschen Auftritt. Sehen Sie das Ganze als ein Spiel, und testen Sie die Regeln aus.

3. Souveränität ausstrahlen

Frauen neigen zu einer defensiven Körpersprache. Sie legen unsicher den Kopf schief, sprechen mit zu leiser Stimme, halten sich an Stuhllehnen fest und stehen nur ungern im Mittelpunkt. Sie geben sich insgesamt eher zaghaft. In Meetings melden sie sich erst gegen Ende, und im Gespräch passen sie sich instinktiv dem dominanten Verhalten der Männer an und reagieren mit einer regressiv-unterwürfigen Körpersprache: Sie lächeln reflexartig und wirken dadurch unsicher.

Frauen bitten außerdem zu oft um Erlaubnis. »Dürfte ich mal eine Frage stellen?« statt »Ich hab da mal 'ne Frage …« Das ist zwar wohlerzogen, kommt aber leider unsicher und wenig kompetent rüber.

Frauen entschuldigen sich auch zu viel. Selbst für den kleinsten Fauxpas gibt es sogleich wortreiche Erklärungen, Rechtfertigungen oder Entschuldigungen. Das ist in den meisten Fällen nicht nur unnötig, sondern vor allem wenig hilfreich. Sinnvoller sind neue Lösungsvorschläge, wenn einem irgendwelche Fehler im Berufsalltag unterlaufen sind.

Frauen lächeln auch häufig an der falschen Stelle. Ein Lächeln ist vor allem dann unangebracht, wenn es darum geht, Forderung zu stellen oder Unangenehmes zu kommunizieren. Frauen versuchen damit oftmals ihre Unsicherheit zu kaschieren. Das nimmt der Situation aber den nötigen Ernst und schmälert das Durchsetzungsvermögen.

Sie fühlen sich irgendwie ertappt? Auch Sie zwirbeln oftmals verlegen die Haare, wenn Sie eigentlich den Kollegen gerade von der Richtigkeit Ihrer Entscheidung zu überzeugen versuchen? Auch Sie reden zwar stundenlang auf den Praktikanten ein, um am Ende dann doch wieder seine Aufgaben und alles, was sonst noch liegen geblieben ist, einfach schnell selbst zu erledigen? Das kommt Ihnen bekannt vor? Gut so. Es ist nämlich vergleichsweise einfach, solche unbedachten, der Karriere aber oftmals abträglichen Verhaltensweisen zu ändern: Man muss sie nur erst mal erkannt haben. Und beim nächsten Mal einfach darauf achten, sie nicht zu wiederholen.

Übung 12:

Führen Sie eine Strafkasse ein. Für jedes Mal Haare zwirbeln, Kopf schief legen, um Erlaubnis fragen, unsichere Lächeln und für jede überflüssige Entschuldigung legen Sie 20 Euro rein – auf jeden Fall so viel, dass es ein bisschen weh tut. Wenn die defensive Körpersprache und das unsichere Rumgeeiere Ihr Problem sind, dann kaufen Sie sich in dem Fall von dem Geld mal einen richtig breiten schultergepolsterten Karriereblazer. Auch wenn ich die Dinger nicht mag, sie verleihen zumindest Haltung, und auf die kommt es im Geschäftsleben oft mehr an, als Sie denken.

Legen Sie eine weitere Kasse an: Aber diesmal dafür, dass Sie im Meeting das Wort erhoben haben, dass Sie dem herausfordernden Blick des Vorgesetzten nicht ausgewichen sind, dass Sie einen kleineren Fauxpas einfach mal mit einem Lächeln quittiert haben und souverän darüber hinweggegangen sind. 40 Euro – dafür sollte es mindestens das Doppelte geben. Setzen Sie von vornherein die richtigen Prioritäten. Und kaufen Sie sich davon auf jeden Fall nichts Sinnvolles, sondern ausnahmslos etwas, das Ihnen vor allem Spaß macht.

4. Sich gut verkaufen

Frauen sind oft viel zu bescheiden. Sie haben ein Problem damit, ihre Leistungen entsprechend zu verkaufen. Lieber verstecken sie ihr Talent und warten, bis es irgendwann entdeckt wird. Oder warten bescheiden und freundlich auf die Beförderung, statt mit etwas Ellenbogenpower auch dafür zu kämpfen. Gute Leistung allein reicht aber für den beruflichen Aufstieg oftmals nicht aus. Sie wird erst dann wahrgenommen, wenn man sie auch entsprechend präsentiert.

Was also tun? Auch diese Passage stammt aus meinem Flirtbuch. Denn auch beim Flirten und Verführen kommt es ganz entscheidend darauf an, dass man es versteht, auf sich aufmerksam zu machen. Wer unscheinbar und passiv in einer Ecke sitzt und darauf hofft, angesprochen zu werden, kann in der Regel lange warten. Gleiches gilt für den beruflichen Aufstieg. Auch hier hat eindeutig der die besseren Chancen, der entsprechend trommelt.

Letztlich ist jedes Bewerbungsgespräch, jede Kundenakquise, jeder Gehaltspoker auch ein Geschäft. Es gelten die Gesetze des Marktes. Und ich will mich erfolgreich auf diesem Markt etablieren. Was würde ein gewiefter Verkäufer tun?

Sagt der Verkäufer: »Das ist unser Modell A. Möchten Sie es kaufen?«

Oder sagt er: »Das ist unser Modell A. Alle wollen es haben. Leider steht es derzeit nicht zur Verfügung. Sie können sich auf einer Warteliste eintragen. Aber allzu große Hoffnung kann ich Ihnen nicht machen.«

Erfolgreiches Marketing funktioniert nach dem sogenannten AIDA-Schema. Dieses Stufenmodell umfasst im Prinzip vier Phasen, die jeder Kunde durchläuft, bevor er sich zum Kauf entscheidet – nämlich *attention, interest, desire* und *action.* Ich muss also versuchen, mit meinem Produkt zunächst die Aufmerksamkeit meines Kunden zu erregen, dann sein Interesse zu wecken, ein Bedürfnis zu schaffen und so schließlich zum Kauf zu animieren. Das Modell stammt aus dem Jahr 1898 und berücksichtigt vielleicht nicht das vollständige Reiz-Reaktions-Muster menschlichen Verhaltens, wie wir es heute kennen. Dennoch laufen nach wie vor viele erfolgreiche Verkaufsgespräche – aber auch jedes Kunden- oder Bewerbungsgespräch – nach diesem Schema ab.

Der wichtigste Aspekt des Verkaufens liegt darin, ein Bedürfnis zu schaffen. Das gelingt mir nur, indem ich die Vorstellungskraft des Käufers anrege. Der Käufer, in diesem Fall mein Chef, Kunde oder Kollege, muss glauben, dass ihm etwas entgeht, wenn er sich nicht für mein Produkt, also mich, meine Ideen oder meine Leistung, entscheidet. Ich muss ihm das Gefühl geben, dass es zu mir absolut keine Alternative geben kann.

Kaufentscheidungen entstehen häufig im Affekt und sind nicht unbedingt das Ergebnis rationaler Erwägungen. Ich kann keinen Einfluss darauf nehmen, ob sich Vorgesetzte, Kunden oder Kollegen für mich, meine Ideen oder meine Leistung entscheiden. Aber ich kann ihnen ein paar verdammt gute Gründe nennen, die ihre Entscheidungsfreudigkeit mit Sicherheit erhöhen.

Übung 13:

Konzipieren Sie eine Werbekampagne für Ihr bestes Produkt: sich selbst. Schaffen Sie ein Bedürfnis. Regen Sie die Vorstellungskraft des Käufers an. Tragen Sie alles zusammen, was für Ihr Produkt spricht und was es so besonders und einzigartig macht. Das sollten Sie unbedingt einmal tun. Denn das kommt sowieso immer viel zu kurz.

Von erfolgreichen Frauen lernen

Frauen haben alles, um im Beruf erfolgreich zu sein. Sie sind gut. Sie sind smart. Sie sind bestens qualifiziert. Doch Qualifikationen und *Soft Skills* hin oder her, wenn ich mit meiner derzeitigen Position nicht zufrieden bin, mich beruflich verbessern möchte oder einfach nur mein Verhandlungsgeschick erhöhen will, lohnt es sich, bestimmte Erfolgsstrategien einmal genauer anzuschauen.

1. Mrs. Thatchers Perlenkette

Viele Bücher, die sich mit weiblichen Erfolgsstrategien beschäftigen, legen den Frauen nahe, männliche Verhaltensweisen zu kopieren: Sie sollen mit tiefer Stimme sprechen, mehr Raum einnehmen und anderen ins Wort fallen. Es ist richtig, dass in einer von Männern geprägten Unternehmenskultur bestimmte Erfolgsmechanismen ein eher maskulines Verhalten erfordern. Das sind dann ganz einfach die Spielregeln, die ich mir zu eigen machen kann, wenn ich ein ganz bestimmtes Ziel verfolgen möchte. Und trotzdem wäre es falsch, männliches Verhalten pauschal als Erfolgsstrategie auszugeben. Vielmehr ist es so, dass Frauen ein ungleich breiteres Spektrum zur Verfügung steht. Denn neben Qualifikation, Kompetenz und Professionalität verfügen Frauen außerdem über Charme und weibliche Raffinesse – Eigenschaften, die man gerade im beruflichen Kontext strategisch nutzen sollte.

Auch Margaret Thatcher wusste stets Charme und weibliche Raffinesse geschickt einzusetzen. Handtasche und Perlenkette waren nicht zufällig gewählt. Sie unterstrich damit ganz bewusst ihre Weiblichkeit, um in schwierigen Verhandlungen neben fachlicher Kompetenz und rhetorischen Fähigkeiten noch eine weitere Trumpfkarte in der Hand zu halten. Sie hat damit sozusagen ihr Repertoire erweitert. Und war vielleicht auch deswegen ihren männlichen Verhandlungspartnern oft haushoch überlegen.

Ich erwähne hier bewusst die eiserne Lady, um deutlich zu machen, dass es eine explizit weibliche und extrem erfolgreiche Variante eines selbstbewussten, zielstrebigen und dominanten Auftretens gibt.

Ich gehe ohnehin davon aus, dass Sie sich an den Gedanken einer positiven Inszenierung von Weiblichkeit erst noch gewöhnen müssen. Das ist normal. Das geht einer ganzen Generation von Frauen so, nämlich all denen, die mit einem feministisch geprägten Weltbild groß geworden und von emanzipierten Müttern erzogen worden sind. Schließlich sind sie in einer Welt aufgewachsen, in der man Mädchen in lustige Ringelpullis und Schlabberhosen gesteckt hat und die in der Schule zum Werken und nicht in den Handarbeitsunterricht geschickt wurden. Für unsere Eltern war es wichtig, dass ihre Töchter eine gute Ausbildung und damit gleiche Chancen für die Zukunft erhielten. Doch vor lauter Gleichberechtigung wurde mitunter vergessen, auch das Mädchenhafte in uns zu bestärken. Also ködere ich Sie bewusst mit »extrem erfolgreich« und weniger mit der »Perlenkette«. Und dafür eignet sich Frau Thatcher allemal.

Und trotzdem: Die Perlenkette, die Handtasche, der Lippenstift, das alles kann im beruflichen Kontext überaus nützlich sein. Strategisch betrachtet. Denn mit dem ein oder anderen femininen Attribut lässt sich nicht nur die eigene Weiblichkeit unterstreichen, sondern im Berufsalltag auch geschickt so einsetzen, dass Sie Ihrem Können und Ihrer Leistung die nötige Aufmerksamkeit verschaffen. Ich weiß, die Vorstellung behagt Ihnen nicht ganz. Doch versuchen Sie sich einmal an einer neuen Perspektive. Es geht dabei nicht um bloße Fassade, irgendeinen Modeschnickschnack oder sonstige Angepasstheit. Es geht einzig und allein um strategisch kluge Kommunikation. Und dabei sollten Sie Ihr weibliches Potenzial nicht ungenutzt zu lassen.

2. Die Limousine von Frau Merkel

Für Männer zählen im Beruf der schnelle Aufstieg, das entsprechende Gehalt und die dazugehörigen Boni. Ihre Position soll am besten für alle nach außen sichtbar sein. Sie legen Wert auf erkennbare Statussymbole, eine Assistentin, ein Dienstwagen und ein großes Büro. Frauen lehnen so etwas oft bescheiden ab: Das bisschen Papierkram erledigen sie doch schnell selbst. Für dicke Autos hatten sie noch nie etwas übrig. Das Büro teilen sie sich lieber mit der netten Arbeitskollegin.

Das ist grundsympathisch, aber strategisch unklug. Denn diese Statussymbole gehören zum Chefsein dazu. Wer berufliche Privilegien ablehnt, distanziert sich auch ein Stück weit vom eigenen Erfolg.

Frau Merkel hat eine Staatslimousine und einen Chauffeur. Selbstverständlich. Das muss sie auch. Schließlich ist sie Bundeskanzlerin und ihr Dienstwagen vor allem eine Frage der Sicherheit. Aber stellen Sie sich mal vor, Frau Merkel hätte sich, immerhin als erste Frau im Amt, für eine weniger glamouröse Variante entschieden. Einen schicken kleinen Mini beispielsweise. Vielleicht, um ein Zeichen zu setzen: die neue Frau an der Spitze – beweglicher, flexibler, femininer. Gepanzerte Fahrzeuge können schließlich nicht nur Mercedes, BMW und Audi produzieren. Hat sie aber nicht. Natürlich nicht. Und sie hat auch gut daran getan, als erste Frau im Bundeskanzleramt an der Tradition ihrer Vorgänger festzuhalten und sich für eine Oberklasse-Limousine als Dienstwagen zu entscheiden.

Solche Statussymbole sind wichtig, um die eigene Position zu demonstrieren. Ob ich das nun albern finde oder nicht, es ist letztlich eine Frage der Kommunikation. Wer ganz nach oben möchte, sollte sich nicht in falscher Bescheidenheit üben, sondern um das eigene Büro, die Assistentin, den Dienstwagen kämpfen. Und seine Führungsposition genießen. Wenn ich einmal oben angekommen bin, kann ich diese Spielregeln ja immer noch ändern. Nur auf dem Weg dahin sollte ich solch vermeintlich unbedeutende Details nicht einfach ignorieren.

Dabei geht es weniger um Protzerei und Dominanzgehabe als vielmehr um eine ganz bestimmte Haltung: Gerade Frauen neigen dazu, auf Statussymbole zu verzichten, weil sie insgeheim dem eigenen Erfolg nicht ganz trauen. Ihnen fehlt mitunter das gesunde Selbstvertrauen in die eigenen Fähigkeiten. So wie Männer mit mittelmäßiger Qualifikation, aber aufgeblähtem Ego nicht selten in höheren Positionen zu finden sind, kommen Frauen manchmal nicht weiter, weil sie auf ein diffuses Gefühl der eigenen Unzulänglichkeit oder ihr mögliches Scheitern fixiert sind. Während Männer selbst nach einem veritablen Flop blind besessen sind von der eigenen Geschäftsidee und unerschrocken von Investor zu Investor pilgern, fragen Frauen schon beim ersten Banktermin, was eigentlich passiert, falls ihr Projekt scheitert. Frauen bauen sich gerne etwas Solides auf: kleine Kredite, kleine Brötchen, kleine Gewinne. Das Erfolgs-Gen ist eindeutig männlich, behauptet zumindest die *FAZ*-Wirtschaftsredakteurin Bettina Weiguny.[26]

Übung 14:

Überprüfen Sie Ihre Außenkommunikation. Spiegelt sich Ihr beruflicher Erfolg in dem wider, was Sie nach außen repräsentieren? Deckt sich Ihr berufliches Selbstverständnis mit dem, wie Sie sich selbst im Büro oder in der Firma positionieren? Trauen Sie Ihrem eigenen Erfolg? Tragen Sie ruhig mal ein bisschen dick auf, so es Ihre finanzielle Situation erlaubt: Leisten Sie sich ein größeres Auto oder ein nagelneues Laptop. Oder fordern Sie Ihrer Position entsprechend ein geräumigeres Büro, eine Assistentin oder ein neues Blackberry in der Firmenzentrale an. Lassen Sie sich von Ihrer Sekretärin ein First-

---

26 Bettina Weiguny, »Pionierinnen – Fehlanzeige! Frauen, wir haben versagt!« in: *Frankfurter Allgemeinen Zeitung* vom 23.03.2008

Class-Ticket oder ein 5-Sterne-Hotel für die anstehende Konferenz buchen oder beraumen Sie das wichtige Kundengespräch in einem Spitzenlokal an – allein schon um einfach zu lernen, diese Art von Luxus auch zu genießen. Nutzen Sie solche Statussymbole als Kommunikationsmittel. Andere tun das ja auch. Und mal ehrlich, so ein nagelneuer iMac, der beflügelt das Arbeiten schon ungemein ...

3. Die Bodylotion von Frau Roddick

Männer haben, wenn es um berufliche Karrieren geht, den Frauen vor allem eines voraus: Sie sind dreist und unverschämt selbstsicher. Nicht nur die neue Idee, vor allem der Wagemut machen den Unterschied. Forscher an der Erasmus Universität Rotterdam habe herausgefunden, warum es deutlich mehr männliche Wirtschaftspioniere und Unternehmensgründer gibt als weibliche. Es sind nicht die höheren Fähigkeiten oder die besseren Qualifikationen, es ist eine ganz bestimmte Haltung: Männer tendieren dazu, sich selbst und die Erfolgschancen ihrer Geschäftsideen zu überschätzen. Und sie neigen viel eher zu solcher Selbstüberschätzung als Frauen. Männer sind vergleichsweise befreit von Ängsten und Realitätssicherung, auch wenn es um die Umsetzung brillanter Geschäftsideen geht. Die Insolvenz im Bankengeschäft, so heißt es, wäre den Lehman Sisters jedenfalls nicht passiert.

Die männliche Selbstüberschätzung nimmt mitunter groteske Formen an, mögliche Defizite werden großzügig ignoriert. Wenn Männer nicht schwimmen können, dann ist nicht selten die Badehose daran schuld.

Das kann man als Frau nun belächeln. Doch die männliche Vermessenheit ist genau der Grund, warum die Glühbirne und der Mikroprozessor, der elektrische Webstuhl und Facebook nicht von Frauen, sondern von Männern erfunden wurden. Frauen hätten das genauso gekonnt. Am IQ liegt es nicht. An den Bildungschancen heutzutage auch nicht, schließlich ist jeder zweite Abiturient und jeder zweite Student weiblich. Doch die revolutionären Erfindungen, die den Takt der globalen Wirtschaft verändert haben, stammen allesamt von Männern.

»Warum war der Facebook-Gründer keine Frau?«, fragt Bettina Weiguny in ihrem kritischen Appell an den Pioniergeist der Frauen. Programmieren können viele. Auch Frauen. Was ist mit den jungen Informatikerinnen? Warum hat keine von ihnen diese hippe Community erfunden? Oder die Idee zumindest kopiert? Die Jungs von StudiVZ oder Xing, die Zuckerbergs Idee ins Deutsche übersetzt haben, leben heute davon.

Frauen haben, so Weiguny, seit bestimmt 20 Jahren die Chance, sich unter die Goldgräber zu mischen. Aber sie tun es nicht. Und das hat nicht allein mit dem staatlichen Versagen bei den Krippen, patriarchalischen Denkmuster, fehlenden Rollenmodellen oder aufgezwungenen Lebensentwürfen zu tun, sondern auch mit den Wünschen, Neigungen und Prioritäten in der weiblichen Lebensplanung. Doch die Hochschulabsolventin Mitte zwanzig denkt noch lange nicht ans Kinderkriegen. Den Abschluss in der Tasche, stehen den jungen Frauen heute eigentlich alle Möglichkeiten offen. Das könnte ihre Chance sein. Nur nutzen sie diese nicht. Dabei war auch Mark Zuckerberg erst 19 Jahre alt, als er Facebook erfand. Rockefeller war erst 18 und hatte eine schlichte Büroausbildung hinter sich, als er ins Ölgeschäft einstieg. Und wo sind die weiblichen Pioniere? An den Kindern liegt es jedenfalls nicht. Die kommen nämlich erst viel später.

Ob nun genetisch bedingt oder gesellschaftlich aufgezwungen – Fakt ist, Frauen riskieren es höchst selten, Unternehmen zu gründen. Und wenn, dann eröffnen sie Friseursalons, Cafés und Modeboutiquen. Sie machen sich selbständig als Anwältinnen, Ärztinnen, Architektinnen. Was Frauen jedoch fehlt, behauptet Weiguny, ist das visionäre Potenzial und das grenzenlose Selbstvertrauen eines Bill Gates oder Mark Zuckerberg.

Und doch gibt es sie, die bewundernswerten Karrieren visionärer Frauen, auch wenn das eher die Ausnahmen sind: die Modedesignerin Jil Sander, die Gründerin von L'Oréal Liliane Bettencourt oder Anita Roddick, die in den 70ger Jahren ihre erste Body-Shop-Filiale eröffnet hat, übrigens mit zwei Kindern im Schlepptau, während ihr Mann zwei Jahre lang auf dem Pferd durch Südamerika ritt. Auch US-Unternehmen wie Ebay, Xerox oder Pepsi werden bzw. wurden erfolgreich von Frauen geführt. Oder die Flickr-Gründerin Caterina Fake. Und nicht zuletzt die Biocon-Gründerin Kiran Mazumdar-Shaw. Auch ihre Firma begann als Garagenklitsche und ist jetzt ein börsennotiertes Multimillionenunternehmen. Heute ist sie die reichste Frau Asiens mit einer halben Milliarde Dollar Privatvermögen, auch wenn das kaum einer weiß. Diese Frauen müssen wir uns zum Vorbild nehmen. Denn ihre Unerschrockenheit, ihr Wagemut, ihr Wille zum Erfolg und vermutlich auch eine gehörige Portion Selbstüberschätzung haben letztlich über ihre beispiellosen Karrieren entschieden.

Übung 15:

Setzen Sie sich hin und machen Sie ein Brainstorming. Egal ob mit der netten Arbeitskollegin bei einem schönen Glas Rotwein oder mit dem alten Schulfreund in Ihrer Lieblingskneipe, Hauptsache, Sie werden richtig kreativ. Bemühen Sie Ihre Phantasie. Spinnen Sie herum. Was wollten Sie schon immer einmal machen? Eine Surfschule auf Hawaii eröffnen? Einen neuen Toaster entwerfen? Ihr Faible für den Austausch von

Kochrezepten auf Chefkoch.de zum Beruf machen und einen eigenen Blog im Internet gründen? Holen Sie einmal ganz weit aus und phantasieren Sie. Werden Sie dabei ruhig ein bisschen überschwenglich. Übertreiben Sie. Vielleicht fördert das ganz neue Wahrheiten oder ungeahnte Talente zutage. Lassen Sie sich überraschen.

Dritter Schritt:
Das Auftreten optimieren

Was Sie jetzt noch brauchen, ist nicht nur der Wille zum Erfolg, sondern auch das dazugehörige Auftreten. Auch das ist letztlich eine Frage der Kommunikation – und die kann man erlernen.

Nehmen wir ein einfaches Beispiel: Ihnen wird eine Führungsposition angeboten. Eine Frau reagiert mit den Worten: »Mein Gott, trauen Sie mir diesen Posten wirklich schon zu?« Ein Mann sagt dagegen: »Endlich sprechen Sie mich drauf an, ich warte schon seit einigen Jahren.« Natürlich muss das nicht in jedem Fall so sein. Und natürlich sind die jeweiligen Reaktionen überzeichnet. Trotzdem gilt: Auf weiblicher Seite provoziert eine Gehaltserhöhung oder ein Jobangebot oftmals einen bescheidenen Reflex, auf männlicher Seite nicht selten demonstratives Selbstbewusstsein.

Hier geht es nicht darum, die unterschiedlichen Reaktionen von Mann und Frau zu bewerten. Keine ist besser oder schlechter. Aber aus kommunikationsstrategischer Sicht gibt Eon-Vorstandsmitglied Regine Stachelhaus in »Karriere: Das tue ich mir doch nicht an!« zumindest Folgendes zu bedenken: Ist der Vorgesetzte, der dieses Angebot unterbreitet, ein Mann, wird er sich angesichts der weiblichen Reaktion vielleicht denken: »Aha, die traut sich den Posten also nicht zu.« Aber auch wenn der Chef eine Frau ist, bin ich mir nicht so sicher, ob diese zögerliche Haltung wirklich so gut ankommt. Dass hier nicht zwingend Unsicherheit, aber doch zumindest falsche Bescheidenheit im Spiel sein könnte, das kommt zumindest einem Mann zunächst nicht in den Sinn. Ganz klar ein Kommunikationsproblem.

Wenn es gilt, Führungspositionen zu besetzen, orientieren sich Chefs an dem, was sie kennen – und das sind nun mal in den meisten Fällen typisch männliche Verhaltensmuster. Frauen fallen darum oft durchs Raster, zumindest wenn sie solche Unterschiede im Kommunikationsverhalten ignorieren.[27] Eliteforscher Michael Hartmann von der Technischen Universität Darmstadt behauptet: »Niemand redet offen darüber, aber bei der Besetzung von Spitzenpositionen geht es immer darum, ob die Chemie stimmt. Wie redet jemand, wie bewegt er sich? Bei einem Mann sind sich die anderen Männer sofort sicher, ob er passt. Für Frauen fehlen ihnen die Kriterien.« Also gehen Frauen in solchen Situationen oft leer aus.

Ein anderes Beispiel: In der Schule und an der Uni sind Frauen erfolgreich, weil sie fleißig, diszipliniert und strebsam sind. Im Beruf neigen Frauen eher dazu, Aufgaben zu übernehmen, die zwar erledigt werden müssen, aber kein Prestige bringen. Männer achten auf so etwas. Sie übernehmen nur solche Aufträge, die der Karriere nutzen. Dahinter steckt nicht nur strategisches Kalkül, sondern auch eine ganz bestimmte Haltung, die sie damit nach außen kommunizieren. Das weibliche Verhalten

27 Catrin Boldebuck und Doris Schneyink, »Karriere. Das tue ich mir nicht an!« in: *Stern* vom 30.09.2010

ist da anders geprägt. Statt größere Projekte in die Hand zu nehmen, werden Papierberge still und fleißig im Büro abgearbeitet.

Frauen würden aber mehr Selbstbewusstsein und Vertrauen in die eigene Kompetenz demonstrieren, wenn sie gezielt neue Aufgaben, Herausforderungen und Verantwortlichkeiten entgegennähmen, statt pflichtbewusst auch die weniger prestigeträchtigen Aufgaben zu erfüllen. Auch ein solches Verhalten ist letztlich Teil der Kommunikation, und das wird oftmals unterschätzt.

Ein letztes Beispiel: Die neue Mitarbeiterin macht einen Vorschlag im Meeting, keine Reaktion. Zehn Minuten später punktet der Kollege mit genau derselben Idee. Er bekommt Applaus, sie wird übergangen. Frauen ziehen sich in einer solchen Situation oftmals enttäuscht zurück. Viel sinnvoller ist jedoch die Flucht nach vorne, rät Karrierecoach Marion Knaths. Am Besten so: »Danke, dass Sie meinen Vorschlag aufgreifen und unterstützen.« Wer dann noch alle weiteren Ausführungen an den Chef richtet, hat nicht nur die Spielregeln durchschaut, sondern auch ganz klar diese Runde für sich gewonnen.

Übung 16:

Die genannten Beispiele sind im beruflichen Kontext keine Lappalie. Selbst wenn Sie derlei Machtspielchen vor allem albern finden, unterschätzen Sie dennoch nicht die eigentliche Dimension: ganz klar eine Frage der Kommunikation. Nehmen Sie sich gezielt vor, dem Kollegen, der Ihre Idee geklaut hat, noch im Meeting über den Mund zu fahren. Übertreiben Sie ruhig ein bisschen, wenn Sie sich für diesen oder jenen Posten ins Gespräch bringen wollen. Suchen Sie sich in Zukunft gezielt nur noch prestigeträchtige Projekte aus und verweigern Sie die niederen Arbeiten. Probieren Sie das wirklich einmal aus. Mindestens einen Monat lang. Und ziehen Sie am Ende dieses Monats Bilanz, ob sich die Dinge für Sie zum Besseren oder Schlechteren gewendet haben.

Mehr Durchsetzungsvermögen zeigen

Frauen neigen dazu, in die Runde zu sprechen und andere in ihre Argumentation mit einzubeziehen. Viel erfolgversprechender ist es jedoch, rät Marion Knaths, konsequent nur den Chef anzusprechen, also den Ranghöchsten, so hat man nämlich automatisch die Aufmerksamkeit der gesamten Runde. Warum das so ist? Männer denken und kommunizieren in Hierarchien. Unterbewusst achten sie darauf, wer länger spricht, wer wem ins Wort fällt und wer wem welche Aufmerksamkeit schenkt. Sie achten dabei auf die jeweilige Rangordnung. Gleichzeitig versuchen Männer, diese Kommunikationssituationen für sich zu nutzen und sich so zu profilieren. Frauen verhalten sich in solchen Situationen lieber zurückhaltend und freundlich, setzten sich so aber oftmals nicht genug durch.

Übung 17:

Machen Sie im nächsten Meeting die Probe aufs Exempel und stoppen Sie die Redezeit der anwesenden männlichen Kollegen. Oder zählen Sie mit, wer wem wie oft ins Wort fällt. Oder wie oft die Kollegen das Wort an den Chef der Runde richten und im Vergleich dazu in die versammelte Runde sprechen.
Es genügt, wenn Sie das alltägliche Schauspiel einmal ganz genau beobachten – ich will Sie ja nicht von der Arbeit abhalten. Aber Sie sollen ein Gefühl dafür entwickeln, wie männliches

Hierarchiedenken praktisch in das Kommunikationsverhalten Ihrer Kollegen mit einfließt.

Stellen Sie sich das Ganze wie beim Fußball vor: Da wird in der heutigen Berichterstattung penibel genau der durchschnittliche Ballbesitz, der jeweilige Ballkontakt, jeder gewonnene Zweikampf und die gesamte Zweikampfbilanz akribisch registriert. Männer stehen auf so was. Nehmen Sie sich Vergleichbares für die nächste Sitzung vor, und lernen Sie aufgrund Ihrer Bilanz die Spielregeln besser zu durchschauen.

All die genannten Beispiele sind bezeichnend für ein ganz bestimmtes Kommunikationsverhalten, das im beruflichen Kontext oftmals den Ausschlag gibt. Es ist das Spiel der Männer um Geld, Status und Macht, das viele Frauen ablehnen oder einfach ignorieren. Dabei sind diese Spielregeln recht simpel zu durchschauen. Doch statt im Spiel der Männer mitzumischen, lehnen Frauen dies ab und sagen: Das ist mir doch zu blöd. Dahinter, so Marion Knaths, steckt natürlich jede Menge Frust, wenn Frauen merken, dass ohne kleinere Machtspielchen ihre Fähigkeiten nicht wahrgenommen werden. Das ist verständlich, aber eben wenig hilfreich.

Wissenschaftler machen einen weiteren Grund für den weiblichen Rückzug verantwortlich: Frauen kommen mit Situationen, in denen extremer Wettbewerb herrscht, schlechter zurecht als Männer. Das hat eine Studie französischer Ökonomen der HEC School of Management in Paris ergeben. Gerade die Führungsetagen sind aber geprägt durch überaus scharfen Wettbewerb. Um einen Spitzenposten bewerben sich viele, kriegen kann den Job nur einer. Wer bis ganz nach oben kommen will, muss in vielen Beförderungsrunden seine Konkurrenten ausstechen. Doch Frauen scheinen in hoch kompetitiven Situationen tendenziell gelähmt, während Männer gerade dann erst zur Höchstform auflaufen. Sie können mit solchem Druck oftmals besser umgehen als Frauen.

Warum sich also nicht einfach den Tatsachen stellen und versuchen, die Spielregeln zu durchschauen und für sich zu nutzen? Wenn ich erst einmal oben angekommen bin, habe ich immer noch die Möglichkeit, bestehende Regeln und Strukturen aufzubrechen. Nur, die konsequente Ablehnung oder der enttäuschte Rückzug sind letztlich recht feige Optionen. So überließe man das Spielfeld den Männern. Und damit auch die Karrierechance. Wo bitte bleibt denn da der Sportsgeist der Frauen? Mehr Durchsetzungsvermögen und Hartnäckigkeit sind gefragt, wenn man nach ganz oben will. Und das ist in erster Linie eine Frage der richtigen Einstellung.

Übung 18:

Apropos Sport. Melden Sie sich zu einem Sportkurs an. Und zwar kein Mannschaftssport, sondern etwas, wo es nur Sieger und Verlierer gibt. Teamfähigkeit beherrschen Sie als Frau ohnehin. Jetzt geht es darum, in Konkurrenzsituationen zu brillieren. Eisschnelllauf. Leichtathletik. Wettrudern. Irgendetwas, wo die Zeit gestoppt wird oder Sie andere hinter sich lassen und als Erstes durchs Ziel gehen müssen. Wem das zu viel Aufwand ist, der sollte mal wieder Monopoly spielen oder auf der nächsten Party »Reise nach Jerusalem« vorschlagen. Auch dabei können Sie zur Höchstform auflaufen. Oder halten Sie es wie Bree Van de Kamp aus Desperate Housewifes: Stechen Sie Ihre Konkurrentinnen aus, indem Sie zum nächstbesten gesellschaftlichen Anlass den absolut weltallerbesten selbstgebackenen Apfelkuchen präsentieren. Ich persönlich finde das zwar nicht die spannendste Kategorie. Aber egal, Hauptsache, Sie kultivieren Ihr Gewinner-Gen.

Das Erscheinungsbild

Mehr Durchsetzungsvermögen geht Hand in Hand mit einem ganz bestimmten Auftreten. Nicht jedem von uns ist das selbstsichere Auftreten des karrierebewussten Erfolgsmenschen in die Wiege gelegt. Doch mit ein paar einfachen Tricks kann ich versuchen, mein Auftreten zu optimieren. Vieles davon ist erstaunlich einfach.

Aus dem Flirttraining weiß ich: Rund 90 Prozent des Erfolgs einer Anmache hängen von Körpersprache, Tonlage und Timing ab. Das wenigste von dem, was wir sagen, wird über den Inhalt unserer Worte kommuniziert. Mehr als die Hälfte teilen wir über unsere Körpersprache, Gestik und Mimik mit, den Rest über unsere Stimme und den Tonfall. Beim Flirten kommt es also ganz entscheidend auf die Fähigkeit an, deutliche Signale auszusenden.

Im beruflichen Kontext ist das nicht anders: Nur ein Bruchteil dessen, was wir sagen, wird über Inhalte und Worte vermittelt. Studien haben gezeigt: Wie wir auf andere wirken, bestimmt nur zu 7 Prozent der Inhalt, 55 Prozent werden visuell bewertet und zu 38 Prozent ist der Klang der Stimme entscheidend. Kommunikation spielt sich also zu einem nicht unerheblichen Anteil unbewusst ab. Und auch hier punkten mal wieder die Männer. Weil sie instinktiv wissen, wie sie durch Körpersprache und dem entsprechenden Auftreten die nötige Aufmerksamkeit für ihre Vorschläge und Ideen bekommen.

Aber auch ich kann lernen, den unbewussten Teil meiner Kommunikation zu kontrollieren. Ich muss nur versuchen, schon mit meinem Auftreten und meiner Körpersprache deutlich zu machen, dass ich kompetent, qualifiziert und professionell bin. Auch damit, *wie* ich etwas sage. *Was* ich hingegen sage, dafür interessiert sich erst mal so gut wie keiner. Inhalte kommen erst viel später. Mein Auftreten, mein Blick, meine Tonlage – all das spielt zunächst eine viel größere Rolle.

1. Die Stimme

Wenn es um Ihr Erscheinungsbild im Berufsalltag geht, denken Sie vermutlich zunächst an angemessene Kleidung und korrekte Umgangsformen. Aber haben Sie schon mal bewusst auf Ihre Stimme geachtet? Das sollten Sie. Denn Ihre Stimme kann entscheidend dazu beitragen, ob Sie sich durchsetzen können, ob man Ihnen zuhört und welchen Eindruck Sie bei Kollegen, Vorgesetzten oder Kunden hinterlassen. In einer Untersuchung des Netzwerks Stimme.at, in dem verschiedene Stimm- und Sprechspezialisten ihr Wissen eingebracht haben, sagen 91 Prozent der Befragten, dass sie Bewerber mit guter Stimme und Sprechweise anderen Bewerbern vorziehen. Können wir also von einem Karrierefaktor Stimme sprechen?

Die Unternehmensberaterin Helene Karmasin weiß: »Gut ankommt, wer stimmlich sicher wirkt und seine Stimme führen und flexibel einsetzen kann. Vollklingende mittlere Stimmlagen werden hohen oder betont tiefen vorgezogen.« Also lieber den Durchschnitt repräsentieren, als mit Piepsstimme oder rauen Bässen andere zu irritieren?

Tatsächlich ist eine mittlere Tonlage die beste Wahl, das gilt für Frauen genauso wie für Männer.[28] Sonore Stimmen empfinden die meisten Menschen als angenehm. Doch keine Sorge, wem die nötigen Bässe in der Stimme fehlen, kann sich trotzdem Gehör verschaffen: »Eine hohe Stimme, die variationsreich erklingt, kann sehr schön sein und Durchsetzungskraft ent-

---

28 Julia Batist, »Der Ton macht die ... Karriere?« in: Deutschlandfunk vom 31.10.2006

falten«, betont der Hamburger Mediziner und Stimmforscher Niels Graf von Waldersee. Auf die richtige Modulation kommt es eben an. Ingrid Amon, Autorin des Buches *Die Macht der Stimme*, ist der Meinung: »Gepresste, flache Stimmen irritieren und ermüden die Zuhörer. Zu hohe oder zu tiefe Stimmlagen wirken gestresst und strengen Sprecher und Zuhörer an. Monotones Sprechen langweilt und lenkt vom Inhalt ab.«

Spätestens an dieser Stelle wird deutlich, dass es beim Karrierefaktor Stimme im Grunde genommen immer auch um eine kraftvolle Grundhaltung dem Leben gegenüber geht, auch dem Berufsleben, behauptet Stimmtrainerin Monika Klinger.[29] Denn gepresste und flache Stimmen kommen vor allem daher, dass ich die Schultern unnatürlich hochziehe, um den Nacken zu schützen, und mich verkrampfe, um gegen die Anstrengungen im Businessmeeting oder dem Kundengespräch gewappnet zu sein. Grundsätzlich gilt: Kopf hoch! Wenn Hals und Kinn in etwa einen rechten Winkel bilden, entlastet das die Stimmbänder. Außerdem wirkt sich meine Kopfhaltung auch auf meine Ausstrahlung aus: Ich erscheine sicher und souverän – und fühle mich auch so.

Ein weiterer, simpler Trick: Je nach Tonlage lassen sich mit ein und demselben Satz völlig unterschiedliche Wirkungen erzeugen. Das wird oft vergessen. »Wollen Sie diese Aufgabe übernehmen?« kann freundlich-aufmunternd, aber auch dominant-fordernd rüberkommen. Machen Sie sich das bewusst. Und üben Sie zur Not vor dem Spiegel.

Übung 19:

Sie haben langsam keine Lust mehr auf diese andauernden Übungen? Sie wollten es sich einfach nur mit einem halbwegs

---

29 Ursula Kals, »Die Stimme macht's« in: *FAZ.*Net vom 11. 04. 2010

interessanten Buch auf dem Sofa gemütlich machen? Nun, wenn Sie etwas bewegen wollen, dann nützt das alles nichts. Sie müssen ran.

Beispielsweise um folgendes Problem in den Griff zu bekommen: Ihre Stimme verrät, wie Sie sich gerade fühlen. Das wird an Tempo, Betonung und Lautstärke deutlich. Es wird immer Situationen geben, in denen wir zwar aufgeregt oder unsicher sind, aber dennoch vor versammelter Runde überzeugen wollen. Selbstkontrolle ist dann gefragt. Atmen Sie in einer solchen Situation tief ein (und zwar in den Bauch). Achten Sie auf die Stimmlage. Reden Sie nicht zu schnell. Und schon wirken Sie souverän und selbstbewusst. Probieren Sie es aus.

Wer kurz bevor er die Stimme erhebt einen kleinen Stimm-Checkup (zumindest gedanklich) durchgeht, hat eine Möglichkeit, sich zu konzentrieren und zu fokussieren. Solche Tipps und Tricks sollte man daher nicht als lästige Notwendigkeit, sondern als Hilfsmittel verstehen, mit dem ich meiner Stimme und meinem Auftreten tatsächlich mehr Sicherheit verleihen kann.

Gleichzeitig gibt es ein paar typische Fehler, die sich leicht vermeiden lassen: Beispielsweise wird häufig versucht, sich durch lautes Sprechen in einer Gruppe durchzusetzen oder andere zum Zuhören zu bewegen. Doch das kann auch schnell als störend empfunden werden oder gar Distanz schaffen. Das eingangs genannte Beispiel der Grundschuldirektorin, die sich zwar mit dünner Stimme, aber dem nötigen Nachdruck Gehör verschaffte, ist der beste Beweis dafür. Ich muss als Frau keineswegs männliche Stimmlagen ansteuern oder konsequent mit lauter Stimme sprechen, um gehört zu werden. Die nötige Aufmerksamkeit kann ich mir auch mit einem festen Blick oder einer großzügigen, der Bedeutung meiner Worte angemessenen Gestik und Mimik verschaffen.

Ein anderer Trick: Um gut verstanden zu werden und um gut zu wirken, ist es wichtig, dass die Sinneinheiten mit einer Stimmsenkung abgeschlossen werden. Auch hier wird gerade von Frauen immer wieder der Fehler gemacht, mit der Stimme am Ende eines Satzes nicht nach unten zu gehen, sondern nach oben zu führen. Dadurch entsteht aber der Eindruck, dass der Satz nicht zu Ende ist. Also auch auf Sinneinheiten und abschließende Modulation beim Sprechen achten.

Burkhard Schell, Sprecherzieher in Köln, warnt jedoch: »Eine Veränderung des Stimmklanges wird immer nur dann Erfolg haben, wenn ich sie im Beruf wie auch im Privatleben praktiziere.« Kontrolle ja, Verstellen nein, lautet seine Devise.

2. Das Lachen

Es gibt sie, die Zauberformel des Erfolgs. Es ist eine sehr einfache Möglichkeit, die eigene Attraktivität um ein Vielfaches zu steigern und andere Menschen mühelos für sich zu gewinnen: das Lachen. Das bestätigen wissenschaftliche Untersuchungen immer wieder. Lachende Menschen werden grundsätzlich sympathischer eingeschätzt als nicht lachende Menschen. Und was noch viel wichtiger ist: Wer uns sympathisch ist, den finden wir auch attraktiv.

Warum es nun plötzlich um Attraktivität geht? Nun, bei der Vergabe von Projekten, der Besetzung von Spitzenpositionen oder dem Kundengespräch geht es immer auch darum, ob die Chemie zwischen den beteiligten Akteuren stimmt. Und dabei geht es auch um Attraktivität.

»Schönheit ist ein Skandal«, schreibt Ulrich Renz in seinem Buch *Schönheit. Eine Wissenschaft für sich.* Der Autor hat die wichtigsten Studien über Schönheit und Attraktivität zusammengetragen und festgestellt: Hübsche Babys bekommen mehr

Zuwendung, schöne Kellnerinnen erhalten mehr Trinkgeld, attraktive Bewerber handeln höhere Gehälter aus und gut-aussehende Politiker bekommen mehr Stimmen. Seine These: Das Schöne zieht uns magisch an. Selbst Kinder wählen lieber Spielkameraden, die nicht nur nett, sondern am besten auch noch hübsch sind. In der Tat: ein Skandal.

Das Lachen oder Lächeln im Berufsalltag hat aber auch so seine Tücken. Gerade als Frau. Denn Frauen lachen grundsätzlich deutlich mehr als Männer. Bei gesellschaftlichen Anlässen, so die Autoren Allan und Barbara Pease, lächeln Frauen etwa 87 Prozent der Zeit, Männer nur 67 Prozent. Bei Frauen ist das reflexartige Lächeln also besonders ausgeprägt, vielleicht weil ihre gesellschaftliche Rolle es jeher von ihnen verlangte, Spannungen innerhalb einer sozialen Gruppe, etwa im Familienverbund, zu lösen. Lachen ist eine besänftigende und harmonisierende Geste, die geeignet ist, konfliktträchtige Situationen zu entschärfen.

Andererseits ist das Lachen eine Geste der Unterwerfung. Wir hören das sicher nicht gerne, aber Frauen passen sich im Gespräch mit männlichen Vorgesetzten oder Kollegen oftmals instinktiv dem dominanten Verhalten der Männer an. Sie reagieren mit einer regressiv unterwürfigen Körpersprache und fangen automatisch an zu lächeln. Frauen lachen auch intensiver und häufiger, wenn sie sich mit einem Mann unterhalten, den sie auch nur halbwegs interessant oder attraktiv finden. Genau das finden Männer zwar besonders anziehend, aber dadurch wirken Frauen oft auch weniger kompetent.

Übung 20:

Die Wichtigkeit der Körpersprache wird im Business oft unterschätzt. Dabei kann der richtige Einsatz körpersprachlicher Signale helfen, bestimmte Situationen besser zu meistern. Pro-

bieren Sie es aus. Auch wenn Sie als Kind belehrt worden sind,
stets nett zu lächeln und freundlich zu nicken, kann dieser an-
trainierte Reflex im späteren Berufsleben durchaus hinderlich
sein. Achten Sie darauf, dass Sie bei wichtigen Anliegen mit
dem nötigen Ernst bei der Sache sind. Auch was Ihre Mimik
angeht. Sie können ruhig freundlich gucken und auch mal ein
Lächeln wagen. Aber eben nicht dieses regressiv-unterwürfige
Dauerlächeln, sondern eines, das Souveränität und Entschlos-
senheit ausstrahlt. Stehen Sie dabei aufrecht und knicken Sie
nicht in der Hüfte ein. Damit signalisieren Sie nicht nur Selbst-
sicherheit, sondern auch Professionalität und Kompetenz.

Ein Problem, das allerdings auftauchen kann: Frauen, die
dominant auftreten, lösen bei Männern fast immer negative
Mutter-Bilder aus. Das ist aber nicht Ihr Problem, das Sie
durch sanftes Gesäusel und reflexartiges Lächeln lösen müssen.

3. Das Styling

Ein perfektes Styling ist eine Meisterleistung – in Sachen Kommunikation. Wer besser auftritt, kommt besser an. Was man
allerdings so in den Büros oder auf der Straße antrifft, hat oft
wenig Stil und Eleganz. Manche Frauen tragen einfach irgendetwas, und das ist oft formlos, schlecht sitzend oder einfach
uninspiriert. Solche Frauen legen offenbar keinen Wert auf
ihr Äußeres. Und das transportieren sie damit deutlich nach
außen. Bei vielen ist es Bequemlichkeit, bei anderen Desinter-
esse und bei nicht wenigen eine gewisse Scheu, sich zu inszenieren. Dabei ist mein Aussehen das Erste, was anderen ins
Auge springt. Und die Art, wie ich mich kleide, verrät viel darüber, was ich von mir selbst halte.

Ich komme Ihnen jetzt nicht mit dem vernichtenden Slogan »Es
gibt nie eine zweite Chance für den ersten Eindruck« – wenn-

gleich da mit Sicherheit etwas Wahres dran ist. Und natürlich bin ich der Meinung, dass eine Frau auch in einer abgewetzten Jeans attraktiv und souverän wirken kann. Auch kann ein Casual-Friday-Outfit nie ein wirklicher Grund dafür sein, dass es mit der Projektvergabe oder der Geschäftsakquise nicht geklappt hat. Und dennoch möchte ich betonen, dass unsere äußere Erscheinung nichts anderes ist als ein weiteres nonverbales Kommunikationsmittel, das wir gezielt einsetzen sollten.

Grundsätzlich gilt im Geschäftsleben: Kleidung mit Bedacht wählen. Wenn ich nicht gerade zur Modeavantgarde eines großen Zeitschriftenverlags gehöre, sind die Handgelenkstulpen, das Lederkleid und die Netzstrümpfe zum mondänen Fuchs vielleicht ein bisschen zu exaltiert.

Allerdings glaube ich auch nicht, dass der schultergepolsterte Karrierefrauenblazer in gedeckten Farben das Nonplusultra im Business ist. Diesem oft gehörten Styling-Tipp möchte ich sogar vehement widersprechen. Das seriöse Businesskostüm ist vielleicht dann sinnvoll, wenn ich ein ganz bestimmtes Auftreten unterstreichen will und der Anzug mir dazu die nötige Haltung verleiht. Der Spruch »Kleider machen Leute« bedeutet ja nicht nur, dass unsere Umwelt uns anders wahrnimmt, je nachdem, was wir gerade anhaben. Auch wir selbst fühlen uns in einem gut sitzenden Kostüm deutlich anders als in der abgetragenen Jeans. Und wir bewegen uns darin auf dem beruflichen Parkett auch garantiert souveräner und selbstsicherer als in Kapuzenpulli und Turnschuhen. Doch es gibt für mich absolut keinen Grund, eine betont feminine Garderobe mit geringeren Erfolgschancen im Beruf in Zusammenhang zu bringen. Im Gegenteil: Das Schöne ist doch mal wieder, dass Frauen hier ein viel breiteres Spektrum zur Verfügung steht als der ewig graue Einheitslook.

Übung 21:

Ich hätte da mal wieder eine Übung für Sie. Sie können es sich schon denken? Genau. Testen Sie den Unterschied! Kommen Sie einmal im Wurscht-egal-Schlabberlook ins Büro (wenn Sie sich das überhaupt trauen) und einmal in einer seriösen, aber betont femininen Aufmachung. Achten Sie vor allem auf Ihre eigenen Bewegungen und Ihr Verhalten. Aber auch darauf, in welcher Aufmachung es mit dem Kundengespräch, der Neuakquise oder den Vertragsverhandlungen besser läuft.

Machen Sie das Thema Styling aber auch nicht zu groß. Lassen Sie sich von medialen Vorgaben nicht unnötig unter Druck setzen. Frauen wissen sowieso in den allermeisten Fällen, was ihnen am besten steht. Und wenn ich in einschlägigen Ratgebern zur Karriereplanung so etwas lese wie: »Die Kleidung ist ein wesentlicher Faktor, der über Erfolg oder Misserfolg im Business entscheidet«, dann finde ich das vor allem reichlich übertrieben. Weiter heißt es dann meistens, Frauen sollten bei der Wahl ihrer Kleidung besonders darauf achten, dass sie weder zu gewagt noch zu freizügig ausfällt. Sie sollten also im Sommer tunlichst auf Miniröcke, transparente Oberteile oder Spaghettiträger verzichten. Auch beim Make-up sowie Schmuck und Parfüm solle man stets dezent bleiben. Und unbedingt darauf achten, dass Haare und Fingernägel einen gepflegten Eindruck hinterlassen. Aha, eine Anleitung für Doofe, denke ich mir dann jedes Mal, wenn ich solche Tipps lese. Amerikanische Ratgeber fangen auch jedes Mal bei Adam und Eva an. Und überhaupt, ich halte nichts von solchen Aussagen. Wenn ich mir im Internet Bilder von Anke Domscheit-Berg anschaue, dann bin ich im Gegenteil durchaus angetan von den fröhlichen Farben und dem femininen Stil der ehemaligen Microsoft-Managerin. Ich kann mir sogar vorstellen, dass Frau Domscheit-Berg am Morgen irgendeinen extravaganten Duft aufträgt. Und mit orangefarbener Federboa soll man sie auch schon gesehen haben. Na und? Ihrer beispiellosen Karriere hat das offensichtlich nicht geschadet. Warum auch? Was spricht dagegen, ein Kleid oder Make-up zu tragen? Warum sollte man sich im Job wie eine Nonne kleiden?

Statt irgendwelcher Styling-Tipps finde ich es sinnvoller, noch mal ins Gedächtnis zu rufen, dass Kleidung eben eine nicht zu unterschätzende Kommunikationsform ist. Ein vernachlässigtes Äußeres ist in jedem Fall problematisch. Ganz einfach, weil ich damit ein negatives Signal aussende, nämlich dass ich mich in meiner Haut unwohl fühle und es mir möglicherweise an einer allgemein positiven Grundhaltung mangelt. Je mehr ich dagegen auf mich achte und je sorgfältiger ich mich um mein Äußeres bemühe, desto positiver ist mein Eindruck. Ganz einfach.

Aber nicht nur das: Mit weiblicher Attraktivität lässt sich eben auch strategisch punkten. Die Soziologin Catherine Hakim behauptet im Interview mit der Zeitschrift *Freundin,* dass die äußere Wirkung eines Menschen, was beruflichen Aufstieg und die Höhe des Einkommens angeht, eine beachtliche Rolle spielt. Forscher konnten nachweisen, dass das Gehalt bis zu 13 Prozent höher ausfällt, wenn eine Frau attraktiv ist. Für Männer gilt das interessanterweise in noch stärkerem Maße. Das gewisse Extra hat offenbar in Hinblick auf sozialen Aufstieg und ein entsprechendes Einkommen in etwa den gleichen Einfluss wie eine gute Ausbildung oder ein bestimmtes Auftreten.

Aber wieso ist es dann für Frauen nicht selbstverständlich, auf Kleidung und Make-up zu setzen, wenn es um das berufliche Fortkommen geht? Ist es denn gerechtfertigt, fragt Hakim, wenn ein Mann den besseren Job oder das höhere Gehalt bekommt, nur weil er den Chef mit seinen Golfkünsten beeindrucken konnte?

In diesem Punkt sollten Sie wirklich umdenken. Gutes Aussehen, kombiniert mit sozialer Kompetenz, stärkt ganz einfach das Selbstbewusstsein und hilft, andere Menschen zu überzeugen. Und genau das macht beruflich erfolgreich. Untersuchungen haben gezeigt, dass wir Menschen, die attraktiv sind, unbewusst eher vertrauen, weil wir sie für ehrlicher und kompetenter halten. Also nutzen Sie den strategischen Vorteil und geben Sie nicht den Modemuffel, nur um irgendwelchen intellektuellen Ansprüchen zu genügen. Punkten Sie auf der ganzen Linie. Oder wollen Sie wirklich bis ans Ende Ihres Lebens an Ihren Golfkünsten feilen?

Aber beachten Sie: Ein übertrieben perfektes Äußeres, ein Outfit, bei dem alles absolut perfekt zueinanderpasst, suggeriert zwar einen ordentlichen, aber auch einen sehr disziplinierten Menschen, der Angst hat, die Kontrolle zu verlieren. Das kann am Sparkassenschalter oder in der Versicherungsbranche vielleicht ein Pluspunkt sein, wirkt aber in kreativen Berufen wie Werbung oder Social Media unter Umständen etwas fehl am Platz. Und überhaupt, ein mit nachlässiger Grazie getragener Kleidungsstil à la Kate Moss ist nicht nur hinreißend, sondern kann mindestens genauso stilvoll sein wie das perfekt sitzende Kostüm.

Doch egal, was Sie anziehen, ob zu privaten oder gesellschaftlichen Anlässen: Am besten kommt immer noch an, wenn alles übereinstimmt – Kleidung, Körpersprache, Stimme und Gesagtes. Am meisten fallen wir auf, wenn gar nicht auffällt, wie wir auffallen – und das ist in der Regel dann der Fall, wenn alles zueinanderpasst.

Übung 22:

Gehen Sie shoppen. Ernsthaft. Egal, ob Sie das jetzt ohnehin ganz gerne tun oder auch nicht: Verstehen Sie das Shoppen diesmal als expliziten Auftrag. Tun Sie etwas für Ihren Erfolg und Ihre Karriere. Es muss gar nicht unbedingt teuer werden. Mir geht es mehr um den bewussten Akt. Also reden Sie sich da nicht mit knapper Kasse oder chronischem Zeitmangel raus. H&M, Zara oder wie sie alle heißen, tun es zur Not auch.

4. Die Körpersprache

Ein tolles Kommunikationsmittel. Sie haben sich damit noch nie beschäftigt? Dann wird es Zeit. Wenn Sie schon immer nach einer einfachen und wirkungsvollen Strategie gesucht haben, um im Berufsleben souverän zu punkten: voilà.

Frauen sind in der Regel Meisterinnen darin, sich ohne Worte mitzuteilen. Und sie können – meist besser als Männer – die feinen Nuancen erspüren, die über Körpersprache, Lautäußerungen, Tonfall oder andere mit den Sinnesorganen wahrnehmbare Veränderungen ausgesendet werden. Diese hochentwickelten Fähigkeiten sind auf ihre von der Biologie zugewiesene Rolle als Mutter und Nesthüterin zurückzuführen. In den ersten Jahren der Kindererziehung sind Mütter fast ausschließlich auf nonverbale Kommunikation angewiesen. Daher steht Frauen im Vergleich zu Männern ein sehr viel facettenreicheres Spiel zur Verfügung. Wir haben also auch in dieser Hinsicht einen strategischen Vorteil.

Nur setzen Frauen ihr facettenreiches Spiel leider viel zu selten bewusst ein. Dabei wird über das erfolgreiche Bewerbungsgespräch, die souveräne Vertragsverhandlung oder den gekonnten Gehaltspoker auch auf nonverbaler Ebene entschieden.

Höchste Zeit also, sich die Körpersprache des Erfolgs einmal genauer anzuschauen:

Erfolgs- und Machtgesten sind eindeutig männlich. Mit kurzen, knappen Bewegungen, ausladenden Gesten, fehlender Rücksichtnahme auf fremde Intimzonen, einem mechanischen Lächeln und sparsamem Blickkontakt senden Männer eindeutige Signale, die den eigenen Machtanspruch unterstreichen sollen. Gerhard Schröders Raubtierlächeln und seine raumgreifende Art waren legendär. Wer sich mit bestimmten Erfolgsmechanismen im Beruf auseinandersetzen will, kommt an solchen nonverbalen Kommunikationsstrategien nicht vorbei. Doch halt! Es geht mir auch diesmal keineswegs darum, maskuline Verhaltensweisen zu kopieren und das als Erfolgsstrategie auszugeben. Dennoch müssen wir uns die Frage stellen: Was können Frauen in bestimmten Situationen tun, um nicht allein aufgrund ihrer zurückhaltenden Körpersprache ins Hintertreffen zu geraten?

Denn allem Anschein nach bringen Männer von Natur aus etwas mit, das ihnen im Berufsleben einen strategischen Vorteil verleiht. Frauen, die auf derlei Machtgesten verzichten, gelten zwar im Kontakt mit anderen Menschen als wesentlich umgänglicher, laufen jedoch Gefahr – zumindest körpersprachlich – zu unterliegen.

Wir sollten uns an dieser Stelle erst einmal überlegen, was wir mit unserem vielfältigen Repertoire überhaupt erreichen wollen. Oder genauer, wir sollten uns bewusst machen, dass wir mit einem typisch weiblichen Verhalten bereits bestimmte Signale aussenden. Man kann nicht nicht kommunizieren, hat der Kommunikationswissenschaftler Paul Watzlawick festgestellt. Auch wenn wir nichts sagen, kommunizieren wir – zumindest mittels unserer Körpersprache. Aber mitunter eben auch das Falsche. Es sind vor allem die unbedachten Gesten, die Frauen im Berufsalltag das Leben schwer machen. Dabei sind gerade die oft überraschend einfach zu vermeiden.

Die Körpersprache von Männern und Frauen weicht in entscheidenden Momenten voneinander ab. In Stresssituationen beispielsweise wirken männliche Gesten latent aggressiv, wohingegen Frauen durch ihre weniger dominante Körpersprache schnell unsicher erscheinen. Männer neigen bei Stress dazu, nach vorne zu »preschen«, Frauen ziehen sich in solchen Situationen auch körpersprachlich zurück und wirken dadurch eher befangen. Grundsätzlich strahlt die weibliche Körpersprache mehr Kompromiss- als Konfliktbereitschaft aus. Frauen wird meist eine ruhige und besonnene Ausstrahlung attestiert. Zu den notwendigen Eigenschaften einer Führungspersönlichkeit zählen auf Dauer jedoch Hartnäckigkeit und Durchsetzungsvermögen – das durchaus auch zur Schau gestellt werden sollte. Statt Besonnenheit und Zurückhaltung ist es im beruflichen Kontext wichtiger, schon mit einem gewissen Auftreten Selbstbewusstsein, Dominanz und Zielstrebigkeit auszustrahlen.

Ein Problem ist aber: Frauen betonen im Gespräch mit Männern gerne ihre weibliche, zarte Seite. Sie tun das ganz automatisch. Wenn wir einem Mann gegenüberstehen, der uns auch nur halbwegs interessiert, fangen wir automatisch an, etwas höher zu sprechen, unsere Augen aufzureißen, unseren Kopf nach hinten zu werfen, mit unseren Haaren zu spielen oder unsere Kleidung zurechtzuzupfen. Bei Männern ist dieser Automatismus genauso zu beobachten: Sie machen sich im Gespräch mit einer Frau automatisch größer, etwa indem sie die Arme in die Seiten stützen oder sich breitbeinig hinstellen. Oder sie sprechen mit tieferer Stimme, um dominanter und maskuliner zu wirken.

Beim Thema Flirt wäre das genau die richtige Strategie. Nur im

Berufsalltag will ich vielleicht mit einer Geschäftsidee überzeugen. Oder ein höheres Gehalt aushandeln. Mit dem Zwirbeln der Haare schaffe ich aber unbedacht ein Machtgefälle,
das nicht gerade von Vorteil ist.

Allgemein gilt: Weibliche Gesten sehen im Vergleich zur männlichen Körpersprache oft weich und unentschlossen aus. Wer
aber einen durchsetzungsstarken und selbstbewussten Eindruck vermitteln will, sollte auf eine aufrechte Körperhaltung,
offen sichtbare Hände und einen festen Händedruck achten.
Stattdessen greifen Frauen aber häufig, wenn auch intuitiv, zu
unterwürfigen Gesten: Sie verschränken ihre Hände hinter den
Rücken oder legen im Gespräch den Kopf schief. Damit strah-
len sie aber eher eine gewisse Hilfsbedürftigkeit aus. Als Zeichen der Schwäche und mangelnden Selbstvertrauens werden
auch abgeknickte Handgelenke und ein schwacher Händedruck gesehen.

Übung 23:
*Das wäre wieder ein typischer Fall für die heimische Straf-
kasse. Mit dem üblichen Einsatz sind Sie auch dieses Mal wieder dabei: 20 Euro für jedes schiefgelegte Köpfchen, jedes unsichere Lächeln und jeden kraftlosen Händedruck. Eine sinnvolle Investition, glauben Sie mir.*

Ungerechterweise ist es mal wieder so, dass eine zurückhaltende Körpersprache bei Männern meist locker und sympathisch
rüberkommt. Bei Frauen dagegen wird dieselbe umgänglichere
Variante schnell als Unsicherheit und Inkompetenz ausgelegt.
Aber sollten Frauen deshalb gänzlich auf weibliche Anmut
verzichten? Müssen Sie sich nun in Zukunft hemdsärmelig,
raumgreifend oder gar ruppig geben, um beruflich erfolgreich
zu sein? Bloß nicht. Und dafür gibt es auch keinen Grund. Im

Gegenteil, wir sollten unsere Weiblichkeit auch diesmal wieder gezielt einsetzen: Machtgesten, kombiniert mit weiblichem Charme, lautet die Devise.

Stichwort: Raum einnehmen

Generell beanspruchen Männer mehr Platz und führen ihre Körpersprache raumgreifender aus. Männer drängeln, stoßen und schubsen. Frauen sind in ihren Bewegungen sehr viel umsichtiger und dezenter. Das ist in jedem Fall angenehmer, wirkt aber manchmal übermäßig bescheiden.

Frauen neigen zu engen und kleinen Handbewegungen nahe am Körper. Damit schränken sie ihre Gestik und bewusste Körpersprache jedoch deutlich ein. Im Stehen positioniert eine Frau ihre Füße tendenziell enger beieinander als ein Mann. Reichen Frauen ihre Hand zur Begrüßung, liegt die Hauptbewegung ihres Arms dabei im Ellbogen. Beim Mann liegt sie im Schultergelenk. Ein Mann holt weiten Schrittes aus, während Frauen zu kleineren Schritten neigen.

Selbst im Sitzen machen sich Frauen oft sehr schmal. Die Ellbogen sind dicht am Körper, der Oberkörper eingeknickt, die Hände über den Knien gefaltet. Das wirkt unsicher und vor allem wenig präsent. Die männlichen Kollegen sitzen in der Konferenz dagegen groß, breit und lässig in ihren Stühlen, den einen Arm am besten noch nach hinten über die Rückenlehne gelegt – sie machen sich damit optisch breiter und wirken allein dadurch schon souverän und kompetent.

Die wichtigste Regel von Körperspracheexpertin und Karrierecoach Marion Knaths lautet daher: Ellenbogen weg vom Körper. Sei es im lockeren Gespräch mit dem Chef oder in einer Konferenz, wo es auch mal etwas rauher zugehen kann. Und wer sich mit dem Oberkörper breit macht und Präsenz zeigt, der kann im Sitzen auch ganz feminin die Beine übereinanderschlagen.

Übung 24:

Versuchen Sie einmal mit Ihrer Körpersprache mehr Raum einzunehmen. Egal ob im Kundengespräch oder bei Geschäftsverhandlungen. Sie werden schnell feststellen, wie viel nachdrücklicher das Gesagte dadurch wirkt. Machen Sie sich auch im Stehen nicht unnötig schmal. Stellen Sie die Füße am besten schulterbreit auseinander und knicken Sie nicht in der Hüfte ein – diese Regeln gelten für Frauen genauso wie für Männer. Damit drücken Sie automatisch eine gewisse Standfestigkeit aus, die im Berufsalltag gefragt ist. Wenn Sie nicht wissen, was Sie mit Ihren Händen anfangen sollen, nehmen Sie einen Stift oder ein Manuskript in die Hand. So fixieren Sie Ihre Hände, der Oberkörper bildet eine schöne breite Linie und die Ellenbogen sind weg vom Körper.

Nun gibt es von meiner Seite natürlich wieder den üblichen Einwand. Und darauf lege ich besonderen Wert: Da solche Erfolgsgesten ohnehin tendenziell männlich sind, tun Sie mir den Gefallen, und kombinieren Sie diese nicht auch noch mit einem Hosenanzug in gedeckten Farben und dicken Schulterpolstern. Sollten Sie klein, blond und mädchenhaft sein – von mir aus. Aber für jede andere Frau gilt: Verfallen Sie nicht unbedacht in allzu maskuline Gesten und kehren dabei Ihre Weiblichkeit komplett unter den Teppich. Dann gelten Sie zwar als tough und durchsetzungsstark, aber wirken nicht mehr unbedingt feminin. Und das wäre nicht nur schade, sondern auch völlig überflüssig. Schulterbreiter Stand zu Lippenstift und hohen

Absätzen. Wunderbar. Und mit durchschlagendem Erfolg. Versprochen!

Stichwort: Stabilität

Viele Frauen hocken auf der Vorderkante des Stuhls. Das wirkt nicht nur instabil, sondern in erster Linie unsicher. Besser die gesamte Sitzfläche einnehmen und den Oberkörper aufrichten. Ein eingeknickter Oberkörper sendet nicht nur das falsche Signal aus, sondern wirkt sich auch negativ auf den Resonanzraum der Stimme aus. Frauen schlagen häufig ihre Beine übereinander sowohl im Stehen als auch im Sitzen. Das ist meist schlichtweg der Kleidung geschuldet. Jedoch nehmen Frauen diese Position auch ein, wenn sie Hosen tragen. Das wirkt zwar elegant, aber auch zurückhaltend und schutzbedürftig.

Ein anderes Beispiel: Die im Stehen eingeknickte Hüfte. Dies ist zwar die gewohnte Haltung der meisten Frauen, hat aber den Nachteil, dass Sie schnell ermüden und in kurzen Abständen die Beinstellung wechseln. Wenn Sie mit beiden Beinen fest auf dem Boden stehen, die Füße am besten schulterbreit auseinander, gibt Ihnen das mehr Standfestigkeit und eine gerade, aufrechte Körperhaltung. Wenn Sie Wert auf eine feminine Linie legen, tragen Sie einfach Kleidung, die Ihre Weiblichkeit unterstreicht. Eine unsicher-fragile Körpersprache ist dagegen weder sonderlich elegant noch im beruflichen Kontext hilfreich.

Übung 25:

Beobachten Sie sich selbst. Vermeiden Sie unbedachte Gesten. Achten Sie auf mehr Stabilität. Mal mit, mal ohne Rock und

hohe Schuhe. Egal, das muss in jeder Aufmachung sitzen. Zur
Not die Strafkasse wieder einführen.

Stichwort: Authentizität

Wenn meine verbale Kommunikation wirklich beim anderen
ankommen soll, muss ich dafür sorgen, dass sie sich mit meinen körpersprachlichen Signalen deckt. Liegt hier eine erkennbare Dissonanz vor, wirken meine Botschaften schnell diffus,
und es kann passieren, dass mein Gegenüber mich nicht ernst
nimmt, meine Vorschläge ignoriert, meinen Diskussionsbeitrag
übergeht und meine Anweisungen nicht ausführt. Wenn ich
also meinen Chef gerade davon zu überzeugen suche, dass ich
mir von diesem oder jenem Projekt baldigen Erfolg und be-
trächtliche Gewinne verspreche, dann sollte ich mich wäh-
renddessen tunlichst nicht an der Nase reiben oder am Ohr
zupfen. Denn damit signalisiert mein Unterbewusstsein, dass
ich selbst nicht recht an die schnellen Erfolgsaussichten glaube.
Jetzt habe ich zwei Möglichkeiten: Entweder ich lerne meine
Körpersignale genau zu kontrollieren oder aber ich gebe offen
zu, dass ich dem Projekt zwar gewisse Chancen einräume, aber
doch noch an einigen Stellen ganz klar Verbesserungsbedarf
sehe. Viele Träger aus Wirtschaft und Politik glauben allerdings, sich für die erste Variante entscheiden zu müssen. Das
ist meist ein verhängnisvoller Fehler, denn zum perfekten
Schauspieler reicht es bei den wenigsten. Ständig darauf bedacht, ja keine falsche Geste zu machen und sich durch ihre
Körpersprache zu verraten, verfallen viele Menschen dann in
ein maskenhaftes und unnatürliches Verhalten.

Mit der Koordination und Harmonisierung meiner Worte und meiner Körpersprache lässt sich nicht nur meine Glaubwürdigkeit steigern, sondern auch das Vertrauen, das man mir entgegenbringt. Und darauf kommt es im Berufsleben an.

Das Beste am Thema Körpersprache ist aber, dass ich mit einer betont aufrechten Körperhaltung selbst auf meine Stimmungen Einfluss nehmen kann. Die meisten Menschen glauben, so Karrierecoach Marion Knaths, Gefühle und Stimmungen seien ursächlich dafür, wie wir uns körpersprachlich präsentieren. Dabei funktioniert das Ganze erstaunlicherweise auch genau andersherum. Die erfahrene Führungskräftetrainerin schlägt folgendes Experiment vor: Setzen Sie sich auf einen Stuhl ganz nach hinten, die Knie schulterbreit, Brust raus, Bauch rein, Rücken gerade, Kinn vor, die Hände fest auf die Schenkel und sagen Sie: »Ich bin eine arme Sau.« Was passiert? Sie fühlen sich vermutlich nicht sonderlich bedauernswert. Im Gegenteil, wenn wir uns aufrecht positionieren, dann fühlen wir uns wach, groß und stark. Machen wir uns also groß und breit, wie Männer das meist automatisch tun, dann fühlen wir uns auch sicherer und präsenter. Und wir werden von anderen auch so wahrgenommen.

Übung 26:
Probieren Sie es aus. Sie werden sehen: Frau Knaths hat absolut recht.

Frauen müssen sich im Berufsleben nicht wie Männer verhalten. Und sie sollten das auch nicht. Aber sie können lernen, die körpersprachlichen Signale zu entschlüsseln, die dahinter liegenden Mechanismen zu durchschauen und schließlich für sich zu nutzen. Ein fester Händedruck, ein entschiedener, klarer

Auftritt, ein unverbindliches Lächeln (anstelle eines verbindlichen Lächelns, das die Erwartung und damit die Abhängigkeit von einer Reaktion zeigt) und vor allen Dingen: ein gerader, offener Blick, der auch mal einen Moment des Abwartens oder Schweigens erträgt – all das sind Verhaltensweisen, die sich durchaus mit Lippenstift und hohen Absätzen kombinieren lassen.

Mir gefällt die Vorstellung, all dem männlichen Dominanzgehabe mit weiblicher Anmut und Raffinesse noch eins draufsetzen zu können. Aber wichtiger noch: Es funktioniert! Der kräftige Händedruck kombiniert mit blitzenden Augen. Der fordernde Tonfall gepaart mit einem bezaubernden Lächeln. Der schulterbreite, feste Stand, dann aber auf High Heels und mit figurbetontem Kostüm. So mancher Karriereratgeber für Frauen behauptet, das würde die Wirkung der Machtgeste nur wieder abschwächen. Das stimmt aber nicht. Es handelt sich dabei lediglich um eine explizit weibliche Variante. Und die ist ungleich erfolgreicher.

Karriere und Spaß

Und nun komme ich endlich zum Spaß, von dem ich eingangs gesprochen habe. Oder genauer zum Thema Glück und Zufriedenheit, die viel mit Karriere und beruflichem Erfolg zu tun haben.

Umfragen haben ergeben, dass so gut wie jeder Mensch, und zwar unabhängig von Alter und Status, davon überzeugt ist, dass Arbeit einer der wichtigsten Faktoren ist, um ein glückliches und zufriedenes Leben führen zu können. Männer und Frauen denken in diesem Punkt grundsätzlich ähnlich. Nur zehn Prozent der Befragten kann sich ein erfülltes Leben ohne Arbeit überhaupt vorstellen.

Wenn es um die Zufriedenheit im Job geht, so legen die meisten Menschen ähnliche Kriterien zugrunde. Klar, jeder erwartet ein angemessenes Gehalt. Doch unter dem Strich zählt vor allem, ob der Beruf Wertschätzung bringt, Gestaltungsmöglichkeiten bietet und Eigenverantwortung zulässt.[30] Die Untersuchungen haben aber auch gezeigt: Eine anspruchslose Tätigkeit mit wenig Verantwortung ist weit weniger zufriedenstellend als eine anspruchsvolle Arbeit mit viel Verantwortung. Wer eine herausfordernde Tätigkeit ausübt, hat messbar weniger Stress-Hormone im Blut, lebt gesünder und länger. Langeweile im Job ist demnach nicht nur unbefriedigend, sondern auch vergleichsweise ungesund.[31]

Amerikanische Psychologen sprechen in diesem Zusammenhang von einem sogenannten *Flow*. Gemeint ist damit das nötige Maß an Inspiration, Anerkennung und Bestätigung, das einem nur eine anspruchsvolle Tätigkeit bieten kann. Jeder Mensch sucht für sich eine sinnvolle Betätigung. Und die lässt sich nur bei solchen Aufgaben finden, die eine wirkliche Herausforderung darstellen. Einen solchen *Flow* finde ich natürlich nicht nur im beruflichen Kontext. Die nötige Herausforderung kann mir auch meine Charity-Tätigkeit oder die Bezwingung der Eiger Nordwand bringen. Es ist aber vergleichsweise unwahrscheinlich, so Uta Glaubitz die *Die neue F-Klasse*, diesen *Flow* beim Frühjahrsputz oder dem Abarbeiten der Postablage zu finden. Derlei Tätigkeit kann allenfalls eine kurzfristige Befriedigung

---

30 Selbst die Anerkennung von Vorgesetzten scheint den meisten wichtiger als die Höhe des Gehalts. Siehe *Psychologie heute* vom Oktober 2010.

31 »Work-Life-Balance: Die Verführungen von Karrieren« in: *Die Presse* vom 04.08.2007

bringen. Wenn überhaupt. Wenn wir jedoch von Glück und Zufriedenheit sprechen, dann geht es immer um die langfristige Erfüllung grundlegender Bedürfnisse wie Respekt, Wertschätzung und Bestätigung.

Natürlich ist neben einem erfüllten Berufsleben noch auf das zu achten, was mit der modernen Wortschöpfung Work-Life-Balance gemeint ist: das nötige Gleichgewicht zwischen Arbeit und Privatleben, das jeder nur für sich selbst und nach eigenen Prioritäten herstellen kann: Was ist mir am wichtigsten im Leben? Was sind meine individuellen Zielsetzungen? Welche Bedeutung haben Karriere, berufliche Anerkennung, Einkommen, Status und Prestige für mich persönlich? Und welchen Preis zahle ich dafür, auch auf lange Sicht, wenn ich mich zu einseitig auf den einen oder anderen Lebensbereich konzentriere?

Die richtige Balance gelingt nur, wenn ich ein Gesamtkonzept für mein Leben erstelle, das Beruf, Partnerschaft, Familie und was mir eben persönlich sonst noch wichtig ist, einbezieht. Das schließt natürlich Kompromisse mit ein. Denn es kann nicht darum gehen, ein abstraktes Ideal anzustreben, das sich an den gängigen Glücksversprechungen von einem perfekten Leben orientiert. Stattdessen sollten wir stets nach unserem ganz persönlichen Optimum fahnden. Wer sich *nur* über den Job oder *nur* über sein Privatleben definiert, lässt vermutlich zahlreiche Ambitionen und Bedürfnisse außen vor.

Wenn Frauen nun beruflich zurückstecken, sei es, weil es die familiäre Situation erfordert oder weil sie an den vorherrschenden Strukturen in der Arbeitswelt scheitern, wird ihnen von vornherein die Möglichkeit genommen, eine ausgeglichene Work-Life-Balance herzustellen. Wer sich mit dem Teilzeitjob begnügen muss, der verzichtet ja nicht nur auf die Hälfte des Gehalts, der Rentenansprüche und der beruflichen Entwicklung, sondern wird unter Umständen auch von der Möglichkeit abgeschnitten, für sein persönliches Glück und seine Zufriedenheit zu sorgen. Frauen zahlen hier viel zu oft einen viel zu hohen Preis.

Aber was wollen Frauen eigentlich?

Die Betriebswirtschaftlerin Sonja Bischoff von der Universität Hamburg hat in einer Studie über Männer und Frauen in Führungspositionen herausgefunden: Männer sind tendenziell immer weniger für einen Teilzeitjob zu haben (23 Prozent), aber mehr und mehr Frauen wünschen sich genau diese berufliche Option (45 Prozent). Überraschend sind vor allem die unterschiedlichen Antworten auf die Frage, was die Befragten dann mit ihrer neu gewonnenen Zeit anfangen wollen: 48 Prozent der Frauen antworten, sie würden gerne mehr Zeit der Familie widmen. Und weitere 13 Prozent wollen sich mehr um den Haushalt kümmern. Auch 42 Prozent der Männer hätten gerne mehr Zeit für ihre Familien. Von Haushalt spricht allerdings keiner. 75 Prozent der Männer denken bei einem Mehr an Freizeit vor allem an Reisen, Sport, Wellness und Weiterbildung. Bei den Frauen sind es gerade mal 45 Prozent, die für solche privaten Belange gerne mehr Zeit finden würden.

Warum sind Frauen eigentlich so auf Entsagung und Verzicht gepolt? Wäre nicht ein weniger an Arbeit vor allem die Gelegenheit, etwas mehr für sich selbst zu tun, wieder ein eigenes Leben zu haben, ein gesellschaftliches, ein soziales, ein Liebesleben? Oder sind Familie und Haushalt tatsächlich etwas, was den Frauen die nötige Inspiration, Anerkennung und Bestätigung bringt, das, was ihnen Glück und Zufriedenheit im Leben verspricht? Ist das tatsächlich der gewünschte Lebensinhalt von immerhin 55 Prozent der Frauen, die in der Umfrage Reisen, Sport, Wellness und Weiterbildung nicht einmal erwähnt haben? Oder ist das einfach nur das Naheliegendste, weil die berufstätige Mutter gerade eben zum wiederholten Male von der Erzieherin ermahnt worden ist, doch bitte nicht schon wieder den Kuchen für die Geburtstagsfeier im Schulhort zu vergessen und sich zu Hause sowieso die Wäscheberge türmen? Oder ist das familiäre Glück ganz einfach das, was sich Frauen in erster Linie wünschen?

Gucken wir uns doch einmal genauer an, was das Thema Familie und Kinder so an *Flow* zu bieten hat ...

Übung 27:

... aber vorher gibt es schnell noch eine Übung, und diese ist auch noch besonders wichtig: Überlegen Sie sich einmal ganz genau, was Sie eigentlich gerne machen, was Ihnen Freude bereitet, was Sie einmal nur für sich tun könnten. Dass 75 Prozent der Männer, aber nur 45 Prozent der Frauen gerne mehr Zeit für private Dinge hätten, ist erschreckend. Und vermutlich weiß eine große Mehrheit der Frauen nicht einmal, was sie mit einem Mehr an Freizeit überhaupt anfangen sollte. Wahrscheinlich weil die berufstätige Frau und Mutter nicht mal dazu kommt, solche Überlegungen auch nur anzustellen. Entsagung und Verzicht sind offenbar weiblich. In diesem Punkt müssen Sie sofort und entschieden gegensteuern. Nur zu, träumen Sie vom 5-Sterne-Wellness-Wochenende, Paragliding, selbstgebackenen Erdbeertörtchen, tollen Liebhabern, Städtereisen, einsamen Inseln oder dem Dauer-Abo fürs Kino. Völlig egal. Hauptsache, Sie lenken Ihre Vorstellung ganz schnell in Richtung Genuss und Lebensfreude und konditionieren sich damit neu. Ich wiederhole: Diese Übung ist extrem wichtig!

Karriere und Kinder

Das Glück, das die meisten Mütter empfinden, wenn sie Kinder in die Welt setzen und diese heranwachsen sehen, kann natürlich eine ungleich größere Befriedigung darstellen als der unliebsame Job in der Verwaltung des örtlichen Mittelstandunternehmens oder im Vorzimmer der überfüllten Zahnarztpraxis. Und selbst wenn Frauen es beruflich bis nach oben in die Führungsetagen schaffen, stellen sie dort mitunter enttäuscht fest, dass Verantwortung tragen, ungewisse Entscheidungen fällen und so gut wie immer auch am Wochenende arbeiten zu müssen auch nicht gerade das Gelbe vom Ei ist. Und so erkennen viele gut ausgebildete Frauen Mitte dreißig, dass »Karriere zwar glamourös klingt, aber tatsächlich ungeheuer viel Arbeit bedeutet«.[32]

Entnervt vom ständigen Gerangel um Posten und Positionen, ziehen sie sich schließlich in das Häuschen am Stadtrand zurück und werden Mutter. Mit ein bisschen Glück kehren sie nach ein paar Jahren, wenn die Kleinen aus dem Gröbsten raus sind, zurück ins Arbeitsleben – allerdings bleibt ihnen dann meist nur der schlecht bezahlte Teilzeitjob oder die riskante Selbständigkeit.

»Eine tolle Mutter zu sein, Kinder zu erziehen, ist natürlich ein sehr attraktiver Kandidat für einen *Flow,* aber auch ein sehr zweifelhafter«, behauptet die Berufsberaterin Uta Glaubitz. Natürlich ist Kindererziehung eine sinnvolle und höchst ver-

---

32 Barbara Bierach. *Das dämliche Geschlecht: Warum es kaum Frauen im Management gibt*

antwortungsvolle Aufgabe. Aber wir müssen uns auch die Frage stellen, ob das Mutterdasein allein langfristig erfüllend sein kann. Und vor allem: Von langfristig kann sowieso nicht die Rede sein. Spätestens wenn der Nachwuchs flügge wird, bewegt sich der Anspruch des Projekts Kindererziehung langsam, aber sicher gegen null.

Ich bin entschieden dagegen, Frauen in ihren individuellen Lebensentwurf reinzureden. Wenn eine Frau sich dazu entschließt, ihre Karriere dem Wunsch nach Kindern unterzuordnen, finde ich, das ist ihr gutes Recht und vor allem eine sehr private Entscheidung. Warum Experten, Meinungsmacher und Moralapostel unter dem Deckmäntelchen konservativer oder auch feministischer Argumente glauben, in diesem Punkt mitreden zu müssen, habe ich nie verstanden.

Das heißt aber auch, dass Frauen, die sich für Kinder entschieden haben und trotzdem die Karriereleiter erklimmen wollen, sobald sie es für richtig halten, dass diesen Müttern eine breite gesellschaftliche Unterstützung zuteilwerden muss, und zwar in Form von engagierten Vätern und Großeltern, Kitas, Tagesmüttern und verständnisvollen Arbeitgebern – die im Übrigen auch Vätern die Möglichkeit geben sollten, sich angemessen an der Betreuung des Nachwuchses zu beteiligen. Nur davon sind wir leider noch weit entfernt.

Trotzdem möchte ich hier weder über fehlende Kitaplätze noch über die Frauenquote diskutieren. Ich finde es nämlich zunächst einmal wichtig zu betonen, dass ganz einfach nicht alle Frauen dasselbe wollen und niemand, absolut niemand ihnen einreden darf, was genau das sein sollte. Frauen können heute doch wohl selber entscheiden, welches ihre Prioritäten sind. Wenn eine Frau beruflich Karriere machen und ganz nach oben will, ist das okay. Wenn sie lieber Familie und Kinder will, auch. Wer muss sich da eigentlich einmischen?

Doch zurück zum *Flow:* Wer sich dafür entschieden hat, Kinder großzuziehen, statt die eigene Karriere voranzutreiben, der soll das doch einfach machen. Schließlich ist nicht jede Frau bereit, auf eine eigene Familie und einen großen Freundeskreis zu verzichten, nur um durch ein Höchstmaß an Unabhängigkeit und Flexibilität die besseren Chancen zu haben, in Spitzenpositionen aufzusteigen. Und natürlich gibt es auch solche Frauen, die früh geheiratet, zwei, drei Kinder großgezogen und dann noch einmal studiert haben und erfolgreich mit Ende 30 oder Anfang 40 ins Berufsleben gestartet sind. Oder die erfolgreiche Unternehmerin, die nach 15 Jahren Karriere nun lieber zusehen möchte, wie ihre Kinder groß werden und bereit ist, fortan auf den luxuriösen Urlaub, das Zweitauto oder teure Hobbys zu verzichten. Für welche Prioritäten sich jede einzelne Frau entscheidet und wie sie ihr Leben unter Abwägung aller Möglichkeiten alleine oder gemeinsam mit ihrem Partner gestaltet, das muss jede Frau selbst bestimmen oder eben innerhalb der Familie regeln.

Ein Problem tritt erst dann auf, wenn Frauen sich bewusst gegen Macht und Verantwortung und für Kinder entschieden haben, dann aber irgendwann feststellen, dass sie ihre eigenen Ambitionen und Bedürfnisse nicht verwirklichen konnten. Und da wären wir wieder beim nötigen *Flow.* Wer sich in einer solchen Situation hinter Argumenten wie fehlenden Krippenplätzen, der gläsernen Decke oder frauenfeindlichen Strukturen versteckt, die angeblich ihre Karriere bremsen, wird damit auch nicht sonderlich glücklich.

Lassen wir daher einmal feministische Kritik und konservative Meinungsmache außen vor und wehren uns gegen das Bild der Frau als fremdgesteuertes Wesen, die nur deshalb zu Hause bleibt oder sich mit einem Teilzeitjob begnügt, weil ihr nichts anderes übrig bleibt. Ich gehe nämlich davon aus, dass die Entscheidung gegen Machtspiele und Konkurrenzkämpfe, gegen spontane Dienstreisen und unvermeidliche Überstunden und für ein Leben mit Familie und Kindern dem freien Willen moderner und emanzipierter Frauen unterliegt. Daher sollten wir uns genauer anschauen, wieso sich Frauen aus freien Stücken für Kinder, Karriere oder eben beides entscheiden.

Wahlmöglichkeit oder Frauenfalle?

Es gibt eine weitere interessante Studie der britischen Soziologin Catherine Hakim, die festgestellt hat, dass die Wünsche von Frauen, was ihre Lebensplanung angeht, weit weniger homogen sind als die der Männer.[33] Auch unter all den Abiturientinnen und Akademikerinnen, die dieselben beruflichen Fähigkeiten und Qualifikationen mitbringen wie gleich ausgebildete Männer, gibt es deutliche Unterschiede, wenn es um ihre jeweiligen Präferenzen in Sachen Lebensplanung geht. Die Forscherin hat diese Frauen in drei Gruppen eingeteilt: Managerinnen, Muttis und Mischmodelle. Etwa ein Fünftel der Frauen ist heute auf Karriere fixiert. Ihre erste Priorität gilt ganz klar der Arbeit. In dieser Gruppe sind sowohl die kinderlosen High Potentials zu finden als auch jene Karrierepowerfrauen, die mit Kinderfrau und Putzhilfe den Familienalltag managen. Am anderen Ende sind die Vollzeitmütter zu finden, die auch in etwa ein Fünftel aller Frauen ausmachen. Sie wollen nicht arbeiten gehen, sondern kümmern sich lieber ausschließlich um Familie und Kinder. Die eigene Bildung ist für sie kein Karriereeinstru-

33 Zitiert in Melanie Aman und Winand von Petersdorff, »Die Frauenfalle« in: *FAZ* vom 12.12.2010

ment, sondern mehr so etwas wie ein kulturelles Kapital, das sie an ihre Kinder weitergeben. Der große Rest besteht aus ambivalenten Optionalistinnen, also jenen Frauen, die zwar arbeiten, aber nicht völlig auf Karriere fixiert sind. Diese Frauen sind nicht selten hin- und hergerissen zwischen Kindern und Karriere. Und das genau ist einer der wesentlichen Unterschiede zwischen den Geschlechtern: Männer sind nämlich in ihren Vorstellungen hinsichtlich ihrer Lebensplanung sehr viel homogener.

Die mittlere Gruppe ist mit drei Fünftel aller Frauen nicht nur die größte, sie ist auch diejenige, die am »anfälligsten« ist für sogenannte »aufgezwungene« Lebensentwürfe. Idealerweise versuchen diese Frauen Familie und Job irgendwie zu vereinbaren. Es kann aber durchaus sein, dass sie plötzlich richtig Karriere machen, wenn das entsprechende Jobangebot daherkommt oder sie mit einer Geschäftsidee unerwartet erfolgreich sind. Es kann aber genauso gut sein, dass Frauen aus der Gruppe der Optionalistinnen ihre Karriereziele von heute auf morgen für Mann und Kinder gänzlich zurückstellen.

Gerade weil sie so hin- und hergerissen sind, sind diese Frauen meist auch diejenigen, die einfach erst mal ein Kind bekommen und glauben, der Rest wird sich dann schon fügen. Weil aber viele erst einmal abwarten, sind sie es in der Regel auch, die am Ende den Kürzeren ziehen, wenn es um die Frage geht »Und wer von uns beiden passt jetzt auf die Kinder auf?«. So verfestigen sich Modelle, die eigentlich nur für ein paar Monate gedacht waren, weiß Psychotherapeutin Barbara Lobisch. Wenn diese Frauen schließlich in den Beruf zurückkehren, hat sich die Elternzeitvertretung etabliert und die nächste Beförderungsrunde ist ohnehin an ihnen vorbeigegangen. Daheim zückt der Partner den Taschenrechner und schnell wird klar: Das Teilzeitgehalt reicht gerade mal, um die Betreuungskosten

für die Kinder abzudecken. Genau genommen eine Milchmäd-
chenrechnung.

Und solche Verhandlungen gewinnen Frauen so gut wie nie.

Karriereknick Kinder

Frauen sind in der Wahl ihrer Lebensplanung nicht mehr
unterdrückt. Sie haben heute die freie Wahl. Aber sie unterschätzen oftmals, dass sie ihre Wahl und deren Konsequenzen
hart verhandeln müssen – vor allem mit dem Partner und dem
Arbeitgeber, aber auch mit Familie, Freunden und Kollegen,
die gegebenenfalls einspringen und aushelfen müssen. Es sind
mühselige Verhandlungen, die da anstehen, und viele Frauen
scheuen die Konflikte, die damit einhergehen. Es ist mühsam,
in der Partnerschaft die eigenen Interessen offensiv zu vertreten. Es ist mühsam, sich nach der Babypause wieder im Job zu
etablieren. Und es ist mühsam, die Kinderbetreuung um die
Arbeitszeiten herum zu organisieren.

Sind Frauen heute also in die Falle getappt, wie der *FAZ*-Titel
vermuten lässt? So möchte ich das nicht unbedingt nennen.
Schließlich können sie sich heute aus freien Stücken für das
eine oder andere Lebensmodell entscheiden. Allerdings bringt
diese Entscheidungsfreiheit ganz neue Probleme mit sich. Und
Frauen sind darauf oft nicht gut vorbereitet.

Die Konsequenz: In Vollzeit arbeitende Mütter haben heute
noch immer Seltenheitswert. Nur 26,5 Prozent der Frauen mit
Kindern unter drei Jahren gehen in Deutschland arbeiten. In
Frankreich sind es mehr als die Hälfte.[34] Und wenn Mütter

34 Zahlen des Mannheimer Zentrums für Europäische Wirtschaftsforschung

arbeiten, dann meist in Teilzeit. Von den 4,9 Millionen Teilzeitbeschäftigten im Land sind 87 Prozent Frauen, meldet die Bundesagentur für Arbeit. Eine deutsche Managerin, die vor dem Meeting schnell noch Milch abpumpt, oder eine Bauingenieurin, die die neue Brückenkonstruktion am heimischen PC durchplant, zählen also zu den absoluten Ausnahmen. Daran haben auch alle Gleichstellungsprogramme und Quotierungsversuche nichts geändert.

So lässt sich in Deutschland ein erstaunliches Phänomen beobachten: Bis zu ihrem 30. Geburtstag laufen die Karrierewege von Mann und Frau weitestgehend parallel. Frauen sind mit einem Anteil von 43 Prozent fast genauso stark in Führungspositionen vertreten wie gleichaltrige Männer. Und sie werden für ihre Arbeit auch gleich entlohnt.[35]

Dann beginnen sich die Wege allerdings zu trennen. Der Anteil vierzigjähriger oder älterer Frauen in Führungspositionen sinkt auf gerade mal 20 Prozent. Ab dem 30. Lebensjahr sinkt auch das Einkommen der Frauen im Vergleich zu dem der Männer. Die Gehaltslücke steigt auf bis zu 23 Prozent. Oder das Einkommen fällt vorübergehend ganz weg. Während Männer zwischen 30 und 40 nämlich munter die Karriereleiter erklimmen, entscheiden sich Frauen genau in dieser Zeit für Kinder. Sie fallen beruflich zurück und die wenigsten von ihnen erleben ein großes Comeback.[36]

35 Laut einer Studie des Deutschen Instituts für Wirtschaftsforschung verdienen weibliche Führungskräfte unter 30 im Schnitt sogar sieben Prozent mehr als ihre männlichen Kollegen. Der Grund: Frauen haben meist die besseren Schul- und Hochschulabschlüsse und größere soziale Kompetenz.

36 Zwar besteht seit 2001 ein gesetzlicher Anspruch auf Teilzeitarbeit, wenn man mehr als 6 Monate in einer Firma mit mehr als 15 Mitarbeitern arbeitet. Doch kleine Unternehmen sind davon ausgenommen, und sogar größere Arbeitgeber können Anträge auf Teilzeit ablehnen, wenn sie nachweisen können, dass eine solche Stelle aus betrieblichen Gründen nicht funktioniert. Eine aktuelle Studie

Handeln und Verhandeln

Eine längere Auszeit ist für jede Karriere gefährlich, egal ob von Mann oder Frau. Dass die Familiengründung in der Regel ausgerechnet in eine Lebensphase fällt, wo auch im Job die Weichen gestellt werden, macht es den jungen Eltern nicht gerade leichter. Doch welche Frau sich in dieser Phase mit Aussagen wie »einer muss sich ja um die Kinder kümmern« oder »alles geht eben nicht« begnügt, tut sich damit keinen Gefallen.

Die Karrierestolperfalle »Kind« ist zugegebenermaßen außerordentlich hoch. »Viele Frauen müssen nach der Elternzeit frustriert feststellen, dass der Wiedereinstieg weit schwerer ist, als sie es erwartet hatten«, sagt Eike Ostendorf-Servissoglou, Sprecherin des Verbandes berufstätiger Mütter in Köln. Aber es gibt zumindest die Möglichkeit, nicht blindlings hineinzutappen.

Wieder wollen wir uns hier weder mit der unzureichenden Betreuungssituation noch mit der Teilzeitproblematik befassen, sondern vor allem damit, welcher Handlungsspielraum den Frauen trotz aller Schwierigkeiten zur Verfügung steht. Dazu lautet eine der wichtigsten Regeln für den Wiedereinstieg: rechtzeitig verhandeln. Und zwar sowohl mit dem Arbeitgeber als auch mit dem Partner.

1. Verhandeln mit dem Arbeitgeber

Statt offensiv mit dem Thema umzugehen, beschäftigen sich viele werdende Mütter vor dem Ausstieg kaum oder gar nicht

der Hamburger Vergütungsberatung Personalmarkt zeigt, dass die Lücke zwischen den Gehältern ab dem 35. Lebensjahr immer weiter auseinanderklafft. Der Grund ist naheliegend: Wer aus dem Job aussteigt, bekommt auch keine Gehaltserhöhung mehr. Und weil sich beim Wiedereinstieg das neu verhandelte Gehalt am letzten Monatssalär orientiert, hinken die Elternzeitler immer hinterher.

mit der weiteren Karriereplanung. Und sind dann bei ihrer Rückkehr von der Situation völlig überfordert. Die Babypause war plötzlich länger als zunächst angenommen. Der bisherige Tätigkeitsbereich im Büro oder in der Firma mittlerweile an andere delegiert. Die einzig verbliebene Position auf einmal weit unter der eigentlichen Qualifikation.

Das Problem: »Viele Frauen legen sich nicht früh genug fest, wann und für wie viele Stunden sie zurückkehren wollen. Damit kann kein Arbeitgeber planen«, sagt Petra Dalhoff, Anwältin und Mitglied im Verband berufstätiger Mütter. Schwierig für Arbeitgeber ist es dann, wenn eine Frau länger als sechs Monate zu Hause bleibt. Der unfreiwillige Ab- oder Ausstieg ist dann oft vorprogrammiert.

Karriere-Tipp 1:

Möglichst früh und möglichst konkret zusammen mit dem Arbeitgeber über die Rückkehr sprechen. Wer rechtzeitig seinen Chef informiert, hilft Übergänge zu planen und eine Vertretung zu organisieren, der hat die besten Chancen, nach der Babypause zurückzukehren. Also am besten schon vor dem Abschiedsfest im Büro die Weichen für eine erfolgreiche Rückkehr in den Beruf stellen. Wer dann noch anbieten kann, auch während der Auszeit stundenweise weiterzuarbeiten, vielleicht einen Home-Office-Tag in der Woche einlegt und für das Unternehmen weiterhin ansprechbar bleibt, hat die besten Karten.

Dass die meisten Männer sich der Reflexion über die Vereinbarkeit von Kindern und Karriere allenfalls erst in den letzten Schwangerschaftswochen ihrer Partnerin widmen, ist vergleichsweise normal. Dass aber auch Frauen häufig viel zu spät mit den nötigen Überlegungen zur Familien- und Karriereplanung anfangen, ist ein echtes Problem. Und selbst wenn sie zur Genüge darüber nachgedacht haben, verhandeln sie nicht genug. Da helfen dann auch keine Teilzeitmodelle und auch nicht das Elterngeld oder der geplante Ausbau der ganztägigen Kinderbetreuung.

Tatsächlich aber hätte es Deutschland bitter nötig, all die hoch qualifizierten Mütter besser in den Arbeitsmarkt zu integrieren, gibt die *Welt am Sonntag* zu bedenken.[37] Schon heute ist der Mangel an Fachkräften in Deutschland gewaltig. Im Jahr 2020, so schätzt die Unternehmensberatung McKinsey, werden hierzulande bis zu zwei Millionen qualifizierte Arbeitskräfte fehlen. Es ist darum auch volkswirtschaftlich höchst bedenklich, all die weiblichen Fach- und Führungskräfte nach der Geburt eines Kindes nur noch halbherzig in den Arbeitsmarkt einzubinden. Das haben mittlerweile auch die großen Firmen erkannt und buhlen verstärkt um weibliche Führungskräfte. Keine schlechte Zeit also, um mit dem Vorgesetzten über flexible Arbeitszeiten und Jobsharing-Angebote zu verhandeln.

Karriere-Tipp 2:

Die Mehrzahl der Mütter steigt mit 20 oder 30 Wochenstunden wieder in den Job ein. Smarte Arbeitgeber wissen das Organisationstalent und die Flexibilität der Mütter durchaus zu schätzen. Es ist statistisch belegt, dass Teilzeitkräfte oft produktiver und besser organisiert sind als ein Vollzeitmitarbeiter. Drastisch formuliert: Wer in Teilzeit einstellt, bekommt im Grunde mehr Leistung für weniger Geld. Und dann liegt es an Ihnen dem Arbeitgeber irgendwie klarzumachen, dass man

---

37 Anette Dowideit, Anja Ettel und Ileana Grabitz, »Frauen? Klar, aber bitte ohne Kinder« in: *Welt am Sonntag* vom 21.11.2010

nicht für weniger Geld und in kürzester Zeit das Gleiche leis-
ten kann wie Vollbeschäftigte. Also muss mit dem Chef früh-
zeitig verhandelt werden, welche Aufgaben nach wie vor in
Ihren Bereich fallen, aber auch, was neu vergeben werden
kann. Idealerweise überzeugen Sie Ihren Arbeitgeber mit
einem Jobsharing-Argument: Sie und eine andere Kollegin
oder auch Kollege teilen sich eine ganze Stelle. Das gibt es
sogar im Führungskräftebereich und nennt sich dann »Top-
sharing«. Grundsätzlich gilt: Gegen sachliche Argumente ist es
viel schwerer, Einwände anzubringen als gegen ein diffuses
»Ich will zurück, weiß aber auch noch nicht, wann und wie.«

Wer rechtzeitig agiert, kann den unfreiwilligen Ab- oder Ausstieg oft ganz vermeiden. Das zeige das Beispiel der Microsoft-
Mitarbeiterin Petra Trautwein, die in nur sechs Jahren drei
Kinder bekommen hat und trotzdem wie zuvor im Großkun-
denmarketing arbeitet. Zwar arbeitet sie heute in Teilzeit und
hat mehrfach pausiert, aber sie hat vor jedem Ausstieg mit ihrem Arbeitgeber ganz konkret vereinbart, wann sie wieder-
kommen wird – und der hat sich keineswegs quergestellt. Warum sollte er auch? Seit Jahren schon ist es erklärtes Ziel der
Microsoft-Personalpolitik, qualifizierte Frauen im Unternehmen zu halten. Dafür werden Müttern, die frühzeitig mit dem
Konzern kommunizieren, Lösungen maßgeschneidert. Vom
Teilzeitmodell bis zum Arbeitsplatz zu Hause ist alles denkbar.
Anders, so hat Microsoft Topmanager Achim Berg wiederholt
erklärt, sei es auch gar nicht möglich, dem zunehmenden Fach-
kräftemangel zu begegnen.[38]

38 Sabine Hildebrandt-Woeckel, »Karrierefalle Mütterauszeit« in: *FAZ* vom
   08.03.2008

Karriere-Tipp 3:

Eine andere Möglichkeit, nach der Babypause wieder in das Arbeitsleben einzusteigen, ist es, sich selbständig zu machen. Gerade in schnelllebigen Branchen wie der Medienwelt oder der Werbung bietet die Selbständigkeit eine reelle Chance, den Anschluss nicht zu verpassen. Natürlich ist die Selbständigkeit immer auch riskant. Gleichzeitig bietet sie aber ein Höchstmaß an Flexibilität und Selbstbestimmung. Wer sich traut, kann den Wiedereintritt damit ganz so gestalten, wie man es möchte.

Einer Studie im Auftrag des Forschungsministeriums zufolge, sind Frauen besonders dann erfolgreich, wenn sie sich nicht mit starren Arbeitszeiten oder traditionellen Erwartungen ihrer Chefs und Kollegen herumschlagen müssen: Selbständige Frauen haben im Schnitt weit mehr Erfolg als angestellte. So ist beispielsweise unter den sehr erfolgreichen Ingenieurinnen mit Kindern jede zweite selbständig. Fast alle weniger erfolgreichen Kolleginnen sind dagegen abhängig beschäftigt.

Fazit: Frauen brauchen flexible Arbeitszeitmodelle, dann lassen sich Karriere und Kinder durchaus vereinbaren. Grundlage und Bedingung ist jedoch neben den rechtzeitigen Überlegungen zur Familien- und Karriereplanung die Fähigkeit, diese auch nach außen zu kommunizieren. Ohne konkrete Vorstellungen über das Wann und Wie, das entsprechend offensiv verhandelt werden muss, wird es nicht gehen.

2. Verhandeln mit dem Partner

Eine Untersuchung des Allensbach-Instituts hat ergeben, dass 69 Prozent der jungen Väter beabsichtigen, sich genauso um die Erziehung ihres Kindes zu kümmern wie die Mutter. Tatsächlich passiert das aber nur bei rund 5 Prozent der Paare, die

Erziehungsurlaub in Anspruch nehmen. Dass Papa ganz zu Hause bleibt und Mama arbeiten geht, kommt in 0,2 Prozent der Haushalte vor – und hat damit echten Seltenheitswert. Und selbst wenn die Väter eine Pause einlegen, beschränkt sich Papas Zeit am Wickeltisch zumeist auf ein oder zwei Monate. Wie es dazu kommt? Das schlagende Argument ist nach wie vor der hohe Einkommensverlust der Frauen. In der Altersgruppe zwischen 30 und 40 verdienen Frauen meist deutlich weniger als ihre Partner – und das bei gleicher Qualifikation. Doch mit der Entscheidung, dass Mama aus dem Job aussteigt und Papa Karriere macht, wird diese Lücke natürlich zementiert.

Angesichts des höheren Gehalts der Männer werden Frauen bei der Frage, wer auf die Kinder aufpasst, also immer den Kürzeren ziehen – es sei denn, eine Frau kann ihren Mann für die Idee gewinnen, im Leben der eigenen Kinder nicht bloß die Rolle des Wochenendpapas spielen zu wollen. »Solche Verhandlungen gewinnen Frauen nur«, meint die Psychotherapeutin Barbara Lobisch, »wenn sie dem Partner signalisieren, dass am Ende auch er am Kompromiss gewinnen kann.«

Auch und vor allem für die Verhandlungen mit dem Partner gilt: Rechtzeitig überlegen, wie man gemeinsam die Zeit nach der Geburt managen will und ab wann man sich vorstellen kann, das Kind von Dritten betreuen zu lassen.

Wer Väter für den Erziehungsurlaub gewinnen will, braucht allerdings auch ein neues und attraktives Rollenverständnis für den Mann. Es ist mitunter einfacher, den erfolgreichen Geschäftsmann zu mimen, als mit der Entscheidung für den Erziehungsurlaub im Unternehmen als weichgespülter Hausmann zu gelten. So kann diese Gesellschaft natürlich lange drauf warten, dass auch die Väter selbstverständlich bereit sind, die Windeln zu wechseln.

Gesprächstechniken

Frauen heute haben also die Wahl: Karriere ohne Kinder, Karriere mit Kindern oder Kinder ohne Karriere. Aber die Wahl und ihre Konsequenzen wollen gründlich durchdacht und verhandelt sein. Und diese Verhandlungen erfordern mitunter »das Fingerspitzengefühl eines Nahost-Friedensvermittlers und die Chuzpe eines Souvenirhändlers auf dem Suk von Marrakesch«, wie es die beiden Autoren der *FAZ*-Serie »Die Frauenfalle« formuliert haben.[39] Einfach ist das mit Sicherheit nicht. Nur groß drum herumkommen werden Frauen auch nicht. Zumindest dann nicht, wenn sie sich auch im Nachhinein mit der einmal getroffenen Wahl arrangieren möchten. Wie also im Gespräch erfolgreich für die eigene Sache eintreten?

Ich möchte Sie an dieser Stelle nicht mit allgemeinen Kommunikationsstrategien behelligen, etwa damit, dass Sie Ihr Anliegen lieber aktiv als passiv formulieren oder dass Sie verschlungene Nebensätze meiden sollten, denen Ihr Zuhörer nur schwer folgen kann. Diese rhetorischen Grundlagen finden Sie allesamt in der einschlägigen Ratgeberliteratur. Und trotzdem gibt es gerade für Frauen ein paar sehr wirkungsvolle Gesprächstechniken, die ich Ihnen nicht vorenthalten möchte.

1. Raus aus der Freundlichkeitsfalle

Zunächst einmal: Was ist überhaupt ein Gespräch, und was will ich damit eigentlich erreichen? Sinn und Zweck eines Gesprächs ist es, mein Gegenüber in irgendeiner Form für mich oder meine Belange zu gewinnen. Das ganze Geheimnis eines

39 Melanie Aman und Winand von Petersdorff, »Die Frauenfalle« in: *FAZ* vom 12.12.2010

guten Gesprächs hat der britische Charisma-Trainer Marcus Oakey einmal folgendermaßen beschrieben: »Leave someone better off than you found him.« Also, sowohl der Arbeitgeber als auch der eigene Partner sollten sich im besten Fall nach einem gemeinsamen Gespräch besser fühlen als vorher, oder allgemeiner: einen möglichen Gewinn aus dem Gespräch ziehen können. Dann ist die Wahrscheinlichkeit deutlich höher, dass ich andere auch tatsächlich für mich gewinnen kann.

Nun geht es aber beim Gehaltspoker, dem Abkommen mit dem Chef über den beruflichen Wiedereinstieg nach der Babypause oder der Grundsatzdiskussion über die Aufgabenverteilung in der Ehe nicht unbedingt darum, meinem Gesprächspartner ein gutes Gefühl zu vermitteln. Wenn ich gegenüber meinem Arbeitgeber oder meinem Partner offensiv meine Interessen vertreten will, kann es sogar eher hinderlich sein, wenn ich im Gespräch allzu sehr auf Wohlfühlkurs setze.

Im Beruf und in der Partnerschaft zeigen Frauen hohe emotionale Intelligenz, Einfühlungsvermögen und Kompromissbereitschaft. Diese sogenannten *Soft Skills* sind in verschiedener Hinsicht ein echter Vorteil – aber oftmals die grundfalsche Strategie, wenn es darum geht, für die eigene Sache einzutreten. In bestimmten Gesprächssituationen ist manchmal das genaue Gegenteil vonnöten: Da darf man auch als Frau ruhig auch mal knallhart, kompromisslos und egoistisch sein. Das gilt nicht nur für Gehaltsverhandlungen, sondern auch für Bewerbungen, Beförderungen und einen möglichen Jobwechsel. Auch wenn absolut nichts dagegen spricht, ein ernstes Anliegen in einer freundlichen Atmosphäre zu klären, so stellt sich doch für Frauen – häufiger als für Männer – das Problem, im Gespräch zu sehr auf Harmonie bedacht zu sein, wenn eigentlich Hartnäckigkeit und Durchsetzungsvermögen gefordert sind.

»Freundlichkeitsfalle« nennen Wissenschaftler dieses Phänomen. Wer etwa im Beruf ständig nett und zuvorkommend ist, läuft schnell Gefahr, unterschätzt oder gar nicht für voll genommen zu werden. Und irgendwann das Mädchen für alles zu sein – für alles Unwichtige. Fürs Kaffeekochen und Kopieren. Fürs Flügebuchen und Firmenfeiernorganisieren. Fürs Postfacherledigen und Papierbergeabarbeiten. Während die Männer die Karriereleiter munter nach oben klettern, erledigen Frauen die Arbeit – fleißig, zuverlässig und leider schlecht bezahlt. Alles letztlich eine Frage der Kommunikation.

Kommunikationswissenschaftler der Universität München haben beispielsweise zu viel Freundlichkeit im Job als Hauptursache für die schlechtere Bezahlung weiblicher PR-Frauen im Vergleich zu ihren männlichen Kollegen ausgemacht. »Es ist möglicherweise gerade das besondere weibliche Kommunikationstalent, das sich für Frauen in der PR-Branche als Karrierebarriere erweist«, so die Autorin der Studie Romy Fröhlich. »Wer zu nett ist, läuft Gefahr, in eine Freundlichkeitsfalle zu laufen.«

Wer offensiv für seine Interessen eintreten möchte, der tut gut daran, zu einem freundlichen, aber bestimmten Ton zu finden, der nicht nur die nötige Aufmerksamkeit und Anerkennung bringt, sondern auch den nötigen Respekt verschafft. Es geht um eine gesunde Portion Aggressivität, die viele Frauen zwar als unweiblich empfinden und daher im Gespräch lieber auf ihr *Soft-Skill*-Repertoire zurückgreifen, die jedoch mitunter nötig ist, um erfolgreich für die eigene Sache einzutreten. Und so, wie es Männern nicht schaden würde, zu lernen, wie man mit weiblicher Zurückhaltung und Diplomatie im Gespräch mitunter ganz schön weit kommen kann, so würde es Frauen guttun, wenn sie sich mit mehr Aggressivität, Dominanz und Kompromisslosigkeit in schwierige Verhandlungen stürzen würden.

Übung 28:

Wir hatten das schon. Der freundlich-verbindliche Ton ist natürlich besonders bei den eher schüchternen Frauen anzutreffen. Aber gerade die sollten versuchen, im Gespräch mit Vorgesetzten und Kollegen, mitunter aber auch mit dem eigenen Partner zu einem freundlichen, aber bestimmten Ton zu finden. Probieren Sie es aus: Treten Sie offensiv für Ihre Sache ein und werden Sie dabei konkret und fordernd. Und ruhig auch mal ein wenig kompromisslos. Verzichten Sie auf allzu viel Harmonie. Die freundliche Nummer beherrschen Sie als Frau ohnehin. Zeigen Sie Zähne! Und machen Sie die Erfahrung, dass nur wirklich wenige Menschen sich davon gleich auf den Schlips getreten fühlen. Gerade Männer nehmen einen etwas forscheren Ton gerne als sportliche Herausforderung und finden Gefallen an einer Unterhaltung, in der es auch mal zur Sache geht.

Aber auch hier kommen Sie um einen Selbstversuch nicht herum.

2. Die richtigen Worte finden

Wenn ich mit einem Kind zum Zahnarzt gehe und versuche es mit den Worten zu beschwichtigen »Es ist nicht schlimm und tut überhaupt nicht weh«, dann ist leider das Einzige, was das Kind heraushören wird: »Es *ist* schlimm und es *tut* weh.« Was ist passiert? Ich signalisiere dem Kind mit dem, was ich sage, unbewusst, dass nun etwas Unangenehmes und Schmerzhaftes auf es zukommt – und das allein durch die Wahl meiner Worte. Denn das, was es als Erstes verstehen wird, sind die beiden Signalwörter »schlimm« und »weh tun«. Wenn das Kind beim Anblick des weißen Zahnarztkittels sofort in Tränen ausbricht, ist das nicht weiter verwunderlich.

Wir haben schon festgestellt: Nur ein Bruchteil dessen, was wir sagen, wird über Inhalte und Worte vermittelt. Kommunikation spielt sich zu einem nicht unerheblichen Anteil unbewusst ab. Es ist darum nur schwer möglich, ein Kind auf der logischen Ebene davon zu überzeugen, dass der Zahnarztbesuch nicht weiter schlimm ist. Erst recht nicht, wenn man dabei selbst eine gewisse Unsicherheit ausstrahlt, wohl wissend, dass eine Spritze alles andere als angenehm ist. Wir müssen also immer im Kopf behalten, dass vieles von dem, was wir sagen, über unsere Körperhaltung, Gestik, Mimik und Tonlage vermittelt wird, aber auch über bestimmte Hervorhebungen, den Satzbau und sogenannte Signal- und Prozesswörter.

Auch meinen Arbeitgeber sollte ich nicht allein auf einer logischen Ebene davon überzeugen, dass er mich doch bitte bei der nächsten Gehaltsrunde berücksichtigen möge oder ich im Grunde der einzig brauchbare Kandidat für die Leitung des neuen Projekts bin. Ich kann lernen, auch den unbewussten Teil meiner Kommunikation zu kontrollieren – und zwar auf den verschiedensten Ebenen. Mein Ton ist freundlich, aber bestimmt. Meine Gestik und Mimik sind ruhig, aber entschlossen. Mein Auftreten ist souverän und strahlt Selbstbewusstsein, Zielstrebigkeit und Dominanz aus. Ich habe eine offene Körpersprache. Ich bewege mich aufrecht. Und ich wäge genau ab, welche Worte ich verwende. Mein Gegenüber wird all das – wenn auch unbewusst – registrieren.

Im beruflichen Zusammenhang gilt: Ich ergreife das Wort und warte nicht, bis ich freundlich aufgefordert werde zu reden. Ich spreche mit ruhiger und fester Stimme. Und ich achte auf meine Worte. Sprachforscher haben herausgefunden, dass es typische weibliche Redewendungen gibt, die das eigentliche Anliegen unnötig einschränken oder relativieren und damit Unsicherheit und Unentschlossenheit ausdrücken (»Könnte es nicht eventuell sein, dass ...«, »Dürfte ich Sie bitte mal etwas fragen ...«). Auch die Worte »vielleicht«, »eigentlich« und »man« habe ich aus meinem Wortschatz gestrichen. Damit schwäche ich das Gesagte nur wieder ab. Und das wirkt ebenfalls äußerst unsicher.

Stattdessen sage ich im Gespräch mit meinem Chef freiheraus, was ich denke. Ich behaupte klar und deutlich meine Meinung. Ich verwende Formulierungen wie »Ich bin der Überzeugung, dass ...«, »Es ist doch so ...« oder »Ich sehe konkrete Vorteile darin ...«. Durch den gezielten Einsatz bestimmter Signalwörter und klarer Formulierungen kann ich mich in jeder Gesprächssituation souverän und kompetent zeigen.

Wenn ich meinem Chef erzähle, welche konkreten Vorteile ich mir vom geplanten Jobsharing-Modell verspreche, dann steckt in meiner Formulierung bereits die Annahme, dass ich mich umfassend informiert, einen konkreten Vorschlag und den nötigen Überblick habe – und diese Aussage wird bei meinem Gegenüber deutlich ankommen, auch wenn er das nicht bewusst wahrnimmt. Genau das bewirke ich mit dem Wort »Überzeugung«. Der Subtext, den mein Arbeitgeber heraushören wird, lautet: Die Frau weiß, was sie will. Sie hat einen Plan. Und sie ist kompetent. »Ich bin überzeugt«, heißt für jeden Chef übersetzt: Entschlossenheit, Qualifikation und Kompetenz.

Übung 29:
Unbedingt ausprobieren. Mit der Wahl der Worte können Sie wirklich gezielt Einfluss auf den Verlauf einer Unterhaltung nehmen. Verwenden Sie bestimmte Formulierungen einmal bewusst im nächsten Meeting, dem Kundengespräch oder dem Gespräch mit dem Chef. Und achten Sie darauf, was passiert.

Die Situation stellt sich verständlicherweise etwas anders dar, wenn ich mit meinem Partner auf eine langjährige gemeinsame Gesprächskultur zurückblicken kann. Natürlich fange ich dann nicht plötzlich an, irgendwelche neuen Wortschöpfungen einzuführen, um Gespräche in eine bestimmte Richtung zu lenken. Und doch achte ich auch in der Unterhaltung beim Abendessen zunehmend auf meinen Ausdruck. Wenn ich auf die Frage »Wie war dein Tag, Schatz?« auffallend oft die Worte »Problem«, »Ärger« und »Sorgen« in meine Antwort einfließen lasse, obwohl ich mich eigentlich nur über den Tarifwechsel bei meinem Telekommunikationsanbieter auslasse, dann brauche ich mich hinterher nicht zu wundern, wenn mein Partner mich im Grunde für eine ganz schön schwierige Person hält und auch so manch anderes Gespräch mit mir scheut. Auch hier ist es möglich, mit der richtigen Wortwahl ganz einfach ein besseres Gesprächsklima zu etablieren und so auch schwierige Auseinandersetzungen positiv und sachbezogen zu halten.

Das wäre dann übrigens auch der richtige Duktus für eine Grundsatzdiskussion über die Frage »...und wer von uns beiden passt jetzt eigentlich auf die Kinder auf?«.

Übung 30:

Klingt banal, aber achten Sie mal darauf, was Sie tatsächlich für Formulierungen wählen, wenn Sie Ihrem Partner oder Freunden am Abend erzählen, was Ihr Tag so gebracht hat. Beobachten Sie sich einmal selbst. Es ist oft erschreckend, auf welche unbedacht negativen Äußerungen man da stößt. Und überlegen Sie, ob Sie manche Themen wirklich problematisieren wollten oder einfach nur die falschen Worte gewählt haben. Darauf kommt es nämlich bei einem guten und sachbezogenen Gespräch an.

3. Geschlechterspezifisches Kommunikationsverhalten

Männer und Frauen haben ein grundsätzlich anderes Kommunikationsverhalten. Und angeblich ist das Testosteron an allem schuld. Gerade in letzter Zeit mehren sich wissenschaftliche Studien, die in der Biologie mögliche Ursachen für Geschlechterunterschiede sehen wollen, was dann in populärwissenschaftlichen Büchern wie *Warum Männer nicht zuhören und Frauen nicht einparken können* von Allan und Barbara Pease ihren eher zweifelhaften Niederschlag findet. Die deutsche Presse greift diese Themen begierig auf, genauso wie die Thesen der amerikanischen Neuropsychologin Louann Brizendine, die etwa festgestellt haben will, dass schon bei der Geburt bestimmte Gehirnareale der männlichen Babys weniger stark ausgeprägt seien als die der weiblichen, nämlich genau die, die der Kommunikation und Verarbeitung von Gefühlen dienen. Brizendine behauptet, Frauen seien so gesehen auf einer achtspurigen Gefühlsautobahn unterwegs, Männer dagegen bestenfalls auf einer emotionalen Landstraße.

Derlei Thesen haben Neurowissenschaftler und Psychologen zwar längst widerlegt, auch möchte ich geschlechterspezifische Klischees nicht übermäßig strapazieren, und doch bemängeln Frauen bei ihren Partnern tatsächlich immer dasselbe: fehlende Gesprächsbereitschaft und mangelndes Einfühlungsvermögen. Was ist also dran?

Stellen wir mal folgende Behauptung auf: Für Frauen ist eine Unterhaltung vor allem dazu da, Beziehungen zu pflegen, Anteil zu nehmen und sich Stress von der Seele zu reden. Männer hingegen nutzen ein Gespräch in erster Linie, um Informationen auszutauschen. Und darüber hinaus verhältnismäßig oft zur Selbstdarstellung.

Nun mag es sicherlich jede Menge wortkarger Frauen auf der einen und Männer mit ausgeprägtem Hang zu einfühlsamen

Gesprächen auf der anderen Seite geben. Und vermutlich existieren zwischen vielen Männern und Frauen sogar mehr Übereinstimmungen als innerhalb der Geschlechtergruppen. Und doch scheint es, als gäbe es zumindest so etwas wie ein geschlechtsspezifisches Kommunikationsverhalten. Ob nun genetisch bedingt oder gesellschaftlich geprägt, ist eigentlich egal. Wichtig ist nur, dass wir im Umgang mit dem Arbeitgeber oder dem eigenen Partner, beide gegebenenfalls männlich, diese möglichen Unterschiede kennen.

Frauen meiden klare Ansagen. Sie sagen selten direkt, was sie wollen, oder deuten das, was sie wollen, nur an. Diese sehr weibliche Gesprächsstrategie zielt darauf ab, Aggressionen, Konfrontationen und Unstimmigkeiten zu vermeiden. Das kann im partnerschaftlichen Miteinander durchaus sinnvoll sein. Im Geschäftsleben wird den Frauen dasselbe Kommunikationsverhalten jedoch häufig als Schwäche ausgelegt – und zwar in erster Linie deswegen, weil das indirekt formulierte Anliegen so von den meisten Männern einfach nicht gehört oder auch gar nicht verstanden wird. »Finden Sie nicht auch, dass jemand mal das Archiv neu ordnen sollte?« heißt im Klartext: »Könnten Sie bitte das Archiv auf Vordermann bringen!« In der ersten Variante hört sich das für den Praktikanten allerdings nicht unbedingt nach einer Aufgabenbeschreibung an. Und das Archiv wird wohl noch eine ganze Weile so vor sich hin dümpeln.

Ein Mann formuliert sein Anliegen dagegen vergleichsweise kurz, direkt und problemorientiert. Er konzentriert sich dabei auf das Wesentliche. Im Zentrum seiner Aussage stehen vor allem Fakten. Formulierungen wie »Meinst du nicht auch, wir sollten vielleicht …« versteht ein Mann daher kaum als Aufforderung, obwohl seine Frau gerade versucht, ihn dazu zu bewegen, die leeren Flaschen zum Altglascontainer zu fahren.

Daher gilt: Möchten Sie bei einem Mann etwas erreichen, egal ob Vorgesetzter, Partner oder Kollege, formulieren Sie Ihr Anliegen direkt! Und wenn Sie eine verbindliche Antwort erhalten wollen, verwenden Sie statt »könntest du« besser »würdest du«.

Übung 31:

Ein klassischer Fall für die heimische Strafkasse. Sie kennen das mittlerweile. Je 20 Euro für jedes schwammige Drumherumreden und jedes »Meinst du nicht auch …« oder »Könntest du vielleicht…«. So werden Sie vermutlich schnell arm, Sie werden sehen. Also höchste Zeit, auf derlei Formulierungen zu achten und diese am besten gänzlich aus dem Wortschatz zu streichen.

Geschlechtsspezifische Unterschiede hin oder her, Sprache hat für Frauen mitunter eine andere Bedeutung als für Männer. Während Frauen sie verwenden, um Anteilnahme zu zeigen, Gemeinschaft herzustellen und Beziehungen zu festigen, liegt der Sinn und Zweck eines Gesprächs für Männer darin, maximalen Informationsgehalt bei einer minimalen Anzahl von Wörtern zu übermitteln. Was hinzukommt: Der Inhalt des Gesprächs ist für Frauen oft nicht so wichtig, sie verlassen sich viel mehr auf Intonation, Körpersprache, Gestik und Mimik ihres Gegenübers, um hinter die Bedeutung der Worte zu kommen. Männern geht es um den genauen Wortlaut. Auch weil sie die differenzierten körpersprachlichen Signale oftmals gar nicht richtig deuten können. Psychologen der Harvard University haben das in einem Experiment nachgewiesen. Männlichen und weiblichen Testpersonen wurde ein Kurzfilm ohne Ton gezeigt, in dem sich ein Paar unterhält. Das Ergebnis: Nur 42 Prozent der Männer konnten die Unterhaltung des Paares richtig deuten. Bei den Frauen waren es dagegen 87 Prozent. Es gibt also ein echtes Verständigungsproblem zwischen Mann und Frau.

Daher gilt für jede Vertragsverhandlung oder jeden Gehaltspoker: Formulieren Sie Ihr Anliegen möglichst präzise! Aber auch in einer Beziehung können klare Ansagen Missverständnissen vorbeugen.

4. Das Spiegeln

Die Interaktion zwischen zwei Menschen ist eine Kunstform. Es wird auch in Zukunft keinen Computer geben, der ein wirklichkeitsgetreues Gespräch simulieren kann. Immer wieder wurden Programme geschrieben, die auf einer rationalen Ebene perfekte Antworten gaben, und dennoch hatten die Nutzer sehr schnell den Eindruck, es würde keine rechte Gesprächsdynamik entstehen.

Das hat einiges damit zu tun, dass eben nur ein geringer Teil von dem, was wir sagen, über den Inhalt unserer Worte kommuniziert wird. Mehr als die Hälfte teilen wir über unsere Körpersprache, Gestik und Mimik mit, den Rest über unsere Stimme und den Tonfall. Ein funktionierendes Gespräch hängt demnach zu einem nicht unwesentlichen Teil von Körpersprache, Tonlage und Timing ab. Um wirklich verstehen zu können, was bei einem Gespräch passiert, ist es sinnvoll, sich die Erkenntnisse der Kommunikationswissenschaft zunutze zu machen.

Kommunikationswissenschaftler unterscheiden eine ganze Reihe von Kriterien, wenn sie Unterhaltungen als soziale Handlung untersuchen, etwa die Zahl der Kommunikationsteilnehmer, das Verhältnis der Teilnehmer zueinander, Rang und Status, Öffentlichkeitsgrad, Art der Themenfixierung usw.

Mir hat es sehr geholfen, mich mit diesen Kriterien theoretisch zu beschäftigen. So habe ich gelernt, auch den unbewussten Teil meiner Kommunikation zu kontrollieren. Und eine der interessantesten Aspekte und zugleich eine sehr wirkungsvolle Gesprächsstrategie ist tatsächlich die Körpersprache. Genauer, das körperliche Spiegeln.

Auch diese Kommunikationstechnik kenne ich zunächst aus dem Flirttraining. Tatsächlich habe ich aber festgestellt, dass sich diese Strategie genauso in jedem anderen Gespräch sehr wirkungsvoll einsetzen lässt. Was also ist Spiegeln? Forscher haben beobachtet, wie sich im Verlauf des Gesprächs das flirtende Paar einander zuwendet. Die Abfolge ist letztlich immer gleich: Erst wendet jeder den Kopf, dann die Schultern und schließlich den Rumpf, bis beide Körper einander zugewandt sind. Im Laufe des Flirts stimmen Mann und Frau dann auch ihre Bewegungen immer harmonischer aufeinander ab – es findet eine Art körperliche Spiegelung statt.

Das körperliche Spiegeln ist aber kein reines Mann/Frau-Ding, sondern findet auch bei jeder anderen Unterhaltung statt, die von gegenseitiger Sympathie geprägt ist – also auch das Gespräch mit der besten Freundin bei einem Glas Wein oder der Plausch mit dem netten Arbeitskollegen in der Teeküche. Letztlich geht es um Sympathie. Und ab einem gewissen Punkt wird sich jedes persönliche Gespräch nicht mehr allein um »Fakten« drehen, sondern auf die Ebene von Nähe und Vertrautheit zusteuern. Es kommt zu einer emotionalen Annäherung und die wiederum spiegelt sich in einer gewissen Synchronizität beider Körpersprachen wider.

Und jetzt kommt der eigentliche Trick an der Sache: Natürlich kann ich diese Spiegelung auch bewusst einsetzen, etwa um eine weitere Annäherung zu forcieren. Das kann im Flirtprozess äußerst wirkungsvoll sein. Nur, was hat das Ganze mit der anstehenden Gehaltsverhandlung mit dem Arbeitgeber oder der Auseinandersetzung um die geplante Aufteilung im Haushalt mit dem eigenen Partner zu tun?

Das Spiegeln ist eine Gesprächstechnik, mit der ich auf die Stimmung meines Gegenübers Einfluss nehmen kann. Einen Menschen, den ich für mich oder mein Anliegen gewinnen möchte, muss ich in einen anderen emotionalen Zustand versetzen als den eines neutralen und unbeteiligten Gesprächspartners. Das ist das Grundprinzip jedes erfolgreichen Gesprächs: Ohne positive Gefühle gibt es keine Annäherung. Und somit auch kein Entgegenkommen, was die nächste Gehaltsrunde, die Einrichtung eines Telearbeitsplatzes oder die Wiedereinstellung auf Teilzeitbasis angeht. Und schon gar kein Einlenken des Partners, zu Hause doch öfters mal die Spülmaschine auszuräumen oder die Kinder morgens in die Schule zu bringen.

Bei der körperlichen Spiegelung geht es jedoch nicht darum, den anderen zu kopieren. Es geht um eine körperliche und letztlich emotionale Annäherung. Oder auch nur um ein etwas angenehmeres Gesprächsklima. Wie das genau funktioniert? Ganz einfach: Lehnt sich mein Gesprächspartner genüsslich zurück, tue ich das auch. Schlägt er oder sie die Beine übereinander, werde ich das auch machen. Greift der andere zum Weinglas, tue ich es ihm gleich. Unbewusst haben wir alle diese Art der Spiegelung schon immer gemacht. Und Paare zeigen ein solches Verhalten ganz automatisch. Jetzt geht es darum, dieses Verhalten gezielt einzusetzen.

Übung 32:

Gehen Sie in ein Café und beobachten Sie Paare. Oder auch einfach nur zwei Menschen, die ins Gespräch vertieft sind. Achten Sie auf die körperliche Synchronizität der Gesprächspartner. Sie werden erstaunt sein!

Wer diese Technik erstmals bewusst einsetzt, etwa im Gespräch mit Vorgesetzten oder Kollegen, wird sich anfangs denken: Das muss mein Gegenüber doch merken. Doch es wird dem anderen nicht auffallen. Derjenige wird mich einfach nur positiv wahrnehmen. Er wird mich sympathisch finden – aber er wird niemals bemerken, dass ein Teil dieser Sympathie lediglich auf der Nachahmung seiner eigenen Bewegungen beruht. Wir mögen nun mal das, was uns ähnlich ist. So einfach ist das.

Warum das so ist? Das Spiegeln funktioniert, weil wir unbewusst nach dem suchen, was wir kennen. Wenn jemand unser Verhalten spiegelt, fühlen wir uns automatisch akzeptiert und geschmeichelt. Und hier liegt das eigentliche Potenzial dieser Gesprächsstrategie. Es ist eine sehr einfache, aber wirkungsvolle Möglichkeit, andere Menschen für sich zu gewinnen. Und das kann sowohl für schwierige Verhandlungen mit Neukunden als auch für die Auseinandersetzungen mit dem Partner über die Zukunft der Kinderbetreuung hilfreich sein.

Wenn man all das für Humbug hält und solche körpersprachlichen Gesten und die dahinter liegenden Mechanismen konsequent ignoriert, kann es im Gespräch schnell zu einem empfindlichen Ungleichgewicht kommen. Das wird gerade in Vorstellungsgesprächen oder Gehaltsverhandlungen deutlich. Einer ist in so einer Situation schnell der Dominierende und der andere nimmt dann zwangsläufig den Part des Bittstellers ein. Oft sind es die Männer, die sich im Gespräch zurücklehnen und von einer sich nach vorne lehnenden Frau hofiert werden. So entsteht schnell ein Machtgefälle, bei dem der Mann dominant und souverän, die Frau dagegen bedürftig und unsicher wirkt.

Eine einfache Möglichkeit, da wieder rauszukommen, ist das Spiegeln: Ich spiegle ganz einfach die dominante Körperhal-

tung meines Gegenübers, indem ich mich ebenfalls im Gespräch zurücklehne und damit das so entstandene Machtgefüge
wieder aufbreche. Das ist ein wirklich simpler Trick, aber mit
beachtlicher Wirkung. Und in schwierigen Verhandlungen im
Geschäftsleben sollte man solche Machtspielchen nicht gänzlich ignorieren.

Übung 33:

*Das probieren Sie natürlich am besten gleich morgen im Büro
oder in der Firma aus. Egal, ob im lockeren Gespräch mit dem
Chef oder in einer Konferenz. Nehmen Sie sich einmal bewusst
vor, sich keinesfalls nach vorne zu lehnen und damit eine
typisch weibliche, hofierende Position einzunehmen. Geben
Sie sich souverän und lehnen Sie sich entspannt nach hinten.
Sie werden feststellen, wie sich Ihr eigenes Verhalten dadurch
verändert. Und das Ihrer Gesprächspartner. Ich bin gespannt,
ob Sie das Spiegeln nach dieser Übung tatsächlich noch für
Unsinn halten.*

Beim Thema Spiegeln lohnt es sich außerdem, auf folgende
Details zu achten:

~ *Tempo und Rhythmus:* Ist mein Gegenüber hektisch? Oder
sind seine Bewegungen eher bedächtig? In welchem Rhythmus bewegt sich mein Gesprächspartner? Hat er eine hohe
Atemfrequenz? Wenn ich auf Sympathie und Verständnis
aus bin, stelle ich mich auf diese Besonderheiten ein und
spiegele sie. Wenn ich aber ein Machtgefälle erzeugen will,
und das kann im Geschäftsleben mitunter ganz brauchbar
sein, dann sind meine Gesten angesichts eines unruhig-hek-
tisch agierenden Gesprächspartners beispielsweise betont
ruhig und souverän. Oder ich begegne jemandem, der eine

sehr bedächtige Körpersprache pflegt, mit einem betont vitalen Auftreten. Damit kann ich allein schon durch meine Körpersprache Entschlossenheit und Souveränität ausstrahlen. Männer achten übrigens instinktiv auf solche Machtgefälle und Konkurrenzsituationen. Ihre Körpersprache strahlt meist Dominanz und Selbstbewusstsein aus. In einer direkten Konkurrenzsituation werden solche körpersprachlichen Gesten noch verstärkt. Dumme Machtspielchen? Nun, Männer haben zumindest 73 Prozent der Führungspositionen in der Privatwirtschaft inne. In den obersten Spitzenpositionen ist der Anteil noch höher. Machtspielchen hin oder her – körpersprachliche Gesten können tatsächlich über Erfolg und Karriere entscheiden.

~ *Körperhaltung:* Hat mein Gegenüber eine starke Körperspannung? Oder sitzt er lässig und entspannt da? Auch hier kann ich mich anpassen, um andere für mich zu gewinnen, oder eine konträre Körperhaltung einnehmen, um meine eigene Machtposition zu stärken.

~ *Gestikulation:* Ist mein Gesprächspartner in seiner Mimik und Gestik eher ruhig und zurückhaltend? Oder unterstreicht er das, was er sagt, mit lebhaften Gesten?

~ *Stimme:* Wie verhält es sich mit Höhe, Rhythmus und Tonalität? Es gibt Untersuchungen, die zeigen, dass Firmenchefs bei Bewerbern gleicher Qualifikation zu etwa 40 Prozent Kandidaten mit ihnen angenehmerer Stimme vorziehen. Auch hier lohnt es sich also, solch scheinbaren Details in Zukunft mehr Beachtung zu schenken.

~ *Wortwahl:* Benutzt mein Gegenüber bestimmte Formulierungen wie »eigentlich« oder »vielleicht« und lässt damit eine gewisse Unsicherheit erkennen? Nennt er häufiger meinen Namen und zeigt damit besondere Aufmerksamkeit? Auch hier liegt genug Potenzial, sich auf einfache Weise

Sympathien zu verschaffen oder aber die eigene Machtposition zu unterstreichen.

~ *Gesichtsausdruck:* Ist mein Gesprächspartner offen und fröhlich oder eher verschlossen und nachdenklich?

Jede dieser Einzelheiten sollten Sie im Gespräch beachten. So können Sie leicht herausfinden, welche dieser Besonderheiten Ihres Gesprächspartners zum Spiegeln geeignet sind.

5. Gesprächskiller vermeiden

Kommunikationsfallen lauern überall. Vor allem in der Auseinandersetzung mit dem eigenen Partner. Will ich diese Fallen umschiffen, muss ich erst einmal verstehen, wie scheinbar harmlose Aussagen im Gespräch in die Sackgasse führen. Nicht immer lässt sich das verhindern. Aber wem bewusst ist, welche Reaktionen das Gesagte mitunter auslösen kann, wird in Zukunft vielleicht seine Worte sorgfältiger wählen.

»Das ist ja mal wieder typisch« oder »Das hätte ich mir doch gleich denken können« sind vermutlich die Sätze, die zum Repertoire jeder Paarbeziehung gehört. Dann heißt es meist weiter »nie hörst du mir zu« oder »ständig machst du den Kühlschrank nicht richtig zu« oder »immer kommst du zu spät«. Wir alle kennen das.

Ein Beispiel: Sie will nur schnell noch etwas in der Stadt erledigen, kommt aber erst Stunden später völlig entnervt mit dem Auto aus dem verkehrsreichen Samstagstrubel zurück. Er sitzt zu Hause bereits auf Kohlen, weil er längst mit seinen Freunden zum Klettern fahren wollte. Der Streit dürfte vorprogrammiert sein, weil beide Seiten sich nun gereizt gegenseitig Vorhaltungen machen. Wer in solchen Situationen jedoch mit pauschalen Anschuldigungen reagiert, bremst den anderen von vornherein aus und verhindert, dass er sich erklären oder entschuldigen kann. So provoziert man vor allem eins: trotzige Reaktionen und sonst gar nichts.

Der einzige Ausweg ist hier, den Vorwurf aufzugreifen und ihn neutral zu formulieren. Ich muss mit dem Gesagten nicht unbedingt einverstanden sein oder dem zustimmen, aber ich muss dem anderen zumindest zu verstehen geben, dass ich ihn zur Kenntnis genommen habe. Dann kann ich versuchen, den Blickwinkel vom Problem auf das gemeinsame Ziel zu lenken, indem ich nach dem dahinterliegenden Wunsch frage: »Ich verstehe, dass du verärgert bist. Wie können wir uns in Zukunft besser absprechen?« So habe ich die Möglichkeit, konstruktiv zu reagieren und den Streit abzuwenden, statt ihn mit einem verbalen Gegenschlag noch weiter anzuheizen.

Der andere Beziehungsklassiker: den Partner vor vollendete Tatsachen stellen: »Wenn ich samstags zum Klettern will, kannst du in Zukunft das Auto nicht mehr haben.« Solche Drohungen sind nichts anderes als nur mäßig kaschierte Machtspielchen. Beide Partner wollen aber als gleichberechtigt wahrgenommen werden, also muss es Wahlmöglichkeiten geben oder zumindest eine nächste Gelegenheit, die Sache besser zu machen.

Ähnlich verhält es sich mit Absolutbotschaften oder Killerphrasen. Wer seinen Gesprächspartner verbal in die Ecke drängt, erreicht damit wohl kaum sein Einlenken, sondern eher einen ausgewachsenen Streit. Wenn ich anderen also meine Konditionen ohne Wenn und Aber diktiere, wird der Widerstand entsprechend groß sein. Egal ob im Gespräch mit dem Partner oder den Kollegen im Büro. Das lässt sich vermeiden, indem ich alternative Lösungsvorschlage vorbringe (»Auto ja, aber nur bis xx Uhr«). Es gibt immer Alternativen. Wer jedoch seinen eigenen Willen durchdrücken will, indem er andere vor

vollendete Tatsachen stellt, schafft Blockaden, die jede Auseinandersetzung zielsicher in die Sackgasse steuern. Aus der Ecke
wieder rauszukommen, ist meist sehr mühsam.

Solche Auseinandersetzungen gehören jedoch, wenn wir mal
ehrlich sind, eher in die Kategorie »alltäglicher Unsinn«, der
völlig unnötig so manche Paarbeziehung dominiert oder auch
schon so manches Betriebsklima vergiftet hat. Mit der nötigen
Sensibilität und ein bisschen gutem Willen lassen sich solche
Gesprächskiller eigentlich vermeiden.

Übung 34:

Das will tatsächlich geübt sein, die üblichen Gesprächskiller
und Absolutbotschaften in den partnerschaftlichen Auseinan-
dersetzungen oder dem Gespräch mit Kollegen gänzlich zu
vermeiden. Zu sehr bietet sich der verbale Gegenschlag an,
dem eigenen Ärger Luft zu machen. Aber gerade deshalb lohnt
es sich, einmal bewusst eine andere Strategie zu fahren und
damit aus der ohnehin schon angespannten Gesprächssituation
die Luft rauszulassen und einen gemeinsamen Ausweg zu
finden. Probieren Sie es aus. Es lohnt sich.

Das Familienmodell der Zukunft?

Ob der gewünschte Wiedereinstieg in den Beruf letztlich so
verläuft wie geplant? Ob die gerechte Aufgabenteilung bei der
Nachwuchsbetreuung am Ende gelingt? Ob Kinder und Karrieren wirklich vereinbar sind? Alles letztlich eine Frage von
Verhandlungen. Rund 62 Prozent aller jungen Eltern wünschen
sich einer Forsa-Umfrage zufolge sowohl Familie als auch
Karriere und wollen dies in einem partnerschaftlichen Modell.

Aber nur 29 Prozent schaffen es, das hochgesteckte Ziel Doppelkarriere und Familie auch wirklich zu erreichen.[40]

Bei den Paaren, denen es gelungen ist, hört sich das in der Regel so an: Beide seien sich im Vorfeld sehr wohl bewusst gewesen, dass keiner von beiden Vorstandsvorsitzender oder Spitzenmanager werden könne. Für beide Seiten sei die Herausforderung groß und das Leben hoch getaktet. Es gebe im Grunde nur den Beruf und die Kinder, daneben bleibt eigentlich kaum noch Zeit. Und um dieses Modell leben zu können, sei eine gute physische und psychische Konstitution erforderlich. Außerdem könne die Vereinbarkeit von Beruf und Familie für beide nur erreicht werden, weil man sich Haushaltshilfen und Babysitter leisten könne.

Sieht so das Familienmodell der Zukunft aus? Beruf, Kinder und sonst nichts? Ist das wirklich das Thema? Die Karrieresorgen einer vergleichsweise winzigen Gruppe hochdotierter Businessfrauen in Führungspositionen, die dem einen Fünftel zuzurechnen sind, das überhaupt zu 100 Prozent auf Karriere fixiert ist? Warum wollen uns eigentlich all die von der Leyens und Gräfin Pfuels dieser Welt, eine bemerkenswerte, aber doch absolute Minderheit prominent-privilegierter Frauen, davon überzeugen, dass die Vereinbarkeit von Kind und Karriere nicht nur »mach-, sondern auch wünschbar« sei, so der berechtigte Einwand von Wirtschaftswoche-Chefreporter Dieter Schnaas? Warum erschöpft sich die soziale Phantasie all dieser Supermütter und Karrierepowerfrauen, die ihren emanzipierten Status in der Öffentlichkeit medienwirksam inszenieren, eigentlich darin, dass »zwei Menschen, die eine Familie gründen, fünf Tage die Woche arbeiten sollen?«[41]

---

40 Studie der Europäischen Akademie für Frauen in Politik und Wirtschaft (EAF)
41 Dieter Schnaas, »Karriere, Ehe und Kinder: Der Ausweg aus der Ego-Falle« in: *WirtschaftsWoche* vom 10. 04. 2007

An dieser Stelle wollen wir die Diskussion um Vereinbarkeit von Kind und Karriere mal vorsichtig einen Gang runterschalten. Nicht alle Frauen streben das Kanzleramt, den Vorstandsposten oder die Großkanzlei an. Und überhaupt: Die Frau an der Supermarktkasse geht ja auch arbeiten und bekommt Kinder – ohne viel Aufhebens darum zu machen und ohne dafür in den Feuilletons bejubelt zu werden. Führen wir nicht die Diskussion um Doppelkarrieren, weibliche Führungspositionen und gläsernen Decken an einem Großteil der Frauen vorbei?

Natürlich können wir noch weiter über die unzureichende Betreuungssituation oder andere ungerechte Zustände in einer von Männern dominierten Arbeitswelt lamentieren, die zweifelsohne existieren. Doch mal ehrlich: Es ist ohnehin eine Illusion zu glauben, man könne Beruf und Familie problemlos vereinbaren. Irgendwas bleibt immer auf der Strecke. Und wenn es am Ende nur ein paar extravagante Hobbys sind, na gut. In den meisten Fällen ist es doch so, dass gerade die Frauen ihre eigenen Bedürfnisse an letzte Stelle setzen, hinter Karriere, Mann, Heim und Kinder sowieso. Und genau da gilt es, entschieden gegenzusteuern.

Auch der von Personalberatern erfundene Begriff der »Work-Life-Balance«, der suggeriert, man könne immer alles erreichen, und das natürlich zu 100 Prozent, ist nichts als eine beschönigende Lifestylefloskel. Die versuchte Quadratur des Kreises lautet: optimiertes Zeitmanagement. Die Vereinbarkeit von Familie und Beruf sei letztlich nur eine Frage der individuellen Organisation und der eisernen Disziplin. Stichwort Selbstmaximierung: Karriere und Kinder, Supermutti und Chefposten, familiäres Idyll und berufliche Höchstleistungen – alles ist möglich, man muss es nur wollen. Und so gibt es zahllose Ratgeber, die den Frauen klarmachen wollen, wie sie ihr Leben rund um Kind und Karriere zu organisieren haben.

Sieht so das Modell der Zukunft aus?

Fakt ist: Ein Großteil der Frauen wünscht sich sowohl Kinder als auch Karriere. Die Frauen, die beides in einem partnerschaftlichen Modell erfolgreich gelöst haben, erzählen im Grunde immer dieselbe Geschichte: Beide Partner waren sich darüber im Klaren, worauf sie sich eingelassen haben, und sind vergleichsweise pragmatisch mit dem Thema Familienplanung umgegangen. Die Frauen sind offensiv für ihre Interessen eingetreten – sowohl beruflich als auch privat. Sie haben dabei jedoch die Anforderungen und Belange der anderen nicht aus dem Blick verloren und sich gegenüber dem Unternehmen und dem eigenen Partner kompromissbereit gezeigt. Was die erfolgreichen Wiedereinsteigerinnen außerdem eint, ist die Tatsache, dass zwei Drittel ihre Berufstätigkeit nur kurzzeitig, also nie länger als sechs Monate unterbrochen haben.

Aber das vielleicht Wichtigste: Die Frauen, die Kinder und Karriere erfolgreich unter einen Hut bringen konnten, haben im Grunde alle eine 80-Prozent-Lösung zu schätzen gelernt. »Viele Frauen unterliegen im Job dem Irrtum, sie müssten alles perfekt machen«, sagt keine Geringere als Christine Bortenschläger, die nicht nur als erste Frau einer deutschen Börse vorstand, sondern 2007 auch zur Managerin des Jahres gekürt wurde. Selbst sie meint: »Es bricht nicht alles zusammen, wenn's mal nicht planmäßig läuft.« Gelassenheit im Beruf sei entscheidend, so die Geschäftsführerin der bayerischen Börse, will man auf ein Privatleben nicht ganz verzichten.

Natürlich kann die voll berufstätige Mutter nicht an jeder Schulaufführung teilnehmen oder zu Hause stundenlang mit den Kindern Vokabeln pauken. Und natürlich lässt sich auch nicht jeder Job und jede Position auf ein familienfreundliches Format zurechtstutzen. Und doch stehen zumindest den Eltern, die ihre Kinder gemeinsam erziehen, immerhin 48 Stunden, zwei Persönlichkeiten und zwei Lebensentwürfe zur Verfügung, um ihr Leben rund um Kinder und Karriere zu organisieren.

Kinder müssen keine Karrierekiller sein. Mit Hilfe von Tagesmüttern, Krippen und Kindergärten schafft es die große Mehrheit der über 4000 befragten Akademikerinnen im Rahmen einer Studie der Technischen Universität Darmstadt offenbar dennoch, beruflichen Erfolg und Kinder unter einen Hut zu bringen.[42]

Beides kann sich sogar ergänzen, das zumindest behauptet Regine Stachelhaus, die im Vorstand von Eon sitzt und 2005 zur Managerin des Jahres gekürt wurde: »Mein Beruf und meine Familie ergänzen sich für mich wunderbar. Mir stellte sich nie die Frage, im Beruf zurückzustecken oder weniger Engagement zu bringen, um mehr private Zeit zu haben. Ich hatte einfach den Wunsch, sowohl mein Kind so viel wie möglich zu sehen als auch beruflich erfolgreich zu sein. Es gab mir sogar einen Kick, dass ich nicht sagen konnte, wenn es mir zu viel wird, dann bleibe ich zu Hause. Meine Familie ist für mich eine unglaubliche Bereicherung. In der Firma lebt man ja oft in einer eigenen Welt mit spezifischen Zielen und Anforderungen, und ich genieße es sehr, eine private Welt dagegensetzen zu können.«

Auch das Familienleben muss nicht unter der Doppelbelastung leiden. Im Gegenteil, ein weit größeres Problem ist es oftmals, wenn die Frau ihren Beruf aufgibt, ihr eigenes Einkommen verliert und sich damit die Machtverhältnisse in der Partnerschaft verschieben. Untersuchungen haben außerdem gezeigt, dass Kinder voll berufstätiger Eltern keinen Deut besser oder

---

42 Interessant an dieser Studie ist vor allem das Ergebnis, dass sich auch bei Verzicht auf Kinder die Karrierechancen der Frauen nicht erhöhen.

schlechter in der Schule sind oder ihre sozialen Kompetenzen in irgendeiner Form zu wünschen übrig ließen.[43] Kinder und Karriere sind also möglich.

Die Frage ist nur, ob das auch immer so gewollt ist.

Nehmen wir das Paar, das sich entschlossen hat, drei Kinder in die Welt zu setzen – was schon erstaunlich genug ist, weil sie damit deutlich über dem statistischen Mittel von 1,3 Kindern liegen, auch dass sie überhaupt noch zusammen sind, wo doch in den Großstädten heute schon jede zweite Ehe in die Brüche geht. An eine Teilzeit der Mutter oder gar beider Elternteile ist wegen der hohen Lebenserhaltungskosten einer fünfköpfigen Familie ohnehin nicht zu denken. Und so hat sich die Diskussion um Doppelkarrieren und Chancengleichheit sowieso erledigt. Die Frau muss ran. Und zwar Vollzeit. Ob sie will oder nicht.

Der Nachwuchs ist tagsüber im Kindergarten, Schule und Hort untergebracht und wird im Anschluss daran von einem Kindermädchen abgeholt und zu Hause bekocht. Kommen beide Eltern pünktlich nach Hause – wenn es ihre Vollzeitstellen erlauben, gegen 19 Uhr –, bleibt gerade noch Zeit, die Hausaufgaben durchzugehen und vor dem Einschlafen etwas vorzulesen. Der Bastelnachmittag in der Schule oder das Krippenspiel im Kindergarten fallen regelmäßig flach. Wenn die Kinder schlafen, wird noch schnell die Küche aufgeräumt und das Wäschechaos in Angriff genommen. Spätestens gegen 22.30 Uhr ist dann mindestens einer von beiden bereits vor dem Fernseher eingeschlafen. Zeit für die Beziehung bleibt da kaum.

---

43 Die Vermutung, Kinder würden aufgrund der beruflichen Belastung der Mütter gerade in den frühen Entwicklungsjahren mögliche motorische oder sprachliche Defizite aufweisen, ist in einer Studie der Universität Bonn unter Leitung der Psychologin Una Röhr-Sendlmeier widerlegt worden. Demnach hätten rund 70 Prozent der schulisch erfolgreichen Kinder ganz- oder halbtags arbeitende Mütter.

Klar könnte man diesen Tagesablauf weiter perfektionieren und mit noch mehr Disziplin und noch mehr bezahlter Dienstleistung irgendwie optimieren. Aber der Tag hat nun mal nur 24 Stunden und die Mär von der 100-prozentigen Vereinbarkeit von Kind und Karriere ist ein echtes Ammenmärchen.

Das Vereinbarkeitsideal ist eine »lebensferne Erfindung einer Handvoll frühindustrieller Ideologen«, schreibt die *Zeit*-Redakteurin Iris Radisch in ihrem Buch *Die Schule der Frauen*. Und dieses Ideal habe schon allein deshalb keine Zukunft, weil es beim Thema Beruf und Familie in Wahrheit »nichts zu vereinbaren, sondern immer nur zu addieren gibt«.

Wollen wir wirklich so leben?

Lebensentwürfe heute

Dem ist scheinbar nicht so. Zumindest wenn man den Umfragen der Demoskopen Glauben schenkt. Zwar werden gläserne Decken und weibliche Führungspositionen in den Medien heiß diskutiert, aber eine große Mehrheit, und zwar über 70 Prozent, der heutigen Eltern bevorzugen offenbar ein Familienmodell, bei dem der Mann Vollzeit arbeitet und die Frau entweder in Teilzeit erwerbstätig ist oder sich ausschließlich um die Betreuung der Kinder kümmert. Ganze vier Prozent der befragten Eltern wünschen sich überhaupt zwei Vollzeitstellen und die Betreuung der Kinder durch Dritte. Und gerade mal ein Prozent der Frauen möchte sich auf die Karriere konzentrieren und dem Mann die Familienarbeit überlassen.[44] »Dop-

44 Umfrage des Allensbach Instituts im Auftrag der Zeitschrift *Eltern*

pelkarriere-Paare« sind in Deutschland so selten, dass sie in den Statistiken kaum wahrnehmbar sind.

Familie statt Vollzeit liegt derzeit im Trend.

Solche Zahlen hören Feministinnen natürlich nicht gerne. Vor allem deshalb, weil viele Paare bis zur Geburt des ersten Kindes zwar auf Gleichberechtigung pochen, nur um dann, wenn sie Eltern werden, doch wieder in alte Muster zu verfallen. Von wegen emanzipiert. Die Hälfte der Vorstandsposten und nicht mehr als die Hälfte beim Windelwechseln und Müllraustragen war einmal das hochgesteckte Ziel. Und nun das! Da rümpfen frauenbewegte Frauen in Deutschland verständlicherweise die Nase.

Bei der Diskussion um Kinder und Karriere geht es jedoch nicht darum, einem gesellschaftlichen Ideal zu entsprechen, sondern ein passendes Lebensmodell zu finden, das einem ganz persönlich Glück und die nötige Zufriedenheit verspricht – und das unabhängig von gesellschaftlichen Zwängen und politischen Trends. Auch wenn es Feministinnen und Vorzeige-Karrieristinnen den Frauen heute kaum verzeihen, dass sie mit ihrer Entscheidung für Kinder oftmals traditionelle Geschlechterrollen zementieren, so ist das unter Umständen ganz einfach das, was die ein oder andere Frau tatsächlich will.

Natürlich gibt es zu wenig Krippenplätze und das Angebot an Teilzeitmodellen und Telearbeitsplätzen ist nach wie vor unbefriedigend. Und natürlich, räumt Wirtschaftsjournalist Dieter Schnaas ein, gibt es neben der strukturellen Benachteiligung der Frauen im Erwerbsleben auch zahlreiche andere Einflüsse, die ein tradiertes Rollenverständnis tendenziell begünstigen – die angeblich genetische Konstante vom Jäger und der Nesthüterin, hobbypsychologische Deutungen typisch männlicher und weiblicher Eigenschaften, die vermeintlich naturgegebene Bestimmung der Frau usw. Die Risiken der traditionellen Arbeitsteilung sind karrieretechnisch für die Frauen in jedem Fall enorm. Und trotzdem bekommen Frauen Kinder, und zwar nicht, weil sie irgendjemand dazu zwingt, sondern weil sie es wollen.

Ein traditionelles Rollenverständnis ist heute keine gesellschaftliche Norm mehr, dem ein Paar hilflos ausgesetzt ist. Und doch ist es eine Konstellation, die offenbar von den meisten Paaren bevorzugt und aus freien Stücken gelebt wird. Frauen sind schließlich selbst die Autoren ihrer Biographien, daran hat der Soziologe Ulrich Beck schon vor knapp zwei Jahrzehnten erinnert.[45] Und allmählich sind es die Frauen satt, sich rechtfertigen zu müssen, wenn sie – vorübergehend oder für immer – ihre Prioritäten zugunsten der Familie verschieben. Das zumindest lässt sich aus den Reaktionen so mancher ehemals berufstätiger Mütter auf die *FAZ.Net*-Serie *Die Frauenfalle* herauslesen – der Frauen also, die sich bewusst für Familie entschieden haben und dadurch in den Augen anderer die Emanzipation verspielt und ihr Bildungspotenzial verschleudert hätten.

Dort heißt es beispielsweise: »Muss man sich deshalb in eine Schublade stecken lassen? Ist frau da in die Falle getappt? Doch nur wenn sie kreuzunglücklich ist, oder? Es ist kein Fehler, wenn Kinder gut ausgebildete Eltern haben, die diese liebevoll und zeitintensiv betreuen und unterstützen. Wohl dem, der's kann! Und für diesen verantwortungsvollen Job: bitte keine Häme!« Eine andere Mutter schreibt: »Aber vielleicht bin ich ja als gebildete und ehrgeizige Frau auch eine gute Mutter, und das könnte ja unter Umständen gesamtgesellschaftlich sogar wünschenswert sein. Ich will keinen Staat, der meine Kinder

---

45 Der Soziologe Ulrich Beck hat in diesem Zusammenhang den Begriff der »Wahlbiographien« geprägt.

erzieht.« Und eine dritte: »Ich selbst habe zwei Kinder großgezogen, habe mit dem Beruf ausgesetzt, bis die Kinder alt genug waren, und hatte das Glück, dann wieder einsteigen zu können. Auf eine ›höhere‹ Karriere habe ich ohne Bedauern verzichtet.«

Nicht jede Frau ist also bereit, für das gesellschaftliche Ideal der berufstätigen Frau und Mutter ihren Alltag minutengenau durchzutakten und von Disziplin, Optimierung und Selbstmaximierung bestimmen zu lassen. Die große Mehrheit der Frauen wollen Kinder und Karriere, ja. Aber nicht um jeden Preis. Und das ist, wie ich finde, ihr gutes Recht.

Die erfolgreiche Karrierepowerfrau, die mit Kindermädchen und Putzhilfe den Familienalltag managt und mit Perfektion und eiserner Disziplin, mit beständiger Optimierung und Selbstmaximierung Beruf und Familie irgendwie unter einen Hut bringt, ist statistisch gesehen nicht nur äußerst selten, sondern auch nur ein Lebensentwurf unter vielen. Auch wenn so manche Chefredakteure, Feministinnen und andere Meinungsmacher in Deutschland darin das Familienmodell der Zukunft sehen wollen, so muss man leider dagegenhalten, dass nur ein Fünftel aller Frauen überhaupt auf Karriere fixiert sind und von den berufstätigen Müttern nur die allerwenigsten bereit sind, ihren Nachwuchs dauerhaft fremd betreuen zu lassen.

Also sollte man vielleicht die Diskussion um Kinder und Karriere den wirklichen Bedürfnissen der Frauen anpassen und weniger über gläserne Decken und Frauenquoten in Führungsetagen, über die perfekte Alltagsplanung und weitere Optimierungsmöglichkeiten reden, sondern darüber, welcher Lebensentwurf Frauen tatsächlich Glück und Zufriedenheit verspricht. Das finde ich wesentlich interessanter als die vergleichsweise abgehobene Diskussion um eine winzige Gruppe hochdotierter Businessfrauen, die mitunter an der virtuellen Decke abprallen.

Glück und Zufriedenheit

Offenbar ist es so, dass, obwohl Frauen heute mehr Wahlmöglichkeiten haben, besser ausgebildet, finanziell unabhängiger und auch gesünder sind als früher, sie dennoch nicht glücklicher sind. Das zumindest ist der erste Eindruck, den eine Studie der beiden Ökonomen Betsey Stevenson und Justin Wolfers von der University of Pennsylvania vermittelt. Die Forscher kommen zu dem Schluss, dass Frauen mit zunehmender Wahlfreiheit auch zunehmend unglücklich geworden sind, und zwar sowohl absolut als auch im Verhältnis zu Männern. Lange Zeit hatten Frauen stets einen höheren Grad der Zufriedenheit angegeben als Männer. Nun beginne sich jedoch das Verhältnis umzukehren, heißt es in der Studie.[46]

Die Gründe dafür werden auch in der Studie nicht benannt. Die Argumente sind allerdings die üblichen: Die einen behaupten, Frauen hätten weiterhin mit strukturellen Ungerechtigkeiten zu kämpfen und wären deshalb noch immer nicht da angekommen, wo sie eigentlich hinwollen. Andere meinen, das Streben der Frauen nach Selbstbestimmtheit widerspräche

---

46 Die These von der zunehmenden Unzufriedenheit der Frauen geht auf die sehr umfassende Untersuchung der beiden Forscher Betsey Stevenson und Justin Wolfers, Assistenzprofessoren an der Warthon School der University of Pennsylvania, zurück. Diese hatten für ihre Untersuchung sechs internationale Statistiken ausgewertet, unter anderem den *United States General Social Survey* seit 1972, das *International Social Survey Program* und das *Eurobarometer* seit 1973.

ihrer weiblichen Natur und ihr quasi widernatürliches Verhalten sei die Ursache allen Übels.

Man kennt das. Doch beides sind in erster Linie extreme Positionen und so richtig überzeugend ist keine von beiden. Natürlich sind auch das Auseinanderbrechen der Familien und die Zunahme der alleinigen Erziehung ein wahrscheinlicher Grund für die steigende Tendenz zum Unglücklichsein der Frauen. Allerdings offenbart die Studie auch, dass beispielsweise in den USA hispanische Frauen, die relativ gesehen sehr viel öfter alleinerziehend sind, ebenso glücklich bzw. unglücklich sind wie reiche, weiße Ostküstenbewohnerinnen in funktionierenden Beziehungen. Und das finde ich bemerkenswert. Glück und Zufriedenheit scheinen also weder in traditionellen Geschlechterrollen noch in mehr Chancengleichheit zu liegen. Nur wo dann?

Eckhart von Hirschhausen, Arzt, Kabarettist und Autor des Bestsellers *Glück kommt selten allein* behauptet: »Mit einfachen Glücksrezepten ist es wie mit Diäten oder Erkältungsmitteln: Gäbe es ein gutes Rezept für alle – es hätte sich längst herumgesprochen.«

Glück lässt sich aber seiner Meinung nach nicht auf *die eine* richtige Formel bringen. Und deshalb gibt es auch kein allgemeingültiges Rezept.

Die Frage, ob eine Frau ihre Erfüllung eher in ihrer Karriere, in ihrer Doppelfunktion als berufstätige Frau und Mutter oder im ganz privaten Mutterdasein finden kann, ist so individuell wie jede einzelne von uns. Gemeinsam ist aber allen Frauen, dass sie ihr Glück und ihre Zufriedenheit nur in einem Lebensentwurf finden können, wenn sie sich auch im Nachhinein mit der einmal getroffenen Wahl arrangieren können. Dazu braucht es die nötige Selbstverständlichkeit und innere Unabhängigkeit, mit der Frauen genau das Leben leben können, das sie selbst für richtig halten. Und dieses Selbstverständnis ist umso stabiler, je weniger es von medialen Trends und gesellschaftlichen Idealen geleitet ist.

Die *Süddeutsche Zeitung* brachte vor einiger Zeit eine Serie über Doppelkarrierepaare, und zwar Eltern, die beide bis zu 80 Stunden die Woche arbeiten. Diese sind sich durchaus bewusst, dass sie einen hohen Preis für ihr Lebensmodell zahlen – teils in Form von kostspieliger Kinderbetreuung und Haushaltshilfen, teils in Form von permanenter Zeitnot. Und trotzdem wirkten die dort porträtierten Paare allesamt erstaunlich zufrieden.[47]

Auf die Frage, ob sie ein entspanntes Familienleben hätten, antworten die Doppelkarrierepaare in der Regel mit: »Entspannt vielleicht nicht gerade, aber befriedigend.« Oder: »Mag sein, dass unser Familienleben tatsächlich nicht durch Entspannung geprägt ist. Gerade der klassische Samstag ist ein Tag, an dem lange To-do-Listen abgearbeitet werden müssen. Aber ich denke, Entspannung ist auch nicht das Wichtigste. Viel wichtiger ist, ob eine Familie mit ihrem Modell zufrieden ist. Und das sind wir.«

Der Anspruch dieser Eltern, die meist in Banken, Unternehmensberatungsfirmen oder Versicherungen ganz oben angekommen sind, ist deutlich: Sie wollen mindestens ein Kind und zwei Karrieren. Was aber genauso deutlich scheint: Solche Paare lassen sich ihr Lebensmodell und ihr Selbstbild nicht von außen diktieren. Und daraus schöpfen sie ganz offensichtlich ihr Glück und ihre Zufriedenheit.

Auch die 40-jährige Claudia Böhm, die ihren Zwölfstundentag in einer großen Pariser Internetagentur eingetauscht hat gegen

---

47 Felix Berth, »Kinder, Küche, zwei Karrieren« in: *Süddeutsche Zeitung* vom 15.05.2008

den 400 Jahre alten Bauernhof in der Lüneburger Heide, hat dort offenbar ihr ganz privates Glück gefunden. Statt weiter an ihrem Aufstieg in die Geschäftsleitung zu arbeiten, wagte sie den beruflichen Neuanfang mit Kräuterzusatzfutter für Pferde und Hunde von ihrem 5000 Quadratmeter großen Landidyll aus.[48] Sie hat sich, wie viele Frauen, bewusst gegen steile Karriere und für persönliche Selbstverwirklichung entschieden. Weil Frauen häufig nicht nur der Beruf, sondern auch Freunde und Familie wichtig sind. Weil Frauen arbeiten wollen, aber oftmals weniger darauf fixiert sind. Darin unterscheiden sich Frauen in der Regel von Männern, deren Lebensplanung meist eindeutiger auf Karriere ausgerichtet ist und deren Vorstellungen insgesamt homogener sind. Um nicht zu sagen eindimensional.

»Frauen machen so etwas«, behaupten die Autoren der *Stern*-Titelgeschichte »Karriere: Das tue ich mir nicht an!«. Sie stellen sich die Frage, ob sich der Zwölfstundentag in der Agentur wirklich lohnt, und entscheiden sich dagegen, wenn die Bilanz negativ ausfällt. Sie sind in ihrer Lebensplanung mehrheitlich Optionalisten. Sie versuchen, Familie und Job irgendwie zu verbinden, fragen sich aber immer wieder: Was ist mir wirklich wichtig? Bin ich glücklich? Lohnt sich der Einsatz? Und schließlich sind sie eher bereit, die 60-Stunden-Woche, den Dauerstress und die Konkurrenzkämpfe im Job in Frage zu stellen und nach persönlicher Selbstverwirklichung zu suchen. Freunde, Familie, gesellschaftliches Umfeld – das hat für Frauen mitunter einen höheren Stellenwert als für Männer. Und am Ende zählt allein, von welchem Lebensmodell sich Frauen mehr Glück und Zufriedenheit versprechen.

---

48 Catrin Boldebuck und Doris Schneyink, »Karriere. Das tue ich mir nicht an!« in: *Stern* vom 30. 09. 2010

So ist es vermutlich auch der 35-jährigen Zahnarztgattin ergangen, die, ohne mit der Wimper zu zucken, mit der ersten Schwangerschaft ihr Sprachenstudium hingeworfen und heute mit ihrem Mann einen halben Kindergarten zu Hause hat. Das Leben ist vielleicht anders gekommen, als sie sich das zu Beginn ihres Studiums gedacht hätte. Und ohne VW-Bus ist der Familienalltag heute kaum mehr zu meistern. Dennoch hadert diese Frau nicht grundsätzlich mit ihrer Entscheidung. Den Vorstandsposten im DAX-Unternehmen hat sie schlichtweg nie gewollt.

Was all diese Frauen gemein haben, auch wenn ihre Lebensentwürfe unterschiedlicher nicht sein könnten, ist, dass sie sich vergleichsweise unabhängig von medialen Vorgaben und gängigen Glücksversprechen ihren eigenen Lebensweg gesucht haben. Der mag in den Augen mancher nicht perfekt sein – aber zumindest selbst gewählt.

Feministinnen und Feuilletonisten liegen ganz einfach falsch mit ihrer Vorstellung, das Glück der Frauen ließe sich mit dem vielfältigen Instrumentarium der heutigen Personal-, Sozial-, Arbeitsmarkt- und Steuerpolitik schon irgendwie zurechtzimmern. Aber weder Herdprämie noch Frauenförderpläne garantieren ein glückliches Leben. Die Vorzeige-Powerfrau in leitender Position eines Großunternehmens, der beruflich alle Wege offenstehen, die aber der Karriere zuliebe auf Kinder verzichtet hat, kann genauso kreuzunglücklich und überfordert sein wie die dreifache Mutter, die den ganzen Tag zu Hause ist und ihrem Mann mit einem kompletten Support-Programm den Rücken frei hält, sprich den Haushalt schmeißt, die Kinder versorgt und hin und wieder bei ihm im Büro aushilft, obwohl sie sich eigentlich lieber selbst beruflich verwirklicht hätte. An gläsernen Decken oder fehlenden Krippenplätzen scheitern diese Frauen nicht, sondern daran, dass sie im Leben nicht das verwirklichen konnten, was sie sich eigentlich gewünscht haben.

Jahrelang ist den Frauen erzählt worden: Ihr könnt alles machen, was ihr wollt. Aber viele haben dabei vergessen, sich zu fragen: Was will ich eigentlich? Die neue Freiheit und die vielfältigen Optionen schaffen natürlich eine gewisse Verpflichtung, sich diese Frage immer wieder neu zu stellen. Und weil Frauen, was ihre Vorstellungen angeht, in der Regel weniger eindimensional sind als Männer, die mitunter viel eindeutiger auf berufliche Karriere und materielle Sicherheit programmiert sind, müssen sie leider feststellen, dass auch Frauenförderpläne und Telearbeitsplätze nicht wirklich glücklich machen.

Im Gegenteil, der enorme Druck, immer alles richtig machen zu müssen und Job, Karriere, Familie, Freunde und Beziehung perfekt unter einen Hut zu bringen, lastet noch viel stärker auf den Frauen als auf den Männern. Das liegt nicht zuletzt daran, dass der emanzipierte Status so mancher Ausnahmekarrierefrau in der Öffentlichkeit derart inszeniert wird, dass Frauen generell unter dem Eindruck stehen, sich diese »Supermütter« und »Powerfrauen« zum Vorbild machen zu müssen. Indem irgendwelche Experten, Meinungsmacher und Moralapostel aber erklären, das Wichtigste im Leben einer Frau sei, Karriere zu machen, haben sie ein absurdes Frauenbild geschaffen, dem eine normale Frau heute kaum noch gerecht werden kann. Egal welche Frauenzeitschrift man aufschlägt, dort geht es immer nur darum, dem Bild der emanzipierten Karrierepowerfrau zu entsprechen – immer perfekt gestylt, top im Job und erfolgreich in jeder Hinsicht. Heldinnen des Alltags dank perfekter Selbstoptimierung. Dass da noch keiner stutzig geworden ist? Das Problem daran: Perfektionismus allein schafft noch lange kein emotionales Gleichgewicht. Von Glück und Zufriedenheit ganz zu schweigen.

Das Unglück der Frauen

Kommen wir noch mal auf die hispanischen Frauen zu sprechen, also die, die der Untersuchung amerikanischer Ökonomen zufolge zwar öfters alleinerziehend und auf finanzielle Unterstützung angewiesen sind, aber deswegen nicht mehr oder weniger glücklich als ihre wohl situierten Geschlechtsgenossinnen an der Ostküste, die in Beziehungen leben und deutlich bessere Chancen auf dem Arbeitsmarkt haben. Natürlich können wir nur darüber spekulieren, was diese Frauen denn relativ gesehen glücklicher macht. Aber wagen wir doch mal eine Annäherung:

Auffallend ist, dass die Zufriedenheit der befragten Frauen offenbar nicht mit einer Verbesserung objektiver Indikatoren, also der Emanzipation am Arbeitsmarkt oder im Privaten einhergeht. Das ist nicht nur erstaunlich, sondern auch keine allzu gute Bilanz für die Frauenbewegung – versprach die doch, dass mit der neuen Freiheit und der Gleichstellung der Frau auch die Zufriedenheit zunehmen würde.[49]

Dem ist allerdings nicht so. Noch zu Beginn ihres Erwachsenenlebens sind Frauen zwar im Schnitt glücklicher als Männer, doch mit zunehmendem Alter nimmt ihre Zufriedenheit immer mehr ab – während die der Männer konstant steigt. Mit 39 Jahren sind Männer beispielsweise mit ihrer Ehe bereits glücklicher als Frauen, mit 41 sind Männer mit ihrer finanziellen Situation zufriedener und mit 44 Jahren, was ihren Besitz insgesamt betrifft. Spätestens mit 48 Jahren haben die Männer

---

49 Betty Friedan veröffentlichte 1963 ihr Buch *The Feminine Mystique* und begründete damit die moderne Frauenbewegung. Ihre These: Frauen seien in traditionellen Ehen gefangen und Hausarbeit im sicher versorgten Heim mache die Frauen tendenziell unglücklich.

die Frauen an Zufriedenheit in jeder Hinsicht überholt, und die Glückskurve der Männer steigt weiter bis ins hohe Alter. Das Glücksempfinden der Frauen dagegen sinkt kontinuierlich. Laut Weltgesundheitsorganisation WHO leiden doppelt so viele Frauen wie Männer an Depressionen. Nicht von ungefähr, so schreibt die SZ-Redakteurin Petra Steinberger, richten sich zwei Drittel aller Anzeigen der Pharmaziebranche gezielt an Frauen.[50]

Mit gleichberechtigten Chancen auf dem Arbeitsmarkt oder der gerechten Aufteilung von Haushalt und Versorgung der Kinder zu Hause hat das Glück der Frauen nicht immer viel zu tun. Das individuelle Glück aus den objektiven Lebensbedingungen eines Menschen abzuleiten, führt offenbar zu keinem brauchbaren Ergebnis.

Guckt man sich die Realität genauer an, stellt man fest, dass Männer ab einem Alter von 34 Jahren statistisch gesehen öfter verheiratet sind als Frauen und diese Schere im Alter immer weiter auseinandergeht. Je älter Männer werden, desto sicherer stehen sie auch finanziell da. Bei Frauen läuft das oft genau andersherum: Sie haben mit zunehmendem Alter auf dem Arbeitsmarkt schlechtere Chancen, sie verlieren schneller ihre Jobs, ihr Einkommen steigt kaum noch oder gar nicht mehr, die Scheidungen nehmen zu und immer mehr Mütter sind alleinerziehend.

Fazit: Glück definiert sich offenbar maßgeblich durch die beiden Kriterien materielle Sicherheit und Familie. Zumindest für die Männer, die in ihren Einstellungen und Erwartungen nun mal ungleich homogener sind als Frauen. Und so nähert sich die Situation der Männer mit zunehmendem Altern auch rein

---

50 Petra Steinberger, »Das Unglück der Frauen: Ganz schön traurig« in: *Süddeutsche Zeitung* vom 11. 10. 2009

zahlenmäßig immer mehr ihren Erwartungen an, wohingegen Frauen sich vergleichsweise mehr davon wegbewegen.

Nur wie war das jetzt noch mal mit den hispanischen Frauen, die ebenfalls mit Scheidungen, alleinigem Sorgerecht und geringem Einkommen zu kämpfen haben?

Natürlich kann man eine Diskussion über das Glück der Frauen nicht führen, ohne auf den Zusammenhang hinzuweisen, dass die Ansprüche der Frauen offenbar schneller gestiegen sind, als dass sich ihre tatsächliche Situation gebessert hätte. Eine größere Gleichheit zwischen Männern und Frauen kann eben auch dazu führen, dass Frauen nicht mehr nur den Lebensstandard ihrer Geschlechtsgenossinnen, sondern auch den erfolgreicher Männer zum Maßstab nehmen. So gesehen ist es durchaus möglich, dass ausgerechnet die Frauenbewegung der vergangenen Jahrzehnte mit dazu beigetragen hat, dass Frauen heute zwar de facto emanzipierter, erfolgreicher und auch wirtschaftlich besser gestellt sind, aber dennoch weniger glücklich sind.

Amerikanische Studien haben außerdem gezeigt, dass sich Frauen mit feministischen Idealen mit dem Glücklichsein auch in der Ehe schwerer tun als verheiratete Frauen mit traditionelleren Ansichten. Und das nicht, weil ihre Ehen tatsächlich schlechter laufen würden, sondern weil diese Frauen mehr Ansprüche haben, weil sie viel mehr in Frage stellen (auch sich selbst) und weil sie jeden Rückschlag genau registrieren.[51] Das ist an sich keineswegs negativ. Und die gestiegenen Ansprüche der Frauen sind ja nun wirklich mehr als berechtigt. Schließlich will kein Mensch den Muff der 50er Jahre zurück. Es zeigt nur, so Petra Steinberger, dass Freiheit und Glück einander nicht zwangsläufig bedin-

---

51 Wissenschaftler an der Universität von Virginia in Charlottesville sind dieser Frage nachgegangen und zu ebendiesem Ergebnis gekommen.

gen. Und auch die beste feministische Utopie das Glück und die Zufriedenheit der Frauen nicht garantieren kann.

Tatsache ist: Das wachsende Gefühl des Unglücklichseins gilt für alle Frauen. Und zwar für die, die Vollzeit arbeiten, und die, die daheim bleiben. Für verheiratete Frauen und für Singles. Für gut ausgebildete und weniger gut ausgebildete Frauen. Für Frauen ohne Kinder, für Frauen mit einem, mit zwei oder noch mehr Kindern. Der Abwärtstrend des Glücksgefühls, das haben internationale Untersuchungen gezeigt, gilt durchweg für alle Frauen in allen industrialisierten Ländern.

Und dennoch gibt es Unterschiede. Und die liegen meiner Meinung nach in der Souveränität und inneren Unabhängigkeit begründet, mit der sich manche Frauen für den ein oder anderen Lebensweg entscheiden. Anderen fehlt diese innere Unabhängigkeit und Souveränität. Und das hat in erster Linie mit einem emanzipierten Selbstverständnis als Frau zu tun. Aber auch mit unterschiedlichen kulturellen Prägungen.

Wenn man sich noch mal die Zahlen der genannten Studie vornimmt, so haben die hispanischen Frauen ganz offensichtlich ein größeres Talent, sich dem Unglücklichsein zu entziehen – und das, obwohl auch sie mit dem täglichen Balanceakt zwischen Kindern und Karriere und der versteckten Diskriminierung am Arbeitsplatz zu kämpfen haben. Vermutlich erfahren Sie aber als berufstätige Frau und Mutter in Ihrem Umfeld eine ganz andere Wertschätzung. Und das ist nicht ganz unwichtig, weiß man doch, dass sich die eigene Gefühlswelt zu einem nicht unerheblichen Teil durch die direkte gesellschaftliche Umgebung definiert.

So wie in den 50er Jahren das Modell Hausfrau »völlig in Ordnung« und akzeptiert war, wie Petra Steinberger schreibt, ist es in hispanischen Gemeinschaften anscheinend völlig normal und ganz einfach selbstverständlich, arbeiten zu gehen und Kinder zu bekommen, ohne sich dafür rechtfertigen zu müssen. Ohne einem perfektionistischen Ideal entsprechen zu müssen. Und ohne dafür als Heldin und Superfrau stilisiert zu werden.

In anderen Sprachen gibt es weder den Begriff der »Rabenmutter« noch den der »Übermutter«. In anderen kulturellen Kontexten werden Frauen auch nicht von den Medien zu Heldinnen des Alltags, Ikonen der Emanzipationsbewegung, Powerfrauen und Supermuttis hochgejubelt. Es sind ganz einfach Frauen, die Kinder haben und einer geregelten Beschäftigung nachgehen. Sie tun das mit einer größeren Selbstverständlichkeit und einem ganz anderen Selbstverständnis. Und das könnte das größere Glück mancher Frauen im Vergleich zu anderen durchaus erklären.

Und nun? Wie kommen wir aus diesem deutschen Schlamassel wieder heraus? Ich hätte da ein paar Vorschläge …

Das Geheimnis der Diva

Machen wir einen kleinen Umweg und kommen auf das Thema Diva zu sprechen. Lassen Sie sich ruhig mal drauf ein. Bemühen Sie Ihre Phantasie, und beginnen wir mit den absoluten Klischees.

Eine echte Diva, wie Elena Bates sie in *Viva la Diva!* beschreibt, ist es satt, ein Leben zu führen, das sich nach den Erwartungen anderer richtet. Sie ist smart, sexy und unerschrocken, gerne auch ein bisschen laut und schrill. Auf jeden Fall macht sie den Eindruck, als ob sie sich in ihrer Haut ausgesprochen wohl fühlt. Und ein bisschen hat es sogar den Anschein, als ob die Diva das Geheimnis von Lebensfreude, Freiheit und Leidenschaft für sich entdeckt hätte.

Eine waschechte Diva ist immer ein bisschen frivol. Sie lacht schallend und trägt gerne provokant hohe Schuhe. Erinnert sich noch jemand an die platinblonde Hollywood-Sirene Mae West? Sie war bekannt für ihr loses Mundwerk. Von ihr stammt der legendäre Spruch: »Is that a gun in your pocket, or are you just glad to see me?« Mae West verstand es wie keine andere, das prüde Amerika der 30er Jahre zu schocken, und sei es nur mit ihrer Vorliebe, auch auf der Leinwand ganz offensichtlich keinen BH zu tragen. So gesehen eigentlich eine echte Vorreiterin der späteren Emanzipationsbewegung. Und ja, auf jeden Fall eine echte Diva. Auch Mae West war stets ein bisschen zu laut, zu üppig und zu schrill, dabei aber immer sehr sexy und sehr glamourös – und nicht zuletzt mit ihrer provozierenden »Hoppla, hier komm ich«-Attitüde ungeheuer erfolgreich.

Neben einer auffallenden Erscheinung ist eine echte Diva aber auch eine Frau, die es irgendwie geschafft hat, die äußeren Hürden und inneren Blockaden zu überwinden, die andere daran hindern, für das Leben offen zu sein und die Dinge so zu nehmen, wie sie kommen. Die Diva hat vielleicht rechtzeitig bemerkt, dass ihr angesichts der zahllosen Pflichten und Anforderungen, die sie sich im Laufe der Jahre aufgebürdet hatte, so nach und nach ihre Lebensfreude abhandengekommen war. Und daher hat sie sich verpflichtet, sich in Zukunft mehr Aufmerksamkeit zu schenken und Verantwortung für sich selbst zu übernehmen. Sie hat sich verpflichtet, nein zu sagen, wenn mal wieder ein Posten in der Elterninitiative zu vergeben war, das dreckige Geschirr zum wiederholten Male an ihr hängen bleiben sollte oder die Papierstapel im Büro beseitigt werden mussten. Sie hat sich verpflichtet, eine Pause einzulegen und etwas zu tun, was ihr Spaß macht und Entspannung verspricht, wenn sie sich frustriert, überfordert, festgefahren oder gelangweilt fühlt.

Dieser Sinneswandel kam leise und unbemerkt. Aber je mehr die Diva sich auf ihre starken, glamourösen und selbstbestimmten Eigenschaften besann, desto mehr gewann ihre Veränderung an Schwung. Heute sprüht sie nur so vor Lebensfreude, Souveränität und Sexappeal.

Das wird Ihnen an dieser Stelle jetzt aber entschieden zu blumig? Und die Sache mit dem Sexappeal ohnehin nicht so ganz geheuer? Sie sind Akademikerin Ende 30 und haben ganz andere Sorgen, als eine lächerliche Kinder & Karriere-Sexyness aufzusetzen oder die pralle Lebensfreude einer Diva zur Schau zu stellen? Sie sind alleinerziehende Mutter, voll berufstätig und am Abend regelmäßig so zerschossen, dass ich Ihnen mit Glamour und Sexappeal ohnehin nicht zu kommen brauche? Dachte ich mir schon.

Was Sie dafür allzu gut kennen, ist das Gefühl der inneren Leere, das sich am Ende einer 40-Stunden-Woche und trubeligem Alltag mit Kindern in Ihnen breit macht; das Gefühl, ein Leben angefüllt mit alltäglichen, zur Routine erstarrten Pflichten zu führen. Sie kennen den täglichen Balanceakt zwischen Kind und Karriere, die versteckten Diskriminierungen am Arbeitsplatz und den mühsamen Wiedereinstieg nach der Babypause? Von Spaß und Leidenschaft keine Spur?

Auch das habe ich befürchtet.

Und überhaupt, die Diva ist Ihnen nicht sonderlich sympathisch. Zu bunt. Zu schrill. Zu exaltiert.

Verstehe.

Nur solche Eigenschaften wie Stärke und Selbstbestimmtheit, das hat Ihnen irgendwie gefallen. Auch die Sache mit der Lebensfreude war nicht ganz verkehrt. So würden Sie sich eigentlich auch ganz gerne sehen.

Nun gut, dann werden wir mal etwas konkreter.

Nehmen wir Angela Merkel. Pralle Lebensfreude und Sexappeal wurden ihr vermutlich noch nie nachgesagt. Stärke und Selbstbestimmtheit allerdings schon. Sie waren schon immer beeindruckt von der stillen Hartnäckigkeit, mit der Frau Merkel um ihre Ziele kämpft? Eigenschaften wie Aggressivität, Dominanz und Macht finden Sie zwar ein bisschen unweiblich, gehören aber offenbar dazu, wenn man es so weit bringen will? Das, so finden Sie, verdient auf jeden Fall Respekt.

Geht mir genauso. Ich merke, mit diesem Frauenbild können Sie schon etwas mehr anfangen?

Nun, was aber sowohl die Diva als auch die Bundeskanzlerin gemein haben, und das, obwohl sie unterschiedlicher nicht sein könnten, ist, dass beide eine gehörige Portion Egoismus an den Tag legen, um im Leben ihre eigenen Ziele zu verfolgen. Ein Egoismus, ohne den extreme Leistungen, wie berufliche Spitzenpositionen oder die Doppelbelastung von Kind und Karriere, nun mal nicht zu haben sind. Ein Egoismus, der weniger mit Rücksichtslosigkeit, sondern viel mehr mit Aufmerksamkeit und Verantwortung sich selbst gegenüber zu tun hat. Ein Egoismus im Sinne von Durchsetzungsvermögen und Hartnäckigkeit. Sowohl der Diva als auch Frau Merkel sind gleichermaßen der Mut zu eigen, sich hinzustellen und zu sagen: Hallo, hier bin ich! Und dort will ich unbedingt hin.

Frau Merkel verkörpert ganz klar den Typ maskuline Karrierefrau, die Diva dagegen strotzt nur so vor Weiblichkeit und Sexappeal. Frauen wie die Bundeskanzlerin haben das auf ihrem Karriereweg schlichtweg nicht gebraucht. Sie hat sich auch so durchgesetzt. Und nun hält sie es wie die meisten Frauen, die es auch so ganz nach oben geschafft haben: Weil sie persönlich gut damit gefahren ist, ihr Frausein gerade nicht zu betonen, vermeidet sie es auch weiterhin, sich besonders weiblich in Szene zu setzen. Das ist aber auch der einzige Unterschied.

Viel offensichtlicher eine Diva ist da natürlich Jennifer Lopez.

Sie mimt bei jeder Gelegenheit die sexy Latina. Sie gibt sich glamourös, zickig und süchtig nach Aufmerksamkeit. Die Schauspielerin, Tänzerin und Sängerin hat aber nicht nur jede Menge Talent, sondern ist offenbar auch eine knallharte Geschäftsfrau. Sie kennt ihr Image und macht damit gutes Geld. Und sie hat den Mut und den unbedingten Willen, ihre Ziele konsequent zu verfolgen.

Aber auch die Bundeskanzlerin ist eine Diva. Oder können Sie sich Frau Merkel vorstellen, fragt die Medienjournalistin Kathrin Wilkens, wie sie in die Kabinettsrunde hineinruft: »Ach, der Kaffee ist noch nicht da. Warten Sie, ich koche den schnell«?[52] Eine Diva tut so etwas nicht. Viele andere Frauen schon. Aus falsch verstandener Hilfsbereitschaft. Aus bloßem Reflex. Um den Erwartungen anderer zu entsprechen. Frau Merkel mit Sicherheit nicht. Sie hat genügend Egoismus, Entschlossenheit und Machtbewusstsein, um genau das nicht zu tun und sich auf ihre Ziele zu konzentrieren. Sie ist eine echte Diva.

Oder nehmen wir andere erfolgreiche Frauen, zum Beispiel Ursula von der Leyen. Oft gesehen mit Haarreif und Perlenkette. An Weiblichkeit mangelt es ihr wohl kaum, man denke nur an die sieben Kinder. Sie hat nicht mal ein Problem damit, zuzugeben, dass sie privat »Röschen« genannt wird. Warum auch? Besitzt sie doch gleichzeitig jede Menge Durchsetzungsvermögen, Hartnäckigkeit und eisernen Willen. Auch sie, ganz klar, eine Diva.

Verona Pooth gibt sich natürlich betont weiblich und ist damit erfolgreich. Zumindest deutlich erfolgreicher als ihr in Insolvenz geratener Ehemann. Selbstverständlich ist sie eine Diva,

52 Kathrin Wilkens, »Gefangen in der Freundlichkeitsfalle: Zeigt Zähne!« in: *Frankfurter Allgemeine Hochschulanzeiger* vom 06.04.2008

und das vor allem deshalb, weil auch sie ihr Image genau kennt und dieses überaus erfolgreich als Geschäftsidee zu vermarkten weiß. Mit Zielstrebigkeit, Ausdauer und einem unbedingten Willen zum Erfolg.

Warum all diese Frauen nicht zufällig da sind, wo sie immer hinwollten, liegt vermutlich auch daran, dass sie sich im entscheidenden Moment geweigert haben, Kaffee zu kochen. Weil sie gelernt haben, nein zu sagen. Weil sie sich angesichts der täglichen Anforderungen, die das Leben an sie stellt, auf das Wesentliche konzentriert und sich unnötigen Pflichten verweigert haben. Weil sie sich durch Hartnäckigkeit, Entschlossenheit und Zielstrebigkeit auszeichnen. Weil sie Aufmerksamkeit und Verantwortung für sich selbst übernehmen. Weil sie ihren eigenen Willen zeigen und sich dabei nicht an den Erwartungen anderer orientieren. Das macht eine echte Diva aus.

Und, haben Sie sich jetzt mit dem Begriff der Diva einigermaßen versöhnt? Wenn ja, dann verrate ich Ihnen noch ein paar weitere, durchaus erfolgreiche Diva-Strategien …

Erfolgreiche Diva-Strategien

Heute, wo nahezu jede Frauenzeitschrift mit Slogans wie »smart, stark, sexy« um Leserinnen wirbt, um den Frauen dann doch wieder nur mit ihren ewigen Styling- und Diättipps den nötigen Perfektionismus zu verordnen, wollen wir an dieser Stelle einmal klarstellen, was echtes Diventum überhaupt bedeutet. Statt ein diffuses Gefühl weiblicher Unzulänglichkeit zu schüren, wollen wir doch mal sehen, ob nicht ein Hauch von Diva in jeder von uns steckt.

1. Zähne zeigen

Bei der Diva-Taktik geht es nicht darum, mit ein bisschen Sexyness und zur Schau gestellten Lebensfreude jede Ungerechtigkeit hinzunehmen, sich mit dem täglichen Balanceakt abzufinden oder Probleme einfach wegzulächeln. Eine echte Diva zeichnet sich durch eine gesunde Portion Egoismus und Aggressivität aus, die ganz und gar nicht unweiblich, sondern im Gegenteil sogar sehr frauentypisch ausgelebt werden kann. Die Diva zeigt Zähne. Im Job. In der Partnerschaft. Im Alltag.

Zähne zeigen heißt aber nicht, rücksichtslos nur noch die eigenen Interessen zu verfolgen. Eine echte Diva verliert auch die Bedürfnisse und Belange der anderen Seite nicht aus dem Blick und zeigt sich gegenüber ihrem Unternehmen oder dem Partner durchaus kompromissbereit. Allerdings hat sie gelernt, ihre eigenen Interessen offensiv zu vertreten und ihre Ansprüche selbstbewusst einzufordern. Und das geht nun mal nicht ohne eine gesunde Portion Egoismus und Aggressivität.

Auch wenn Aggressivität, Dominanz und Machtbewusstsein von so manchen Geschlechtsgenossinnen als unweiblich empfunden werden und sich viele Frauen daher im Alltag lieber nett, brav und angepasst zeigen, ist es doch ganz und gar nicht unweiblich, Stärke und Selbstbewusstsein zu demonstrieren – egal ob im Büro oder zu Hause. Wer im Job oder privat lieber auf Kleinmädchenposen und scheuen Rehblick setzt, wird schnell merken, dass man nicht ernst genommen wird. Wer stets darauf bedacht ist, ja nicht als Alice-Schwarzer-Karikatur durchzugehen und stattdessen lieber konsequent einen vermeintlich weiblichen Kuschelkurs fährt, der verwechselt Kompromissfähigkeit mit Angepasstheit. Und mit emanzipierter Weiblichkeit hat das dann sowieso nichts mehr zu tun.

Machtbewusstsein und Souveränität sind weder männlich noch

weiblich. Im Gegenteil, mit Mut und Entschlossenheit für die eigene Sache einzutreten und die eigenen Interessen einzufordern ist das eigentliche Credo einer Diva, einer Frau, die frühzeitig gelernt hat, bei Bedarf auch mal Zähne zu zeigen.

Übung 35:

Auch das Zähnezeigen will natürlich geübt sein. Vielleicht will Ihre Krankenkasse diese oder jene Vorsorgeuntersuchung nicht übernehmen und redet sich lapidar mit irgendwelchen gesetzlichen Vorschriften raus, wobei es sich ganz klar um eine reine Kulanzfrage handelt. Fechten Sie das ruhig einmal aus. Lassen Sie sich nicht von der freundlichen Dame am Servicetelefon abwimmeln, sondern verlangen Sie nach dem Abteilungsleiter(in). Ein anderes, wenn auch meist unfreiwilliges Übungsfeld bietet jedes beliebige Telekommunikationsunternehmen. Ständig werden auf Ihrer Handyrechnung irgendwelche Tarife dazugebucht oder gänzlich fremde Nummern abgerechnet. Das hat nicht selten Methode. Wenn Sie so etwas entdecken, nehmen Sie sich einmal den Verkäufer im nächstbesten Vodafone-, o2- oder T-Mobile-Laden persönlich vor und gehen Sie erst dann wieder, wenn die Angelegenheit in Ihrem Sinne bereinigt ist. Zeigen Sie Zähne. Und setzen Sie sich durch.

Bleiben Sie dabei aber ruhig betont freundlich. Von mir aus lächeln Sie auch, wenn Sie wollen. Man kann widerspenstiges Servicepersonal auch mit Freundlichkeit überschütten, um am Ende doch genau das zu bekommen, was man will. Probieren Sie es aus. Maskuline Drohgebärden sind in der Regel völlig überflüssig.

2. Perfektionsstreben abstreifen

Diventum bedeutet zunächst einmal, sich von allzu hohen Erwartungen zu befreien – sowohl von den eigenen als auch den Vorstellungen anderer. Denn die Erwartungen, an denen wir alltäglich scheitern, entspringen ja vor allem der Zwangsvorstellung, wir müssten ein perfektes Leben führen. Nur das hindert uns in den allermeisten Fällen daran, genau das zu haben, zu tun und zu sein, was wir wirklich wollen. Auf der Karriereleiter ganz oben mit Ende 20? Verheiratet mit 30? Kinder mit Mitte 30? Finanziell ausgesorgt spätestens mit Mitte 40? Wer sich stets an unerfüllten Erwartungen misst, wird zwangsläufig enttäuscht und unzufrieden, wütend und getrieben.

Es geht aber keineswegs darum, die eigene Erwartungshaltung in Zukunft zurückzuschrauben oder grundsätzlich in Frage zu stellen. Es geht auch nicht darum, persönliche Ziele aufzugeben, sondern im Gegenteil, das, was einem wichtig ist, sogar noch engagierter zu verfolgen. Aber jede Diva sollte die Ziele von ihrer Liste streichen, die sich an den Erwartungen anderer orientieren und die man unreflektiert verinnerlicht hat. Denn je mehr wir uns darum bemühen, bestimmten Ansprüchen zu genügen oder fremden Erwartungen zu entsprechen, desto mehr wird uns unsere Zufriedenheit und Lebensfreude verloren gehen.

Glück und Zufriedenheit stellen sich nur dann ein, wenn wir bereit sind, die eigenen Leistungen und Erfolge auch wirklich anzuerkennen. Als erster Schritt auf diesem Weg ist es daher wichtig, eine innere Verpflichtung gegenüber sich selbst einzugehen, im Leben immer nur genau das zu machen, was ich selbst für richtig halte und was ich mir selbst auferlegt habe. Also muss ich mir immer wieder von neuem die Frage stellen: Sehe ich meine Aufgaben im Leben als reine Pflichterfüllung an? Versuche ich es anderen recht zu machen und in den Augen anderer gut dazustehen? Oder ist mir das, was ich mache, eine innere Verpflichtung, der ich engagiert und mit Freude nachkomme? Das ist ein bedeutender Unterschied. Denn die bloßen Pflichten sind oftmals die eigentlichen Hürden auf unserem Weg, das Leben zu genießen und die eigenen Träume zu verwirklichen. Der Weg zum Glück liegt darin, ein selbstbestimmtes Leben zu führen und nach eigenen Regeln zu leben. »Eine Diva weiß genau, was sie sich schuldig ist« schreibt Carilyn Vaile in *Viva la Diva!* Sie hat ihre eigenen Regeln und sie bleibt ihren Prinzipien treu. Das, was sie tut, ist ihr eine innere Verpflichtung. Sie hat im Leben genau das für sich entdeckt, was ihr die nötige Inspiration, Anerkennung und Bestätigung verspricht. In allem, was sie tut, orientiert sie sich nicht an irgendwelchen Glückversprechungen, sondern ihr Denken und Handeln ist immer Ausdruck ihrer eigenen Persönlichkeit und Individualität. Und genau daraus speist sie ihr Selbstwertgefühl.

Übung 36:

Wer nicht genau weiß, was er sich schuldig ist, für den wird es höchste Zeit, einfach mal aus dem Alltagstrott auszubrechen und neue Dimensionen und Einsichten zu gewinnen. Nur so können Sie herausfinden, was Ihnen im Leben wirklich wichtig ist. Buchen Sie ein Wellness-Wochenende. Machen Sie eine Städtetour. Setzen Sie sich ins Straßencafé. Überqueren Sie den Pazifik mit einem Segelboot. Egal was, wichtig ist nur, dass Sie den Alltag auf diese Weise hin und wieder einem kleinen Realitätscheck unterziehen.

3. Tickende Zeitbomben entschärfen

Das ist ja alles schön und gut, aber Ihnen wird es an dieser Stelle doch ein bisschen zu allgemein? »Und was soll ich nun genau machen?«, denken Sie sich die ganze Zeit, während Sie diese Zeilen lesen. Nun gut, werden wir etwas konkreter.

Jeder kennt das: Morgens ist plötzlich keine Milch mehr im Kühlschrank, der Kaffee bleibt schwarz und der Tag ist damit sowieso schon gelaufen. Auf dem Weg zur Arbeit fährt der Bus vor uns derart langsam, dass wir mal wieder zu spät ins Büro kommen. Das Essen ist angebrannt, obwohl wir nur mal kurz unsere E-Mails checken wollten. Das Kind haben wir zwar gerade noch rechtzeitig bei der Geburtstagsfeier abgeliefert, aber das Geschenk haben wir leider mal wieder vergessen. Auf dem Rückweg fährt uns auch noch die S-Bahn direkt vor der Nase weg, so dass wir jetzt auch noch zu spät zum Arzttermin kommen …

Halt, schleichen wir uns hier nicht aus der Verantwortung. *Wir* sind diejenigen, die so knapp von zu Hause losgefahren sind, dass der trödelnde Busfahrer jetzt auch nur noch der Tropfen ist, der das Fass zum Überlaufen bringt. Genauso verhält es sich mit dem Zuspätkommen, dem vergessenen Geburtstagsgeschenk, der verpassten S-Bahn, der fehlenden Milch im Kühlschrank, dem angebrannten Essen usw. All diese Sachen sind kein Weltuntergang, aber trotzdem ärgerlich und erschweren einem den Alltag. Und sie sind vor allem reichlich überflüssig. Ist die Frustrationstoleranz ohnehin schon recht dürftig, reicht mitunter die verpasste S-Bahn, um den Tag komplett abzuhaken. Wir schimpfen wie ein Rohrspatz oder weinen erschöpfte Tränen. Nur helfen tut beides nicht.

Es ist so schön einfach, die Schuld auf andere zu schieben. Und vielleicht ist der Bus ja auch wirklich etwas langsam vor uns hergefahren. Aber wenn wir ehrlich sind, hätten wir auch etwas zeitiger von zu Hause losfahren können. Wir sind keine Opfer, den widrigen Umständen des Alltags hilflos ausgesetzt. Das Problem an verpatzten Terminen und vergessenen Einkäufen ist in 99 Prozent aller Fälle ein hausgemachtes.

Die gute Nachricht: Solche tickenden Zeitbomben lassen sich rechtzeitig entschärfen. »Wir haben selbst dafür gesorgt, dass unser Terminkalender aus allen Nähten platzt und nicht genügend Zeit bleibt, Probleme zu vermeiden oder rechtzeitig zu lösen« schreibt Maureen Crean in *Viva la Diva!* Also sollten wir auch in der Lage sein, etwas dagegen zu tun. Und dabei geht es nicht um perfektes Zeitmanagement oder sonstige Selbstoptimierung, sondern schlichtweg um etwas mehr Planung und Übersicht, um diese Mini-Sprengsätze im täglichen Leben zu entschärfen.

Übung 37:

Machen Sie doch mal Folgendes: Tragen Sie am Ende der Woche die großen und kleinen Dinge zusammen, die Sie frustriert haben. So drei, vier Punkte fallen Ihnen da spontan ein, da müssen Sie gar nicht lange überlegen? Sehr gut, jetzt haben Sie nämlich eine kleine Orientierungshilfe, die Ihnen zeigt, wo Sie Ihre Kraft unnötig vergeuden.

Übrigens eine einfache Möglichkeit, tickende Zeitbomben zu erkennen und rechtzeitig abzuwenden: Hören Sie auf Ihre Intuition. Es ist nie so, dass der Verspätungszuschlag des Finanzamtes oder der Strafzettel fürs Falschparken völlig unvermittelt ins Haus flattern. Die innere Stimme sagt uns meist genau, was wir zu tun haben. Meistens hat man ja doch eine grobe Ahnung von den Abgabefristen oder den Parkverbotszonen. Oder zumindest weiß man, dass man diese nachschauen sollte. Wer irgendwelche Termine oder Fristen nicht mehr auf dem Schirm hat, muss sich eben Zettel schreiben. Aber unmöglich ist auch das nicht. Kein Grund, irgendetwas zu verdrängen oder auf die lange Bank zu schieben. Am Ende kostet Sie das nur unnötig Energie. Und die sollten Sie sich für wichtigere Dinge aufsparen. Da fällt Ihnen doch hoffentlich was Schönes ein.

4. Vergangenes abhaken

Bedauern Sie vielleicht, dass Sie nie studiert haben? Bereuen Sie, dass Sie damals den Mann Ihrer Träume haben sausen lassen? Denken Sie immer noch an das Kleid, das Sie vor ein paar Monaten im Schaufenster gesehen, es dann aber doch nicht anprobiert haben? Hätten Sie das Jobangebot vor ein paar Jahren vielleicht doch nicht ausschlagen sollen?

Kann sein, dass Sie an Ihre Ausbildung damals ruhig noch ein Studium hätten dranhängen können. Kann sein, dass der Traummann heute einen wunderbaren Vater abgegeben hätte. Kann sein, dass Sie nie wieder ein solches Kleid finden. Kann sein, dass Sie heute schon längst in einer Führungsposition wären, wenn Sie sich damals anders entschieden hätten. Kann alles sein. Kann aber genauso gut nicht sein. Wer weiß das schon.

Vergeuden Sie keine Zeit mit Reue und Bedauern. Es bringt einfach überhaupt nichts. Aber nicht nur das, Sie machen sich auch verrückt damit. Bedauern raubt einem die Fähigkeit, die schönen Dinge zu sehen, die einem im Leben widerfahren. Bedauern ist nichts als ein Klotz am Bein, der uns daran hindert, vorwärtszukommen. Werfen Sie den alten Ballast über Bord und steuern Sie neue Ziele an. Lernen Sie aus der Erfahrung und ziehen Sie einen Schlussstrich. Nur so passieren neue und spannende Dinge. Und nur so lässt sich die Zukunft selbst gestalten.

Und überhaupt, wer sagt, dass Sie nicht noch ein Studium beginnen können, egal in welchem Alter? Wer sagt, dass Ihnen nicht noch ein ganz anderer Traummann über den Weg läuft? Wer sagt, dass Sie nicht noch ein viel besseres Kleid finden können? Wer sagt, dass Sie nicht noch beruflich umsatteln und überraschend erfolgreich sein können? Es ist nie zu spät, Versäumtes nachzuholen. Just do it.

Übung 38:

Ein schöner Tipp von Oberdiva Elena Bates: Nehmen Sie sich ein beliebiges »Was wäre wenn«- oder »Ich wünschte, ich hätte«-Szenario vor und machen Sie Nägel mit Köpfen: Wenn Sie schon immer ein Instrument erlernen wollten, kaufen Sie sich eine Gitarre. Wenn Sie schon immer der Ansicht waren, an Ihnen sei eigentlich ein geniales Kunsttalent verloren gegangen, besorgen Sie sich Pinsel und Farben und legen Sie los. Positionieren Sie die Utensilien Ihrer neuen Leidenschaft am besten so, dass Sie auch wirklich jeden Tag damit konfrontiert werden. Zweierlei Dinge können passieren: Entweder Sie kommen endlich in die Gänge. Gratuliere! Oder aber Sie stellen fest, dass Ihr Wunsch wohl nicht mehr ganz aktuell ist, die Gitarre verstaubt und die Pinsel in der Ecke landen. Na gut, dann haben Sie wenigstens das herausgefunden. Und dann gibt es auch nichts mehr zu bedauern.

5. Den Status quo verändern

Eine echte Diva zeichnet sich durch Mut und Entschlossenheit aus. Ihre treibende Kraft ist der unerschütterliche Glaube an sich selbst. Sie ist risikofreudig. Sie weiß, dass sie es schaffen kann, wenn sie sich etwas vornimmt – ganz gleich ob es darum geht, sich ein Kleid zu nähen, ein Unternehmen zu leiten oder eine Familie zu gründen. Egal ob Sieg oder Niederlage, die Diva gewinnt mit jeder Erfahrung an Stärke, Mut und Selbstvertrauen.

Suchen Sie das Risiko. Halten Sie nicht am Status quo fest. Nutzen Sie dabei Gefühle wie Unsicherheit und Angst als Orientierungshilfe – die zeigen nämlich genau dahin, wo es Hürden gibt, die es zu überwinden gilt. Im Grunde sind Ängste und Unsicherheiten unser inneres Leitsystem: Wir sollten uns nicht der Mutlosigkeit oder dem Zweifeln hingeben, die damit verbunden sind, sondern uns daran orientieren: Wo wir Unsicherheit verspüren, liegt manchmal sogar genau der Punkt, von dem aus wir beginnen sollten, Veränderungen herbeizuführen, persönliche Stärken auszubauen und neue Fertigkeiten zu erwerben. Nur so können wir das Schicksal schließlich selbst in die Hand nehmen. Aus dieser Perspektive betrachtet, können Ängste und Unsicherheiten regelrecht zur Schubkraft werden, um unserem Leben wieder eine neue Richtung zu geben. Das heißt im Klartext: Man muss im Grunde auch mal genau das tun, von dem man glaubt, man könnte es eigentlich überhaupt nicht. Genau da liegt nämlich oftmals unsere Chance.

Mir ist das auch schon so ergangen. Vor ein paar Jahren bekam ich das Angebot, ein Buch zu schreiben. Ich hatte nie zuvor geschrieben, allenfalls wissenschaftliche Texte verfasst. Das allerdings half mir in dem Fall kaum weiter. Es sollte ein Flirtbuch werden. Ich hatte keine Ahnung, ob ich das konnte oder nicht. Ich war hin- und hergerissen zwischen, »Warum nicht, schreiben kann ich doch eigentlich ganz gut?« und »Vermutlich fliege ich damit ganz fürchterlich auf die Nase«. Ich konnte mich nicht entscheiden. Oder genauer: Ich hatte Angst. Und darum habe ich es schließlich drauf ankommen lassen. Ich habe es einfach ausprobiert. Und es ist ein Buch draus geworden. Heute arbeite ich als Autorin und ich bin ganz froh, dass ich damals das Risiko nicht gescheut habe.

Übung 39:

Gehen Sie wieder ganz pragmatisch vor. Suchen Sie sich etwas aus, das Sie Ihrer Meinung nach nicht sonderlich gut beherrschen oder wovor Sie Angst haben. Sie wollten schon immer mal ihr eigner Chef sein, haben sich aber nie getraut, sich selbständig zu machen? Das Klettern hat Sie schon immer fasziniert, aber Sie können sich im Leben nicht vorstellen, nur mit ein paar Seilen gesichert an einer senkrechten Bergwand zu hängen? Sie haben einen wunderbaren Mann an Ihrer Seite, aber Sie haben Angst, auf Ihre Freiheit und Flexibilität verzichten zu müssen, wenn Sie seinem Kinderwunsch nachgeben? Nur zu, trauen Sie sich. Jetzt ist vielleicht genau der richtige Zeitpunkt, Ihr Schicksal in die Hand zu nehmen und Ihrem Leben eine neue Richtung zu geben. Herausfinden können Sie es ohnehin nur, wenn Sie es selbst ausprobiert haben.

6. Schluss mit der Leisetreterei

O. k., das sollte Ihnen klar sein: Leisetreterei und echtes Diventum passen ganz und gar nicht zusammen! Sie glauben, es anderen recht machen zu müssen, um auf der Beliebtheitsskala nach oben zu klettern? Sie erledigen schnell alles selbst, weil Sie anderen nicht zur Last fallen wollen? Sie arbeiten bis zum Umfallen, weil Sie beweisen wollen, wie hilfsbereit und tüchtig Sie sind? Sie haben keine Zeit mehr für Freundinnen oder Kino, weil Sie ihrem Partner jeden Wunsch von den Lippen ablesen? Die Leisetreterei hat viele Gesichter, aber sie zeigt sich vor allem in einer ausgeprägten Harmoniesucht, dem ständigen Nachgeben, dem Buhlen um Zuneigung, dem Sich-klein-Machen und Sich-alles-bieten-Lassen. Die »Hoppla, hier komm ich«-Haltung einer Diva liegt der Leisetreterin fern.

Auch die Diva ist nicht grundsätzlich auf Krawall gebürstet. Aber sie hat keine Angst davor, als Querulantin zu gelten, nur weil sie eine eigene Meinung vertritt. »Love it, or leave it« ist so eine Redensart der Amerikaner, aus der jede Menge Entschlossenheit, Stärke und Selbstvertrauen spricht. Und dieses Motto sollten Sie sich zu eigen machen.

Ich bin ein netter Mensch, aber deswegen muss ich ja nicht versuchen, es jedem recht zu machen. Es ist vielleicht bequemer, als Leisetreterin durchs Leben zu gehen, sich von anderen ausnutzen zu lassen, in Selbstmitleid zu schwelgen und bei anderen die Schuld zu suchen. Aber es ist ungleich befriedigender, für sich selbst einzustehen, Verantwortung zu übernehmen, Initiative zu ergreifen und die eigenen Wertvorstellungen und Ansichten offensiv zu vertreten.

»Den Schlüssel zum Erfolg kenne ich nicht«, hat Bill Cosby einmal gesagt, »aber der Schlüssel zum Scheitern ist der Versuch, es allen recht zu machen.«

Wenn ich keine Zeit finde, mit meinen Kindern nach Büroschluss noch Weihnachtsplätzchen zu backen, bin ich dann eine schlechte Mutter? Wenn die Bettwäsche nicht gebügelt ist, weil ich beim Pitch um die neue Marketingstrategie unbedingt mithalten wollte, bin ich dann eine schlechte Hausfrau? Wenn ich schon wieder einen Strafzettel kassiert habe und das in diesem Monat auch nicht der erste war, bin ich dann ein hoffnungsloser Chaot? Was will ich eigentlich? Und wo will ich hin? Wem will ich gefallen? Gibt es irgendwo einen Preis zu gewinnen für ein Dutzend unterschiedlicher Sorten Weihnachtsplätzchen oder gebügelte Bettwäsche?

Tatsache ist, dass viele von uns in einem Sumpf aus Mittelmäßigkeit gefangen sind, der einen davon abhält, Großes zu erreichen: Der Vorgarten wird samstags gemäht, die Unterhosen gebügelt, die Bücher der Größe nach sortiert und die

Handtücher so gefaltet, dass sie genau ins Regal passen. Das kann man alles machen, so man eine ausgeprägte Leidenschaft für gebügelte Unterwäsche und säuberlich sortierte Regalfächer hat. Aber haben wir das wirklich?

Es ist nur schwer vorzustellen, wie ein Kind seine Eltern mit leuchtenden Augen ansieht und sagt: »Wenn ich mal groß bin, sollen meine Unterhosen immer schön gebügelt sein.« Es ist aber noch viel schwerer, sich vorzustellen, warum ein Mensch dieses Bedürfnis 30 Jahre später immer noch hegen sollte.

Schluss mit der Leisetreterei. Hören Sie auf, sich nach irgendwelchen gängigen Vorstellungen zu richten. Leben Sie nach Ihren eigenen Regeln.

Übung 40:

Demonstrieren Sie, dass Sie einen eigenen Kopf und eine eigene Meinung haben. Im Kleinen wie im Großen. Lassen Sie das Frühstücksgeschirr doch so lange stehen, wie Sie wollen, und genießen Sie lieber die ersten Sonnenstrahlen am Vormittag. Lachen Sie doch einfach lauthals los, wenn Sie etwas amüsiert. Fangen Sie mit 50 noch mal ein Studium an. Hängen Sie den unliebsamen Job von heute auf morgen an den Nagel und machen Sie etwas völlig anderes. Weigern Sie sich, Kaffee zu kochen. Seien Sie laut, bunt und schrill, wenn Ihnen danach ist. Seien Sie aber auch müde, überfordert und anlehnungsbedürftig, wenn wenn Sie sich so fühlen. Sie sind eben eine echte Diva!

7. Pflegen Sie das Unkonventionelle

Es gibt Frauen, die haben das gewisse Etwas. Sie betreten einen Raum, ziehen alle Blicke auf sich und bekommen von allen Seiten Aufmerksamkeit. Im englischen Sprachraum spricht man in diesem Zusammenhang von einem »It-Girl«, einer Frau also, die vielleicht nicht einmal besondere Fähigkeiten oder Eigenschaften besitzt – außer eben auf sich aufmerksam zu machen. Sienna Miller ist so eine. Sie ist keine große Schauspielerin, aber es gelingt ihr anscheinend mühelos, die Aufmerksamkeit der Öffentlichkeit auf sich zu ziehen. Sienna Miller ist hübsch. Zweifellos. Sie strahlt eine natürliche Anmut und Grazie aus. Sie ist eine Fashion-Ikone und beweist bei jeder Gelegenheit Stil und Klasse.

Doch das Aussehen allein ist es nicht. It-Girls werden bewundert für etwas ganz anderes: Es ist diese unverschämte Lässigkeit und Unbeschwertheit, mit der sie Glamour und Sexappeal unter einen Hut bringen. Es ist die Leichtigkeit, mit der sie im Rampenlicht stehen, Designerklamotten tragen und sich trotzdem unbeeindruckt von all dem Glanz und Ruhm geben. Und mit dieser unkonventionellen Haltung treffen sie genau den Nerv der Menschen.

Charismatische Menschen verhalten sich meist unkonventionell, orientieren sich nicht an gesellschaftlichen Konventionen und demonstrieren damit ihre Unabhängigkeit. Und genau das macht ihre Wirkung auf andere aus. Auf die Frage eines Klatschreporters, was für sie ein billiges Vergnügen wäre, antwortete Sienna Miller einmal: »Ohne Slip einen Baum raufklettern.« Ob man da nun ähnliche Vorlieben hat oder nicht – sie versteht es auf jeden Fall, auf sich aufmerksam zu machen.

Charisma kann man übrigens erlernen. Der Psychologe Richard Wiseman von der Universität in Hertfordshire behauptet, dass solche Qualitäten nur etwa zur Hälfte angeboren seien. Der Rest ist auch Sienna Miller nicht in die Wiege gelegt worden. Sie hat nicht nur gelernt, dass man andere mit einem Lächeln bezaubern kann. Sie gibt sich darüber hinaus gerne unkonventionell, verspielt und immer ein wenig unberechenbar. Und damit versteht sie es vortrefflich, ihr Publikum bei Laune zu halten.

Das können Sie auch.

Übung 41:

Ziehen Sie einfach mal die Schuhe aus und gehen Sie barfuß weiter. Bestellen Sie zum exklusiven Diner ein Pils als Aperitif. Haben Sie eine besondere Art, an Ihrem Champagnerglas zu nippen. Halten Sie an Ihrem alten abgegrabbelten Notizbuch fest, obwohl Sie ansonsten mit dem neuesten Handy, dem schnellsten Laptop und einem nagelneuen BMW aufwarten können. Riskieren Sie etwas Glamour im Alltag und tragen Sie ein gewagtes Outfit im Büro, auch wenn Karriereratgeber das graue Einheitskostüm verordnen. Pfeifen Sie drauf und machen Sie die Dinge anders. Ihnen wurde schon im Kindergarten erzählt, dass Sie nicht über die Linie malen sollen. Dreißig oder vierzig Jahre später müssen Sie sich nun wirklich nicht mehr dran halten. Kultivieren Sie Ihre Eigenheiten. Zeigen Sie, dass Sie sich trauen, den sicheren Boden der Uniformität zu verlassen und sich ein Stück Individualität zu bewahren. Damit hätten Sie im Kindergarten vielleicht schon Erfolg gehabt. Und auf jeden Fall mehr Spaß.

Kinder und Familie

Vom Thema Diva und Spaß zum Thema Kinder und Familie ist es ein großer Sprung. Aber eigentlich auch wieder nicht. Wir reden nämlich immer noch über die emanzipierte Frau von heute. Die, die sich selbstbewusst und souverän zeigt in dem, was sie tut – ganz gleich, ob sie sich den lieben langen Tag die Nägel lackiert oder als Mutter von sieben Kindern im Kabinett Merkel sitzt. Denn einer emanzipierten Frau dürfte es eigentlich herzlich egal sein, ob andere das gut finden oder nicht. Diva, Muttertier oder Karrierefrau – wen hat das schon zu interessieren.

Nun, ganz so einfach ist es nicht. Die Frau, die sich die Nägel lackiert, darf sich in unserer Gesellschaft nämlich nur dann emanzipiert nennen, wenn sie Karriere gemacht hat. Ob mit Kindern oder ohne ist dann schon wieder egal. Nur ohne Karriere zählt nicht. Mit Karriere allerdings darf sie sich sogar die Nägel lackieren. Da darf man als Frau sowieso so ziemlich alles. Auch Spaß haben. Den allerdings nicht in Kombination mit Kindern. Dann nämlich gilt Frau gleich wieder als Rabenmutter.

Sagte ich doch, einfach ist das nicht.

Gelebte Emanzipation

Um etwas Licht in diese im Grunde wenig plausiblen Zusammenhänge zu bringen, nennen wir doch einfach ein paar Beispiele: Die erfolgreiche Unternehmerin, die schon während des

Studiums schwanger wurde und sich heute mit fast erwachsenen Kindern voll und ganz ihrer Karriere widmet. Die junge Frau, die mit ihrem Partner Kinder und Haushalt teilt, was bedeutet, dass auch der Mann anstandslos den Tisch abräumt, weiß, wo die Waschmaschine steht, und auch schon mal unter der Woche früher aus dem Büro kommt, um mit den Kindern auf den Spielplatz zu gehen. Oder die Studentin, die ihr Kind ganz selbstverständlich in die Krabbelgruppe bringt, um ihre Ausbildung abzuschließen. Allesamt emanzipierte Frauen, keine Frage.

Aber sind diese Frauen deswegen gleich Heldinnen des Alltags, Ikonen der Emanzipationsbewegung, Powerfrauen und Supermuttis oder ganz einfach Frauen, die Kinder haben und einer geregelten Beschäftigung nachgehen?

Sagen wir mal so: Frauen haben heute die freie Wahl zwischen Kindern und Karriere – und sie entscheiden sich immer häufiger für beides. Aber sie sind deshalb keine Heldinnen. Sie sind auch keineswegs perfekt. Sie machen ihre Sache gut. Aber auch ihnen gelingt nicht immer alles. Auch sie zweifeln und verzweifeln manchmal. Denn ihr Tag hat auch nur 24 Stunden und Berufstätigkeit plus Kinder ist ein ganz ordentliches Päckchen. Und doch leben sie einen ganz normalen Alltag – nämlich den einer modernen, emanzipierten Frau. Aber das tut ein Großteil der heutigen Frauen.

Auch wenn vielleicht noch nicht alle da angekommen sind, wo sie eigentlich hinwollten, so gibt es in diesem Land doch eine Mehrheit von Frauen, die de facto einen emanzipierten Lebenswurf lebt. Vielleicht nicht ganz so selbstverständlich und störungsfrei, wie es einem feministischen Ideal entsprechen würde. Aber sie tun es trotzdem. Mehr als 60 Prozent der Frauen schaffen Tatsachen, indem sie die hochgesteckten Ziele der Frauenbewegung in ihrem Alltag jeden Tag von neuem situativ herstellen. Sie arbeiten und bekommen Kinder. Sie machen Karriere und haben Spaß dabei. Sie leben selbstbestimmt und finanziell unabhängig. Sie bekennen sich nicht nur zu einer emanzipierten Lebensführung, sondern sie *leben* einen Entwurf, der lange undenkbar schien. Sie tun das leise und ohne plakative Aktionen. Sie tun das immer selbstbewusster und selbstverständlicher. Vielleicht nicht allen selbstbewusst und selbstverständlich genug. Aber sie tun es.

Wir sind also einen Schritt weiter. Die Ideale der Emanzipationsbewegung, so scheint es, sind zwar noch immer nicht fest in unserer Gesellschaft verankert. Aber sie sind zumindest schon mal in der Praxis angekommen. Inzwischen ist es sogar so, dass jede Menge emanzipierter und gut ausgebildeter Frauen schon wieder mit der Sicherheit traditioneller Familienverhältnisse liebäugeln. Vielleicht weil sie 10 oder 15 Jahre lang beruflich Vollgas gegeben haben und sich irgendwann eine Familie wünschen. Vielleicht weil sie Töchter der Feministinnen der 70er Jahre sind, die sich nicht wie ihre Mütter zwischen Job und Familie hin- und hergerissen fühlen wollen, latent überfordert, ständig gehetzt, ständig müde. Gleichzeitig hat vor ein paar Jahren eine konservative Familienministerin mit ihren progressiven Thesen nicht nur unter Parteigenossen eine hitzige Wertedebatte ausgelöst, sondern schließlich auch mit ihrem familienpolitischen Programm feministische Grundforderungen durchgesetzt. Auch das gibt es heute. Warum also wird vor dem Hintergrund dieses Status quo eigentlich noch so viel Aufhebens um das ganze Thema Familie und Beruf gemacht?

Mal ehrlich, Frauen, die arbeiten und Kinder kriegen, gibt es seit eh und je. Kein Grund also, in Hysterie oder auch Euphorie zu verfallen. Die bürgerliche Kleinfamilie jedenfalls, also das Ideal der hingebungsvollen Hausfrau und Mutter, die ihrem Mann den Rücken frei zu halten hatte, während dieser in der großen weiten Welt allein für den Familienunterhalt sorgen musste, dieses Familienideal ist im Grunde ein deutsches Nachkriegsmodell. Und wenn man genauer hinsieht, gab es auch schon in den 50er Jahren arbeitende Frauen, weil sich die Familien das magere Einkommen eines Einzelverdieners überhaupt nicht leisten konnten. Oder nehmen wir die Bauersfrauen vergangener Jahrhunderte. Oder die Textilarbeiterinnen während der Industrialisierung. Haben die etwa nicht gearbeitet? Arbeiten müssen? Und zwar von morgens bis abends?

Tatsächlich entwickelte sich die Idee, dass Mütter ihr Leben ausschließlich den Kindern widmen sollten, erst relativ spät, nämlich im 19. Jahrhundert. Davor haben Frauen schon immer zum materiellen Wohl der Familien beigetragen, berichtet Jutta Hoffritz in ihrem Buch *Aufstand der Rabenmütter*. Sie haben gemelkt, gebuttert, gejätet und geerntet. Sie haben von Sonnenaufgang bis Sonnenuntergang gearbeitet. Ohne ihre Arbeitskraft wäre eine Familie gar nicht zu ernähren gewesen. Frauen, die arbeiten und Kinder bekommen, das ist nun wahrlich keine Erfindung der Frauenbewegung.

Biologischer Auftrag vs. Karriere

Was allerdings vergleichsweise neu ist, sind Frauen, die keine Kinder wollen, weil sie dieselben Freiheiten haben möchten wie Männer – vor allem Arbeiten und unabhängig sein. Frauen also, die bewusst auf Kinder verzichten, weil sie sich auf ihre beruflichen Karrieren konzentrieren wollen. Schaffen Frauen es in den Chefsessel, bleiben sie nicht selten kinderlos. Während gegenwärtig über die Hälfte der männlichen Führungskräfte Kinder hat, ist laut einer Analyse des Instituts für Arbeitsmarkt- und

Berufsforschung nur jede dritte Frau mit Führungsjob auch Mutter. Tendenz: sinkend.[53] Von den Akademikerinnen verzichten mittlerweile 40 Prozent ganz auf Familie.[54] Das ist historisch gesehen relativ neu. Und die Arbeitsministerin von der Leyen hat das eigentliche Dilemma erkannt, wenn sie sagt: »Die Frage ist nicht, ob Frauen arbeiten werden. Sie werden arbeiten. Die Frage ist, ob sie Kinder haben werden.«

Das Thema Frauen und Beruf war vor einem halben Jahrhundert noch ein heißes Eisen. Heute hat damit kaum einer mehr ein Problem. Zum Glück. Dagegen immer noch ein Dauerbrenner: Mütter und Beruf. Wenige Themen werden in der Öffentlichkeit so leidenschaftlich diskutiert wie die Vereinbarkeit von Beruf und Familie. Dabei hat es arbeitende Mütter immer gegeben. Vor allem dann, wenn eine Gesellschaft auf die Arbeitskraft der Frau nicht verzichten konnte. So hatte beispielsweise in den Kriegsjahren die Rüstungsindustrie nichts dagegen, wenn Mütter arbeiten wollten. Bezeichnenderweise waren die Frauen im Kino der 30er und 40er Jahre auch ausnahmslos starke und selbstbewusste Frauen. Man denke nur an die Hollywood-Diven Katharine Hepburn und Betty Davis. Nach Kriegsende, nachdem Frauen in der Rüstungsindustrie nicht mehr gebraucht wurden und den Männern auf dem Arbeitsmarkt zunehmend Konkurrenz machten, gab es dann wieder Doris Day – Inbegriff des dekorativen Hausmütterchens mit ausgeprägtem Hang zu aufgeregtem Geplapper und romantischen Verwirrungen. Auch in der DDR, wo chronischer Arbeitskräftemangel herrschte, hatte niemand etwas gegen berufstätige Mütter.

53 »Karriererisiko: Weiblich, 30 plus« in: *FAZ.*Net vom 11.01.2006
54 Fand Marion Festing, Professorin für Personalmanagement an der privaten Wirtschaftsuniversität ESCP-EAP, heraus.

Halten wir also fest, das mit dem Arbeiten an sich ist nicht das Problem. Die Arbeitskraft der Frau wird durchaus geschätzt. Aber die fehlenden Kinder! Da horchen reihenweise konservative Chefredakteure auf und phantasieren von einer ganzen Legion hedonistischer Weibsbilder, die der hehren Selbstverwirklichung frönen und sich ihrem biologischen Auftrag entziehen. Und dieses Szenario ist offensichtlich so beängstigend, dass Experten, Meinungsmacher und Moralapostel sich veranlasst sehen, mit schwerem Geschütz aufzufahren. Das Schreckensszenario: das Aussterben der Deutschen. Die emotionale Vernachlässigung der Kinder. Der Egoismus der Frauen (egal ob kinderlos oder Rabenmutter). Wir kennen das. Der unterschwellige Tenor: Emanzipation schön und gut, aber bitte nicht bei uns zu Hause.

Ein Blick über die Landesgrenzen macht jedoch deutlich: Die ganze Diskussion über die Vereinbarkeit von Beruf und Familie wird in den Nachbarländern deutlich weniger aufgeregt geführt. Egal, ob in Skandinavien, Frankreich oder England, dort gehören berufstätige Mütter viel selbstverständlicher ins gesellschaftliche Bild. Und sie bekommen auch eine andere Anerkennung für das, was sie leisten. Die meisten Mütter kehren dort nur wenige Monate nach der Geburt in ihren Beruf zurück. Nicht selten in Vollzeit. Es gibt ganztägige Betreuungsplätze für kleine und große Kinder, und für die ist es völlig normal, dass ihre Eltern arbeiten und sie auch außerhalb des Elternhauses betreut werden. In Deutschland hingegen werden immer noch sehr viele Kinder mit dem Bewusstsein groß, dass Mama zu Hause bleibt und sich um die Familie kümmert, während Papa arbeiten geht.

Die etwas subtilere Variante, um dem Problem sinkender Geburtenraten zu begegnen: das Hochjubeln der heroischen Medienmütter und Superfrauen – von Heidi Klum bis Stefanie von und zu Gutenberg. Die Strategie: Die Messlatte so hoch anlegen, dass im besten Fall keine Frau mehr auf die blöde Idee kommt, diesen Wahnsinn nachzuahmen. Wenn doch, dann muss man mindestens mit Supermutti-Qualitäten ausgestattet sein. Und so werden in den Medien bevorzugt die absoluten Ausnahmen präsentiert: die sechsfache Mutter, die General-anwältin am Europäischen Gerichtshof ist und nebenbei auch noch eine Professur an der Universität St. Gallen innehat (Juli-ane Kokott). Die siebenfache Mutter, die erst Familien- und heute Arbeitsministerin ist (Ursula von der Leyen). Oder die sechsfache Mutter, die nicht nur Oscargewinnerin ist und als sexiest women alive gilt, sondern sich auch noch als UNO-Sonderbotschafterin für die Hungernden dieser Welt einsetzt (Angelina Jolie). In der Tat ein beängstigendes Szenario, sollte man allen Ernstes diese absoluten Ausnahmen als Messlatte normaler Frauen ausgeben.

Nur von den ganz normalen berufstätigen Müttern hört man nicht viel. Die sind nämlich vollauf damit beschäftigt, ihren Alltag mit Kind zu organisieren. Die treten auch nicht in den Talkshows auf. Meist haben sie nicht mal Zeit, die überhaupt anzuschauen. Irgendwer muss ja schließlich die Kinder ins Bett bringen. Und keine von ihnen kann sich auch mal eben so frei nehmen, um vor dem Berliner Reichstag für eine bessere Be-treuungssituation oder mehr Telearbeitsplätze zu demonstrie-ren. Und trotzdem machen genau diese berufstätigen Mütter eine absolute Mehrheit der heutigen Frauen aus. Sie arbeiten. Sie bekommen Kinder. Und sie sind alles andere als unemanzi-piert. Nur in den Medien, da sind sie leider völlig unterreprä-sentiert.

Doch sosehr Schirrmacher und Co auch ihr Unbehagen mit einfachen Antworten aus der Vergangenheit kurieren wollen und versuchen, die Frauen zurückzupfeifen, so unsinnig scheint der konservative Aktionismus. Denn die Frauen von heute haben fernab von alldem Medienhype um weibliche Superlative still und leise ihre emanzipierten Lebensentwürfe längst verwirklicht und damit Tatsachen geschaffen. Indem sie Karriere machen. Indem sie ihre Kinder in Krippen geben. Indem sie ihre Männer zum Einkaufen und mit den Kindern auf den Spielplatz schicken. Das alles gibt es doch längst. Und eigentlich ist es etwas müßig, über die angebliche Sonderstellung berufstätiger Mütter mit schöner Regelmäßigkeit feuilletonistische Leitartikel zu verfassen.

Was sich allerdings geändert hat, ist die Tatsache, dass sich die äußeren Bedingungen verändert haben: Sowohl die Mutterrolle als auch die Arbeitswelt haben sich radikalisiert. Nicht nur der Anspruch an die Mütter wird utopisch hochgeschraubt. Auch die Anforderungen an die arbeitende Frau sind enorm gewachsen. 40 oder 50 Stunden im Büro sind heute keine Seltenheit mehr. Beruf und Karriere sind mehr und mehr zum sinnstiftenden Element avanciert – nicht mehr nur für Männer, auch für Frauen. Mutterschaft allein hat in diesem Sinnsystem keinen Platz mehr. Und das ist letztlich auch gut so. Aber das heißt im Klartext: in einer Welt zu leben, zu arbeiten und Kinder zu bekommen, die darauf im Grunde nicht eingerichtet ist. Denn immer noch gibt es viel zu wenig Ganztagsschulen, und auch die Kleinen wollen jeden Tag pünktlich von der Kita abgeholt werden. Welche Frau dann aber für den Weihnachtsbazar an der Schule nicht mit 20 verschiedenen Sorten Plätzchen aufwarten kann, gilt wahlweise als überfordert oder gänzlich unfähig.

Höchste Zeit also, nicht nur über ein emanzipiertes Frauenbild, sondern auch ein neues Mütterbild zu sprechen, das sich an der heutigen, von Frauen geschaffenen Realität orientiert und nicht an irgendwelchen übersteigerten Idealen.

Kampfzone Mutterschaft

Die französische Philosophin und Frauenrechtlerin Elisabeth Badinter hat in ihrem 1981 erschienene Buch *Mutterliebe* auf die französische Tradition verwiesen, wonach es seit dem 17. Jahrhundert quer durch alle Gesellschaftsschichten üblich war, Kinder unmittelbar nach der Geburt zu einer Amme aufs Land zu geben, wo sie die ersten zwei oder drei Lebensjahre verbrachten. Hinter dieser Praxis stand weniger die allgemeine Lieblosigkeit französischer Frauen, sondern vielmehr die Überzeugung, dass Mutterschaft nicht der Inbegriff weiblichen Lebens sei.

Nun propagiert die Autorin keineswegs, die Kinder in den ersten Lebensjahren von der Mutter zu trennen. Sie zeigt allerdings anhand der kulturgeschichtlichen Entwicklung der Mutterschaft, dass es in der Vergangenheit schon ein ganz anderes, emanzipiertes Frauenbild gab. Badinter selbst ist in einem Elternhaus aufgewachsen, in dem es für eine gleichberechtigte und gebildete Frau eine Selbstverständlichkeit war, zu arbeiten. Sie selbst hat mit 22 Jahren geheiratet und innerhalb von dreieinhalb Jahren drei Kinder bekommen. Das letzte während ihres Abschlussexamens an der Universität. Heute ist sie Professorin an der Eliteuniversität Ecole Polytechnique in Paris. Die Vorstellung, dass nur diejenige eine gute Mutter ist, die sich ganz und gar ihren Kindern widmet und keinerlei eigene Ziele formuliert, ist ihr verständlicherweise fremd.

Nun gut, Französinnen gelten innerhalb Europas ohnehin als die Rabenmütter par excellence. Sie arbeiten im europäischen Vergleich nach der Geburt eines Kindes am schnellsten wieder und auch noch am häufigsten Vollzeit. Interessanterweise haben die Franzosen aber eine der höchsten Geburtenraten. Kinder und Berufstätigkeit, Frausein und Muttersein schließen einander dort offenbar weniger aus als etwa in Deutschland, wo sich immer mehr Frauen ganz gegen Kinder entscheiden, weil sie sich den damit verbundenen hohen Anforderungen und Erwartungen nicht aussetzen möchten. Einzig Japan ist eines der wenigen Länder, das sich noch schwerer tut mit der Vermehrung.

Auch Italien findet sich am unteren Ende der Geburtenstatistik, ebenso Spanien und Polen. Liegt es an der Religion? Am Einfluss der katholischen Kirche, die gegen Pille und andere empfängnisverhütende Mittel wettert? An der religiösen Verklärung der Mutter Gottes und dem daraus resultierenden Frauenbild?

An der Religion liegt es nicht. An der Beschäftigungsrate der Frauen schon eher. Allerdings anders als zunächst vielleicht vermutet. Fakt ist: »Je stärker das Mütterlichkeitsideal, desto niedriger die Fruchtbarkeitsraten«, schreibt Jutta Hoffritz in *Die Zeit.* In der industrialisierten Welt werden die meisten Kinder dort geboren, wo die Gesellschaften moderner sind – und mehr Frauen Vollzeit arbeiten. Und so führen ausgerechnet Länder, in denen Frauen vorwiegend volle Tage arbeiten, die internationale Geburtenstatistik an: Schweden, Dänemark, Finnland, Norwegen (je 1,8 Kinder pro Frau) sowie USA und Frankreich (je 2,1).

Deutschland ist kein Land großer Kirchgänger. Auch mit anderen Traditionen hat man hier längst aufgeräumt. Frauen dürfen wählen, sich bilden, jede Art von Beruf ausüben – sogar Kanzlerin werden. Aber auch Deutschland sitzt laut Hoffritz in der »Anspruchsfalle«.[55] Rabenmutter ist ein deutsches Wort. Selbst im Osten des Landes war der Begriff bis zur Wiedervereinigung nicht geläufig. Sobald sich Frauen hierzulande für

---

55 Jutta Hoffritz, »Deutschland in der Mutterfalle« in: *Die Zeit* vom 14.08.2008

Kinder *und* Karriere entscheiden, gehen die Augenbrauen hoch. Die Konsequenz: 1,3 Kinder und damit eine der niedrigsten Geburtenraten in Europa.

30 Jahre später hat Elisabeth Badinter übrigens ein neues Buch geschrieben: *Der Konflikt. Die Frau und die Mutter* und macht damit schon im Titel deutlich, dass sich die Dinge nicht zum Besseren gewendet haben. Vielmehr hat die Philosophin selbst in einem Land wie Frankreich einen ungesunden Backlash festgestellt, eine Flucht in vermeintliche Traditionen, mit denen man die Frauen zunehmend auf ihre Mutterrolle beschränken will, indem man die Anforderungen an eine »gute« Mutter immer weiter in die Höhe schraubt.

Drei Hauptursachen führt die Philosophin für diesen Trend an: (1) Die Realität einer in puncto Aufstiegschancen und Gehalt Frauen klar benachteiligenden Arbeitswelt, der gegenüber ein Rückzug ins Private wieder reizvoll erscheint. (2) Der Siegeszug des ökologischen Denkens und mit diesem Ruf zurück zur Natur auch eine Rückbesinnung auf den natürlichen Mutterinstinkt. Das lange Stillen von Babys werde, so Badinter, zum Maß aller Dinge, und die möglichst enge Bindung zwischen Mutter und Kind quasi zum Naturgesetz.[56] Und (3) ist der Feminismus in eine Identitätskrise geraten und war daher bemüht, die biologische Erfahrung der Frau, also Zyklus, Schwangerschaft und Geburt, als etwas Erhabenes in den Vor-

---

56 Badinter beschreibt am beispiellosen Aufstieg der US-amerikanischen Stillvereinigung La Leche League, welche sektenhaften Ausmaße ein als moralische Pflicht verstandener Stillkult annehmen kann. Sie zitiert dazu aus den »Zehn Geboten« der Website von AlternaMomsUnite. Gebot eins: »Ich bin die Milch deiner Brüste, du sollst keine andere Art der Kindernahrung bei dir im Haus haben.« Tatsächlich herrscht inzwischen ein weitgehender Konsens darüber, dass nur eine stillende Mutter eine gute Mutter sein kann. Allein in den USA ist der Anteil stillender Mütter von 20 Prozent Mitte der 50er auf 60 Prozent Mitte der 80er Jahre gestiegen. In Europa sind diese Zahlen durchaus ähnlich.

dergrund zu rücken.[57] Dieser neue Maternalismus half dem Feminismus zwar kurzzeitig aus der Krise, spielte aber gleichzeitig dem konservativen Denken in die Hände. Denn die Vermütterlichung der Frau betonte ja erneut die Verschiedenheit der Geschlechter, statt sich um deren gesellschaftlichen Ausgleich zu bemühen.

Mit dem neuen Mütterkult hat auch die einstige Strafverteidigerin mit Harvard-Abschluss und heutige Schriftstellerin Ayelet Waldman so ihre Erfahrungen gemacht. Auch sie musste sich auf eine erbitterte Schlacht in der Kampfzone Mutterschaft gefasst machen, als sie in der *New York Times* über ihre vier Kinder schrieb: »Wenn eine gute Mutter ihr Kind mehr liebt als alles andere auf der Welt, dann bin ich keine gute Mutter. Tatsächlich bin ich eine schlechte Mutter. Ich liebe meinen Ehemann mehr als meine Kinder.« Internetforen und Mütterblogs erklärten Waldman daraufhin zur gefährlichen Verrückten und regten an, ihr ihre Kinder wegzunehmen (deren Vater übrigens der Bestsellerautor und Pulitzer-Preisträger Michael Chabon ist). Die amerikanische Talklegende Oprah Winfrey nahm sie ins Kreuzverhör und die selbsterklärte Mütterpolizei von UrbanBaby.com erklärte ihr den Krieg.

Der Wind, der den Frauen in der Arbeitswelt entgegenschlägt, mag eisig sein. Beim Thema Mutterschaft ist er noch um einiges frostiger. Nur warum?

---

57 Gemeint sind hier vor allem Ann Crittenden oder Sylvia Ann Hewitt, die einen *maternal feminism* ausgerufen hatten – einen Feminismus, der den Mutterinstinkt als etwas Einzigartiges, Unschätzbares und vor allem nicht zu Delegierendes oder nicht Erlernbares feiert.

Das deutsche Mutterbild

Beginnen wir mit dem Mütterlichkeitsideal: Unendlich hingebungsvoll, selbstlos und durch nichts aus der Ruhe zu bringen – das ist unser Bild einer guten Mutter, die sich für ihre Familie aufopfert. Wirkliche Mütter haben damit ihre liebe Not, weil man selbst schon mal die Nerven verloren hat, wenn das Kind sich zum wiederholten Male trotzend vor dem Süßigkeitenregal im Supermarkt auf den Boden geschmissen hat. Und auch die Diskussionen mit einem Dreijährigen, der im Winter partout seine Lieblingssandalen anziehen will, hat so manche Mutter mitunter schon auf die Palme gebracht, wohl wissend, dass die Kindergartentür um Punkt neun geschlossen wird, um den morgendlichen Singkreis nicht zu stören. Deswegen im Büro eine geschlagene Stunde später zu erscheinen, schmälert die Diskussionsfreude doch beträchtlich. Wer da immer cool bleiben kann, hat vielleicht eine bewundernswerte innere Ruhe und hohe Frustrationstoleranz. Aber nicht jeder von uns hat das Nervenkostüm eines Zen-Meisters. Und auch nicht die Zeit, den ganzen Tag zu meditieren.

Die Vorstellung von der bedingungslos aufopfernden Mutter, die in die Küche und ins Kinderzimmer gehört, hält sich jedoch in Deutschland im Gegensatz zu den meisten anderen europäischen Ländern erstaunlich hartnäckig. Im Osten galt Kindererziehung bis zur Wende selbstverständlich auch als staatliche Aufgabe, genau wie heute noch in Frankreich[58]. Doch in Westdeutschland geistert selbst 60 Jahre nach dem Ende der Naziherrschaft noch immer das Mutterbild des Faschismus in unseren Köpfen herum. Es ist das Bild der selbstlosen Mutter,

58 Fabienne Melzer, »Mütter müssen draußen bleiben« in: *Die Zeit* Ausgabe 9/2003

die rund um die Uhr für ihre Kinder zu sorgen hat und daher auf Berufstätigkeit grundsätzlich verzichtet. Arbeit gilt als Selbstverwirklichung und widerspricht damit der Ideologie von der wahren Bestimmung der Frau. Das findet auch heute noch seinen Niederschlag in den altbekannten Vorurteilen konservativer Meinungsmacher: Im Haushalt der berufstätigen Mutter herrscht Chaos. Die Kinder sind vernachlässigt und schlecht in der Schule. Die Mütter sind gestresst und mit ihren Gedanken eigentlich schon längst wieder im Büro. Die logische Konsequenz: Nur eine Frau, die nicht arbeitet, kann ihre Kinder anständig versorgen.

Der Mythos von der deutschen Mutter hat aber eine noch viel ältere Tradition, der Barbara Vinken in ihrem Buch *Die deutsche Mutter* nachgegangen ist. Der ideologische Schatten reicht von Martin Luthers reformatorischem Familienkonzept über die preußische Königin Luise bis hin zu Hera Linds »Superweib« Franziska. »Wie der Nagel in die Wand«, so gehörte Luthers Meinung nach die Frau als Ehegattin und Mutter in den geheiligten Raum der Familie, für deren leibliches Wohl sie allein zu sorgen hatte. Seither erfährt das Ideal deutscher Mütterlichkeit eine quasi religiöse Überhöhung, an der je nach Epoche, Gesellschaftsmodell und politischen Interessen eine erstaunliche Vielfalt von mütterlichen Idealen festgemacht werden, die aber allesamt einen vermeintlich natur- oder gottgegebenen Ursprung verklären.

Diese ethisch-politische Ausformung des Mutterbildes ist nach wie vor ein wirksames Motiv. Ursprünglichkeit und Natürlichkeit der Mutter werden seit der Reformation als sittlich-moralische Instanz und humanitäre Konstante einer kalten und männlich dominierten Welt des Geldes und der Macht gegenübergestellt: Mütterlichkeit wurde wahlweise als Heilmittel gegen Werteverfall, als natürliches Idyll jenseits der von hartem Wettbewerb gezeichneten Arbeitswelt oder als letztes Reservat der Menschlichkeit gefeiert. Mit der weiblichen Reproduktionsfähigkeit fallen Religion und Natur quasi im Körper der Frau zusammen. Und so ist die natürliche Mutterschaft nicht nur Garant privaten Glücks, sondern verspricht darüber hinaus auch Heilung von all den Übeln dieser Welt. Die Mutterpolitik der NS-Zeit hat diese religiöse Überhöhung bekanntlich auf die Spitze getrieben, indem sie die deutsche Mutter zum Dreh- und Angelpunkt ihres nationalpolitischen Programms mit heilsgeschichtlichem Anspruch erklärt hatte.

Diese unglückliche Verquickung von religiös überhöhtem Mutterbild und NS-Ideologie wirkt in Deutschland noch heute nach. Mit fatalen Folgen für das Selbstbild der Frau. Denn mit der religiösen und ideologischen Überfrachtung der Mutterrolle wird die Frau auf ihr physisches Dasein verpflichtet und ihre biologische Rolle als quasi natur- oder gottgegeben verklärt. Herausgekommen ist ein »sentimental verklärtes Mutterbild von strahlender Perfektion«, wie Lotte Kühn es in ihrem Buch *Supermuttis* genannt hat, das einen langen, kalten Schatten über das Dasein normaler Frauen wirft. Ein Schatten, dem keine Mutter überhaupt je gerecht werden kann.

Das Ergebnis: Mütterliche Schuldgefühle, wohin man sieht. Denn natürlich haben die berufstätigen Mütter ein schlechtes Gewissen. Es ist ihr ständiger Begleiter, behauptet *Rabenmutter*-Autorin Jutta Hoffritz. Insgeheim fragen sie sich, ob ihr Kind ohne Yoga-Stunden überhaupt ein glücklicher Mensch werden kann und ob der Nachwuchs nicht schwerwiegende Nachteile erleidet, wenn er nicht schon im Kleinkindalter mit englischen Vokabeln beschallt wird. Natürlich, so wirft Hoffritz ein, denken Frauen heute auch darüber nach, wieso Fremdbetreuung in anderen Ländern funktioniert und ausgerechnet in deutschen Kinderseelen irreparable Schäden verursachen soll. Und dennoch: Das Gefühl der Unzulänglichkeit ist unter deutschen Müttern weit verbreitet – und wird von konservativen Meinungsmachern hemmungslos geschürt.

Der deutsche Müttermythos verlangt den Frauen einiges ab. Mutterschaft gilt als Berufung und die ist mit der Ausübung eines Berufes im Grunde nicht vereinbar. Für die glückliche Entwicklung des Kindes ist nämlich eine symbiotische Beziehung zur Mutter unabdingbar. Und so bedeutet Mutterschaft fast automatisch einen Halbtagsjob bei schlechterer Bezahlung, finanzielle Abhängigkeit und der Verzicht auf Selbsterfüllung und Zufriedenheit, die sich mitunter aus anderen Herausforderungen und Ambitionen speisen als dem Mutterglück allein. Entweder das oder man ist hierzulande eben eine schlechte Mutter.

Und so müssen sich die deutschen Mütter kritische Fragen gefallen lassen. Ob sie ihr Kind im Büro denn so gar nicht vermissen. Ob sie denn auch die nötige Zeit finden fürs Baby-Schwimmen oder den musikpädagogischen Krabbelkreis. Ob sie nicht lieber selber kochen wollen, wo man doch weiß, dass in städtischen Kindertageseinrichtungen immer nur Tiefkühlkost serviert wird. Muttersein ist ganz klar ein Fulltime-Job. Anders geht es nicht. Wie sonst solle man die »Spezialkompetenzen der gehobenen Mütterlichkeit«[59] erwerben?

Von der Säuglingsmassage übers fachgerechte Umbinden des Tragetuchs bis zum allergenarmen Kochen fürs Kleinkind – in einer Unzahl von Kursen widmet sich die junge Mutter ihrer neuen Aufgabe mit deutscher Gründlichkeit. Denn natürlich zeigt sich auch bei der frühkindlichen Förderung, wer eine gute Mutter ist. Unterricht gibt es schon für die Allerkleinsten. Englisch wird ab dem dritten Lebensmonat angeboten. In

59 Jutta Hoffritz, »Deutschland in der Mutterfalle« in: *Die Zeit* vom 28.08.2008

Deutschland sind rund 25 000 Kinder allein bei Helen Doron Early English eingeschrieben. »Deutschland ist für uns der am schnellsten wachsende Markt«, sagt Richard Powell, Landeschef der britischen Sprachschulkette. Unterbeschäftigte Hebammen, frühpensionierte Fremdsprachenkorrespondentinnen, Sozialpädagogen – sie alle drängen auf den Markt. Und halten mit ihren kreativen Geschäftsideen die deutsche Mutter ordentlich auf Trab. Der letzte Schrei: Baby-Yoga. Die Kurse laufen natürlich tagsüber an Werktagen. »Wer da lieber ins Büro geht, kann keine gute Mutter sein«, schreibt die *Rabenmutter*-Autorin Hoffritz. So viel zum deutschen Müttermythos.

Doch das Ideal der Vollzeitmutter macht aus der deutschen Frau keine bessere Mutter. Es macht etwas ganz anderes: Die utopisch hoch geschraubten Ansprüche an die Mütter führen nämlich auf direktem Wege in die Ein-Kind-Familie. Oder gar die Kinderlosigkeit. Deutschland schafft sich ab. Aber nicht, weil Frauen arbeiten und Akademikerinnen sich für Karriere entscheiden. Sondern weil unsere Gesellschaft an einem völlig veralteten Mutterbild festhält. Und es den Frauen damit unnötig schwer macht.

Das mütterliche Selbstbild

»Muttersein ist kein endloses Vergnügen«, schreibt die vierfache Mutter Ayelet Waldman in ihrem Buch *Böse Mütter* und erntete mit ihrer radikalen These nicht nur im konservativen Amerika herbe Kritik. Auch in Deutschland hat man als Frau und Mutter ständig überglücklich zu sein, ansonsten werden einem Fehlverhalten oder Defizite unterstellt. Als gute Mutter gilt nur diejenige, die ununterbrochen für ihre Kinder da ist und keinerlei Ziele und Ansprüche für sich selbst formuliert. Die amerikanische Autorin erzählt im Interview von ihrer eigenen Kindheit, in der die Mutter morgens die Haustür aufstieß und den Kindern hinterherrief: »So, wir sehen uns heute Abend!« Damals war das völlig normal, behauptet sie.[60]

Heute ist Mutterschaft eine dauernde Anstrengung: Mütter müssen mitspielen, Sandburgen bauen, Legotürme errichten, in Playmobilwelten eintauchen und sich für *Conny*-Bücher begeistern (was ausgesprochen schwerfällt). Wer zum Kindergeburtstag im Hort nicht den selbstgebackenen Kuchen mitbringt, ist eine schlechte Mutter. Wer das gemeinsame Backen mit den Kindern vorab nicht als familiäres Happening und pädagogisches Lehrstück inszeniert, eine noch viel schlechtere.

Sieht so der Alltag moderner und emanzipierter Frauen aus?

Es ist an der Zeit, dass wir unser veraltetes Mutterbild revidieren und Mütter wieder als normale Erwachsene in einer Welt normaler gesellschaftlicher Verpflichtungen verstehen, anstatt ihren Wert mit einer bedingungslosen Bereitschaft zur Selbstaufgabe und einem Rückzug aus der Berufswelt gleichzusetzen. Das strahlende Vorbild der perfekten und aufopfernden Mütterlichkeit hat nämlich absolut nichts mit einer von der »Natur« vorgegebenen Bestimmung der Frau zu tun. Eine gute Mutter zu sein bemisst sich keineswegs daran, ob man den ganzen Tag mit der Bastelschere hinter dem Kind steht oder dieses mit selbst zubereitetem Essen aus ausschließlich streng kon-trolliertem ökologischen Landbau versorgt. Das Bild von der sich in Mutterliebe aufopfernden Frau ist vor allem eines: ein gesellschaftliches Konstrukt. Es ist ein Produkt unseres

---

60 »Muttersein ist kein endloses Vergnügen«, Ayelet Waldman im Interview mit Stefan Mesch in: *Die Zeit* vom 18.11.2010

Zeitgeistes, dem keine Frau je gerecht werden kann. Denn eins ist klar: Ganz ohne Fehler wird es in der Erziehung nicht gehen. Und das ist auch völlig normal. Denn ganz ehrlich, nur weil man vielleicht mal die Nerven verloren und das vor Wut tobende Kind unsanft am Arm gepackt hat, gerät es nicht gleich auf die schiefe Bahn.

Und trotzdem bleiben Schuldgefühle, weil die strahlende Perfektion der Mütter nun mal das bestimmende Idealbild unserer Zeit ist – und von den Frauen selbst beständig aufrechterhalten wird. Erstaunlich ist also nicht nur die Hartnäckigkeit des in Deutschland vorherrschenden Müttermythos, sondern auch die Tatsache, dass neben all der berechtigten Freude und Begeisterung für das eigene Kind viele Frauen ein so wenig realistisches Mutterbild nach außen hin transportieren – ein Bild, zu dem der Ärger über trotzende Kleinkinder genauso dazugehören müsste wie die mit jedem weiteren Kind steigende Langeweile angesichts von nicht enden wollenden Bastelnachmittagen und Elternabenden.

Die *Böse Mutter*-Autorin Ayelet Waldman ist da eine große Ausnahme. Denn nach außen hin, da gibt es das alles nicht. Da gibt es nur Kinder, die von Geburt an durchschlafen, 45-Jährige, die sich mit ihrer Schwangerschaft fabelhaft fühlen und Väter, die um nichts in der Welt die Geburt ihres Kindes hätten verpassen wollen, weil das der allerwichtigste Moment ihres Lebens war. Wenn es um Kinder und Elternschaft geht, heißt es in einem Artikel über die schwangere SPD-Generalsekretärin Andrea Nahles, wird wahrscheinlich noch mehr gelogen als bei der Steuererklärung.[61] Wenn es aber um Kinder und mehr noch um Mütter geht, dann muss offenbar das Selbstbild der Frauen mit deutscher Gründlichkeit dem Idealbild angepasst

61 Tina Hildebrandt, »Mütter mobben« in: *Die Zeit* vom 26. 11. 2010

werden. Dann müssen Ganztagsschulen nicht nur ein vertretbarer Kompromiss sein zwischen dem Wohl der Kinder und den Interessen ihrer arbeitenden Eltern, sondern gleich das Beste für die Kinder. Dann müssen Väter nicht mit in den Kreißsaal, weil ihre Frauen sie darum bitten, sondern weil sie es sich sehnlichst wünschen. Dann wollen Frauen so schnell wie möglich wieder zurück an den Arbeitsplatz, aber nicht weil sie das Geld brauchen oder sich Gedanken machen, dass andere ihren Job in der Zwischenzeit womöglich genauso gut machen, sondern weil sie absolut versessen auf ihren Beruf sind und weil es für moderne Powerfrauen gar keine Probleme, sondern immer nur Herausforderungen gibt.

Wo sind eigentlich die ganz normalen Frauen? Und vor allem die ganz normalen Mütter? Wo bleibt die Selbstverständlichkeit, mit der Frauen heute Kinder bekommen und trotzdem arbeiten? Wer bekommt denn einfach noch Kinder, ohne in endlosen Diskussionen und medialen Betrachtungen das Für und Wider der modernen Mutterschaft abzuwägen? Welche Frau nimmt heute denn ihre Mutterrolle einfach so an, ohne sich vorher schon zu fragen, ob sie eine gute Mutter sein wird und den absurd hohen Anforderungen der gehobenen Mütterlichkeit überhaupt genügen kann?

Ein Problem ist sicherlich, dass die Frauen und Mütter zu wenig gesellschaftliche Anerkennung erfahren für das, was sie leisten. Im Gegenteil: ihnen wird vorgehalten, dass sie, wenn sie arbeiten gehen, ihre Kinder vernachlässigen. Und was ist die Alternative? Zu Hause bleiben und sich ausschließlich um Kinder und Haushalt kümmern? Dafür gibt es in unserer Gesellschaft noch weniger Anerkennung – außer eben von ein paar christlich-konservativen Geistern.

Das Ergebnis: Die Überhöhung der Mutterrolle wird von den Frauen selbst vorangetrieben. Aus nachvollziehbaren Gründen. Denn in der symbiotischen Beziehung mit ihrem Kind, das zumindest behauptet die Kulturwissenschaftlerin Elisabeth Bronfen, bekommen die Mütter die Phantasie widergespiegelt, sie seien einzig und unersetzlich. Auch wenn manchen diese Behauptung zu weit gehen mag, so ist mittlerweile doch zu beobachten, dass die Mutterschaft gerade von den gut ausgebildeten und beruflich erfolgreichen Frauen besonders hochgehalten wird, weil dieser Umstand ihnen gleichsam eine ganz neue Anerkennung verleiht. Das private Glück der Mutterschaft wird in der Tat von vielen Frauen selbst idealisiert und überhöht, weil es schließlich als Entschädigung für den Verlust von Erwerbstätigkeit und den Rückzug aus dem öffentlichen Leben herhalten muss.

Das mag erklären, warum viele Frauen von sich aus den zweifelhaften Mythos schüren, dass einzig und allein die hingebungsvolle Fürsorge der Mutter dem Kind einen guten Start ins Leben garantieren könne. Das erklärt dann auch, warum auf einmal hoch intelligente und gut ausgebildete Frauen stundenlang über die Vorzüge von Kürbis- gegenüber Karottenbrei als mögliche Option für das erste Zufüttern monologisieren können – obwohl diese Frage, wenn man mal ehrlich ist, innerhalb von fünf Minuten umfassend geklärt werden kann. Die Regression gerade der beruflich erfolgreichen Mütter in die Welt des Kindes will natürlich kompensiert werden, und so erhalten solche Fragen auf einmal eine übergeordnete Bedeutung, der mit ungeahnter Leidenschaft und deutscher Gründlichkeit nachgegangen wird.

Waldorf oder doch lieber Montessori? Kommunal oder am Ende gar konfessionell? Besser mit musikalischer oder motorischer Frühförderung? »Jeder, der Kinder hat, kennt diese Debatten«, weiß die *Rabenmuttter*-Autorin Jutta Hoffritz. Was einem da auf Spielplätzen und beim Elterncafé im Kindergarten zu Ohren kommt, klingt tatsächlich so, als ob solche Fragen auf einmal das Wichtigste im Leben einer Frau wären. In Wirklichkeit ist es aber auch die Unsicherheit, die darin zum Ausdruck kommt und die sich aus den utopisch hochgeschraubten Erwartungen an die Mutterrolle ergibt. Vermutlich gibt es deshalb überall diese Mütter, die »hauptberuflich« zu Kürbis-oder-doch-besser-Karottenbrei theoretisieren können. Sie kennen sowohl die gesamte Ratgeberliteratur zum Thema Kindererziehung als auch die Öffnungszeiten der Hüpfburgen und Erlebnis-Welten in der näheren Umgebung. Sie setzen den Standard in Erziehungsfragen. Und der wird Jahr für Jahr angehoben – während die Geburtenzahlen beständig nach unten gehen.

Es ist das Gefühl der Ohnmacht, das sich da bei vielen Frauen breitmacht, die sich mit der Mutterschaft mehr oder weniger freiwillig in ein vermeintliches Schicksal der wahren weiblichen Natur fügen. Also suchen sie nach neuen Herausforderungen und Bestätigungen, mit denen sie diesen Rückschritt rechtfertigen können. Und da sind stundenlange Diskussionen über Kindererziehung, Kürbisbrei und Kinderkrankheiten ein gefundenes Fressen. Denn die Mutterschaft verleiht den Frauen eine ganz neue Autorität. Und die hilft zumindest ein bisschen gegen das Unbehagen, das der radikale Rückzug in die Welt des Kindes mit sich gebracht hat.

Das mag auch die freiwillige Rückbesinnung der Frau auf ihre biologische Rolle erklären, denn auch solche Ansichten wie das lange und ausschließliche Stillen oder der Verzicht auf die Peridural-Anästhesie bei der Entbindung werden ja von den Frauen selbst am lautesten vertreten. Die Frauenrechtlerin Elisabeth Badinter beobachtet auch in Frankreich schon seit einigen Jahren eine solche Bewegung, die beim Thema Schwangerschaft und Geburt ein Zurück zur Natur fordert, sich dabei aber als Avantgarde der Moderne ausgibt. Dabei ist natürlich gegen das Stillen absolut nichts einzuwenden, wohl aber gegen die ideologische Vereinnahmung des weiblichen Körpers und den fehlenden Respekt davor, dass die Entscheidung, ob man sein Kind stillen möchte oder nicht, doch nun wirklich eine sehr intime und persönliche ist.

Auch das mütterliche Selbstbild ist offenbar alles andere emanzipiert. Im Gegenteil, hier hat sogar ein gewisser Rückschritt stattgefunden. Muss die emanzipierte Frauen von heute mit Blick auf die weibliche Software nicht auch an diesem Punkt einhaken?

Neue Mütter und neue Perspektiven

Statt weiter einem sentimental verklärten Idealbild anzuhängen, ist es an der Zeit, ein neues Selbstverständnis als berufstätige Frau und Mutter an den Tag zu legen. Höchste Zeit also, sich ein paar neue Perspektiven zu gönnen:

1. Mütter sind in erster Linie Frauen

Ausgangspunkt ist einmal mehr der selbstbewusste Umgang mit der eigenen Weiblichkeit. Müttermythos hin oder her, ein echtes Rätsel unserer heutigen Zeit ist tatsächlich, warum es in unserem kollektiven Bildrepertoire so wenig »nachhaltige Darstellungen für eine Weiblichkeit gibt, die unabhängig von Mütterlichkeit gedacht wird«, bemängelt die Kulturwissenschaftlerin Elisabeth Bronfen zu Recht.

Bei unseren europäischen Nachbarn ist das durchaus anders. Die Französin etwa ist zuallererst einmal Frau und erst dann

Mutter, behauptet zumindest Elisabeth Badinter. Die Frauen in Frankreich arbeiten nach der Geburt ihrer Kinder vergleichsweise schnell wieder. Sie gehen auch bald danach wieder aus und nehmen am gesellschaftlichen Leben teil. Das, so Badinter, sei keineswegs ein Phänomen der Oberschicht, sondern stecke der französischen Frau in den Genen. Schon im 17. und 18. Jahrhundert hätten Frauen neben ihren Kindern auch noch ein eigenes Leben gehabt, ein gesellschaftliches, ein soziales, ein Liebesleben. Die Vorstellung, die wahre Natur der Frau liege einzig in ihrer Funktion als Mutter, weist sie damit entschieden zurück: »Es ist ein wenig so, als sollte das in der Frau schlummernde Säugetier wieder geweckt werden, aber wir Frauen sind nun mal keine Schimpansen«, so die französische Frauenrechtlerin im Interview.[62]

Doch warum geht der Rückzug in die Welt des Kindes und damit ins vermeintlich »wahre« Frausein eigentlich so oft mit einem Verzicht auf Weiblichkeit jenseits von Mütterlichkeit einher? Das Bild der Kinderwagen schiebenden Frau in gebeugter Haltung mit Wickelrucksack auf dem Rücken, praktischer Outdoorbekleidung und festem Schuhwerk drängt sich unweigerlich auf. Meist geht dieser Verzicht schon in der Schwangerschaft los: Haare irgendwie, Schlabberklamotten, kein vernünftiges Make-up und null Sexappeal. Warum eigentlich?

Generation Ally-Autorin Katja Kullmann vermutet in *Die neue F-Klasse,* dass die Mutterschaft die Frauen in mancherlei Hinsicht von dem »pornoartigen Beautydruck« befreie, der allenthalben herrsche nach dem Motto »Ich bin Mutter, jetzt brauche ich mich um meinen Körper nicht mehr zu kümmern«.

---

62 »Frauen sind keine Schimpansen«, Elisabeth Badinter im Interview mit Britta Sandberg in: *Spiegel Online* vom 23. 08. 2010

Das finde ich eine gewagte These, denn mal ehrlich, welche Frau fühlt sich im Schlabberlock zum Bad-Hair-Day schon sonderlich wohl? Viel schwieriger finde ich diese Aussage allerdings als Symptom einer Zeit, in der Frauen in der öffentlichen Wahrnehmung anscheinend nur noch als freizügige Boxenluder vorkommen, die sich bereitwillig bei *Deutschland sucht den Superstar* medial prostituieren. Das oder eben selbstlose Muttertiere, die ihr Äußeres gänzlich vernachlässigen. Gibt es eigentlich noch irgendwas dazwischen?

Ich finde es wirklich schwierig, das weibliche Äußere per se als übertrieben sexlastig zu kritisieren. Und das vermittelt auch ein völlig falsches Bild. Denn wenn ich den Fernseher anschalte, eine Zeitschrift aufblättere oder mich einfach nur auf der Straße umsehe, dann sehe ich jede Menge Frauen, die attraktiv sind, aber überhaupt nichts Anzügliches an sich haben. Selbst wenn wir eine zunehmende Sexualisierung unserer Gesellschaft bemängeln wollen und Hochglanzerotik, Modemagazine und Supermodels mit Sicherheit ihren Teil dazu beigetragen haben, so gibt es doch weibliche Attraktivität – auch in der medialen Darstellung –, die nicht gleich als pornografisch diffamiert werden muss. Was lässt denn dieser pauschale Sexualisierungsverdacht überhaupt noch für ein kollektives Bild von Weiblichkeit zu? Und überhaupt, warum sollten sich Attraktivität, Sexappeal und Mutterschaft grundsätzlich ausschließen? Lippenstift und hohe Absätze zum Kinderwagen? In Frankreich eine Selbstverständlichkeit. In Deutschland ideologischer Zündstoff.

Offenbar ist hierzulande das weibliche Selbstbild und auch die Darstellung von Weiblichkeit viel enger mit einem Ideal von Mütterlichkeit verknüpft als anderswo. Das bleibt natürlich nicht ohne Wirkung. Und so laufen reihenweise Frauen schon ab dem vierten Monat nur noch in Jogginghosen herum. Das sollen sie von mir aus machen. Nur wer sagt ihnen eigentlich, dass werdende Mütter auch wie werdende Mütter aussehen müssen? Weiblichkeit jenseits von Mütterlichkeit jedenfalls scheint nicht mehr selbstverständlich. Natürlich muss nicht jeder versuchen, ausgerechnet in der Schwangerschaft besonders attraktiv und sexy auszusehen. Das kann angesichts des heftigen Hormoncocktails, dem Frauen da vorübergehend ausgesetzt sind, mitunter ganz schön schwierig sein. Es geht mehr darum, diesem fatalen Hang vieler Frauen entgegenzuwirken, die eigenen Bedürfnisse an letzter Stelle zu setzen – hinter Kinder, Mann, Heim und Karriere sowieso. Denn nicht selten schlägt sich dieses Hintenanstellen auf das Aussehen und die Zufriedenheit der Frauen nieder. Und das zumindest, ist eigentlich völlig unnötig.

Übung 42:

Gehen Sie Ihre Garderobe durch. Was davon tragen Sie gerne, wenn Sie sich betont feminin kleiden wollen? Und was ist für Ihren Geschmack schon etwas zu aufreizend? Gibt es aber nicht vielleicht sogar Events, an denen Sie unter Umständen Gefallen an einem aufreizenden Äußeren finden könnten (Silvester, glamouröse Partys)? Kleidung ist immer auch eine Frage der Stimmungen, und in diesem Sinne können Sie ja durchaus variieren. Sie müssen ja nicht gleich das frivole Boxenluder geben, aber der pauschale Verzicht auf alles Weibliche und Feminine ist auch nur eine Möglichkeit von vielen, einem möglichen Unbehagen an der weiblichen Inszenierung zu begegnen.

Ein Tipp für wirklich Unsichere stammt von Margherita Missoni, Model und Erbin des gleichnamigen italienischen Modehauses: »Ich mag es überhaupt nicht, zu viel Haut zu zeigen: vielleicht mal die Beine, mal das Dekolleté, aber bitte nicht gleichzeitig.« Also ein aufregendes Top zur schlichten Jeans oder ein Rollkragenpulli zu Rock und hohen Absätzen. Prima. Nur mit tiefem Ausschnitt und superknappem Mini beweisen Sie nicht gerade Klasse.

2. Gute Mütter sind berufstätig

Fest steht, für die gesunde Entwicklung eines Kindes ist eine enge Mutter-Kind-Bindung bzw. die enge Bindung zu einer andern festen Bezugsperson unabdingbar. Nur steht die Qualität dieser Beziehung nicht in unmittelbarem Zusammenhang mit der tatsächlichen Dauer der miteinander verbrachten Zeit. Die meisten berufstätigen Mütter glauben jedoch, dass sie zu wenig Zeit mit ihren Kindern verbringen. Dabei ist inzwischen wissenschaftlich belegt, dass es nicht auf die Quantität, sondern allein auf die Qualität ankommt. Und da schneiden die arbeitenden Mütter sogar vergleichsweise gut ab. Nicht selten verbringen berufstätige Frauen die knappe Zeit mit ihren Kindern viel bewusster und schenken ihnen am Abend und an den Wochenenden dafür mehr Aufmerksamkeit – nicht zuletzt weil sie einen gewissen Nachholbedarf verspüren. Berufstätige Frauen treten meist auch beim Thema Ausgehen, Hobbys und Sport etwas kürzer, um mehr Zeit für ihre Kinder zu haben. Oder sie haben keine allzu perfektionistischen Ansprüche, was den eigenen Haushalt angeht.

Es gibt keine Studien, die belegen, dass eine Betreuung außerhalb des Elternhauses den Kindern schadet – und das, obwohl sich einige Forscher redlich darum bemüht haben. Auch sind die Kinder unserer französischen und skandinavischen Nachbarn keineswegs neurotischer oder emotional gestörter als unsere. Unter Umständen sind sie sogar selbständiger. Sie weisen auch keine offensichtlichen Verwahrlosungserscheinungen und Leistungsblockaden auf, obgleich sie von klein auf ganztägig in Kindergärten und Schulen betreut werden. Der Besuch von Krippen und Kindergärten wirkt sich besonders auf Einzelkinder positiv aus, da sie im Umgang mit Gleichaltrigen wichtige soziale Fähigkeiten erlernen können. Die Kinder arbeitender Mütter zeigen mitunter sogar bessere schulische Leistungen, hat die PISA-Studie ergeben. Ihre soziale und intellektuelle Entwicklung verläuft also ohne merklichen Unterschied zu der von Kindern, deren Mütter nicht arbeiten.

Übung 43:
Also, Schluss mit dem schlechten Gewissen. Planen Sie lieber einen schönen Ausflug am Wochenende mit den Kindern. Oder gehen Sie alle zusammen Eis essen, ins Kino, ins Museum oder in die Stadtbibliothek. Man kann sich auch verrückt machen …

3. Die richtige Perspektive

Das Kind kommt in das Leben der Mutter und nicht umgekehrt. Dieser eigentlich logische Zusammenhang wird angesichts der neuen Mütterlichkeit in Deutschland manchmal ad absurdum geführt. Achtung, Reihenfolge mag man manchen Frauen zurufen, die ihren Anrufbeantworter vom Sohnemann mit dem Text besprechen lassen: »Hier ist der kleine Tim. Meine Mama und mein Papa sind gerade nicht zu Hause.« Muss die sanktionierte und gesellschaftlich geforderte Regression der Frau in die Welt des Kindes so weit führen, dass Eltern sich nach außen hin nur noch als Anhängsel des eigenen Nachwuchses gerieren?

Wieder ist es die französische Frauenrechtlerin Elisabeth Badinter, die in ihrem Buch auf eine bedenkliche Entwicklung hinweist, den sie als »Rückfall in längst überwundene Zeiten« empfindet. Im Französischen nennt sich dieses Phänomen »l'enfant roi« – das Kind ist der König. Auch ihrer Beobachtung nach stellen reihenweise moderne und emanzipierte Mütter ihre Interessen und Bedürfnisse freiwillig hinter denen des Kindes zurück und betrachten sich selbst als zweitrangig.

Die Ursachen dafür mögen vielfältig sein. Ein Grund ist sicherlich die Tatsache, dass das Alter der werdenden Mütter kontinuierlich steigt. In den 1980er Jahren bekamen Frauen noch mit 25 ihr erstes Kind. Jetzt liegt das durchschnittliche Alter der werdenden Mutter bei knapp 30, Tendenz steigend. Gerade Frauen, die sich relativ spät für ein Kind entscheiden, laufen Gefahr, den eigenen Nachwuchs durch die rosarote Brille zu sehen. Fest steht aber auch, dass Frauen von ihrer Umgebung schnell nur noch als Mütter und nicht mehr als Frau wahrgenommen werden. Bereits während der Schwangerschaft wird aus der erfolgreichen Karrierefrau auf einmal eine »Schwangere«, gibt Michaela Sauer, Autorin des Buches *Ein Kind ändert alles,* zu bedenken. Später wird über sie ohnedies nur noch als Mutter ihres Kindes gesprochen. Vor der Geburt wurde eine Frau über die eigene Person und die eigenen Leistungen definiert, heute ist sie bloß noch die Mama eines Kindergarten- oder Schulkindes. Umso wichtiger ist es, als Frau darauf zu achten, sich nicht komplett von der Mutterrolle vereinnahmen zu lassen.

Es ist auch nicht weiter überraschend, dass ein Buch wie *Warum unsere Kinder zu Tyrannen werden*[63] in Deutschland zum Best-

---

63 Wobei die Thesen des Kinderpsychologen Michael Winterhoff in erster Linie auf Beispiele aus seiner Praxis zurückgreifen, also aus seiner Arbeit mit verhaltensauffälligen Kindern, die er dann, nicht ohne journalistisches Geschick, auf eine ganze Gesellschaft übertragen hat. Ein etwas fragwürdiger und recht subjektiver Blick auf heutige Kinder und die Eltern, die sie erziehen.

seller avanciert. An Verhaltensregeln für die Eltern mangelt es in der Ratgeberliteratur nicht. Fraglich ist dennoch, warum in vielen Familien die Kinder und nicht die Eltern das tägliche Leben bestimmen. Das fängt oft schon beim Essen an, denn Kinder mögen oft nur eine sehr begrenzte Auswahl an ganz bestimmten Lebensmitteln, nach der dann aber der gesamte Familienspeiseplan ausgerichtet wird. Es ist eine schöne Sache, wenn man sich gerne offen gegenüber den Wünschen der Kinder zeigt. Es ist jedoch etwas völlig anderes, wenn dahinter nur der Wunsch steht, sich den Bedürfnissen des Kindes anzupassen.

Es ist anzunehmen, dass in Deutschland auch deswegen immer weniger Kinder auf die Welt kommen, weil viele Frauen nicht bereit sind, ihr ganzes Leben auf kindliche Bedürfnisse auszurichten. Verständlicherweise. In Deutschland aber wird diese Opferhaltung von den Müttern auch erwartet. In Frankreich dagegen ist es normal, dass sich die Kinder nach dem Leben der Eltern zu richten haben und nicht umgekehrt. [64] Und die Frage ist tatsächlich, wie sinnvoll es ist, sein Leben nach den Wünschen eines Dreijährigen auszurichten. Wer erst mal wochen- und monatelang Pizza und Kartoffelbrei gegessen hat, kommt vielleicht selbst irgendwann auf die Idee, dass an dieser Reihenfolge etwas nicht so ganz stimmen kann.

Übung 44:

Ein schwieriges Thema. Vor allem deshalb, weil ich der Meinung bin, dass sich absolut niemand in die Erziehung anderer einmischen sollte (es sei denn, es handelt sich ganz offensichtlich um irgendwelche Missstände). Schließlich ist davon auszugehen, dass Eltern immer nur das Beste wollen und dafür

---

64 Anke Dürr, »Kinder und Karriere: Wieviel passt in ein Leben?« in: *Die Zeit* vom 09.04.2006

auch ihr Bestes geben. Was dabei herauskommt, ist zwangs-
läufig eine bunte Vielfalt unterschiedlicher Erziehungsstile.
Und das ist auch gut so. Ich finde es in diesem Zusammenhang
nur wichtig, gerade Frauen daran zu erinnern, sich von ihrem
Erziehungsauftrag und der Mutterrolle nicht völlig verein-
nahmen zu lassen. Und das wäre dann auch der Übungsteil an
meinem Einwand: Legen Sie Wert darauf, von Ihrer Umge-
bung nicht nur noch als Mutter gesehen zu werden. Lassen Sie
Ihre eigenen Bedürfnisse nicht grundsätzlich außen vor. Denn
wir alle haben schließlich nicht nur die Verpflichtung, für an-
dere zu sorgen, sondern auch für uns selbst. Also, seien Sie nicht
nur noch Mutter, sondern immer auch Frau!

4. Müttermythen in Frage stellen

Einer meiner Lieblingsmythen, die sich beharrlich um das
Thema Mutterschaft ranken, ist: Mit dem Kind verändert sich
alles! Das hört man postwendend, wenn man der Kollegin im
Büro oder der besten Freundin von der eigenen Schwanger-
schaft erzählt. Ist doch klar, dass die eine oder andere junge
Frau, die ihr Leben vielleicht gerade in vollen Zügen genießt,
gar keine Lust auf Nachwuchs hat. Von der Doppelbelastung
Kind und Karriere mal ganz abgesehen.
Sagen wir mal so, mit einem Kind verändert sich so einiges.
Nicht zuletzt der eigene Körper. Zumindest für die nächsten
neun Monate. Aber alles? Ich habe immer noch die gleichen
Freunde. Ich habe immer noch die gleichen Interessen. Ich
sehe zwei Kinder später auch immer noch so aus wie vorher,
nur eben etwas älter, aber nicht grundlegend anders. Ich lache
immer noch über dieselben Dinge. Ich höre immer noch gerne
Musik. Ich gehe immer noch gerne ins Kino. Ich interessiere
mich immer noch für Kunst und Architektur. Auch an meiner

fachlichen Kompetenz hat sich rein gar nichts geändert. Ich weiß also beim besten Willen nicht, worauf sich diese kühne Behauptung gründet, in einem Leben mit Kindern würde nichts so bleiben, wie es vorher war.

Genauso wie wir den Mythos der perfekten Mutter in Frage stellen sollten, sollten wir es auch mit allen andern Mythen handhaben, die sich um das Thema Mutterschaft ranken: Am besten erst mal genau hinsehen und überlegen: Ist das wirklich so? Finde ich das auch? Nur weil aus Frauen Mütter werden, heißt das noch lange nicht, ein unabhängiges Denken aufzugeben. Manche Muttermythen sind einfach schlicht und ergreifend Unsinn. Und der einzig sinnvolle Weg, diesem Unsinn zu begegnen, ist, sich ein eigenes Bild zu machen.

Ein Beispiel: *Zonenkinder*-Autorin Jana Hensel schildert in der *Zeit* ihren Alltag als junge Mutter: »Ein Blick in meinen Kalender bescheinigt mir folgende private Statistik: In den vergangenen vier Monaten habe ich wochentags an drei Abenden Freunde gesehen. Ich war kein einziges Mal im Kino, im Theater, im Fitnessstudio oder in der Sauna. An den restlichen knapp 85 Abenden habe ich am Schreibtisch gesessen und gearbeitet. Genau so, wie ich es auch im Moment wieder tue.«[65] Das mag eine persönliche Erfahrung sein, die so oder so ähnlich von vielen berufstätigen Müttern vielleicht sogar geteilt wird. Ich bezweifle diese Erfahrung auch keineswegs. Aber ich gebe ausdrücklich zu bedenken, dass diese Erfahrung nicht zwangsläufig zum Repertoire jeder jungen Mutter gehören muss.

Warum auch? Wozu gibt es Nachbarn, Freunde oder Großeltern, die auch mal auf den Nachwuchs aufpassen können? Und wenn nicht, dann sollte bei einem Doppelverdiener-Ehepaar wie den Hensels doch wohl hin und wieder der Babysitter

65 Jana Hensel, »Vater Morgana« in: *Zeit-Magazin* vom 30.12.2009

drin sein, wenn einem der Sinn nach Kino oder Sauna steht. Rein logisch kann ich diese Argumentation schon nicht nachvollziehen. Und als Erfahrungshorizont junger Eltern würde ich das sowieso nie pauschal ausgeben.

Das Kino ist drin, versprochen! Auch mit Kindern. Es gibt wahrlich größere Herausforderungen im Leben.

Übung 45:

Sie loggen sich jetzt am besten sofort bei betreut.de, babysittergesucht.de oder haushelden.de ein und planen einen Kinobesuch oder einen ausgedehnten Saunagang. Am besten gleich noch diese Woche. Und selbst wenn Sie Kino oder Sauna gar nicht sonderlich mögen, machen Sie es trotzdem. Einfach nur, um sich diesem Irrglauben zu widersetzen, mit einem Kind sei nun Ihr Leben vorbei, zumindest Ihr gesellschaftliches. Das ist blanker Unsinn, und das sollten Sie so schnell wie möglich herausfinden. Wenn Sie allerdings viel lieber am Sonntagabend auf dem Sofa liegen und Tatort gucken, dann machen Sie doch genau das. Nur erzählen Sie hinterher nicht, es läge an den Kindern. Das stimmt nämlich nicht.

Von echten Müttern und normalen Frauen

Ich habe nun schon seitenweise über die schwierige Vereinbarkeit von Beruf und Familie geschrieben. Aufgerieben zwischen Karriere und Mutterdasein beklagen viele, dass ihr Leben langweilig, monoton und vorhersehbar geworden sei. Spaß und Leidenschaft sind irgendwie dahin. Und ein bisschen schöner, bunter und sinnlicher haben sich die Frauen von heute ihr Leben eigentlich auch vorgestellt.

Also sollten wir langsam auf den Spaß zu sprechen kommen. Denn ja, Kinder und Familie bedeuten auch eine Menge Spaß und Lebensfreude. Und damit meine ich nicht die lustigen Scrabble-Abende oder das mühselige Getüftel, bis endlich der neue Lego Power Miner zusammengebaut ist. Nein, ich meine, dass Kinder und Familie nicht per se und immer nur Frust, Stress und Ärger bedeuten. Warum sonst bekommen wohl Eltern heute immer noch Kinder?

Gut, nicht alles ist perfekt, aber etwas hat sich heute eben doch geändert, auch wenn Jana Hensel in *Die Zeit* etwas anderes behauptet[66]: Junge Väter wissen inzwischen, wie man ein Baby wickelt, wie man Breichen kocht und Schnuller auswäscht. Sie sehen, dass der Alltag einer Mutter ebenso stressig sein kann wie der ihre im Büro. Sie kommen daher auch mal ein paar Stunden eher von der Arbeit nach Hause und verzichten freiwillig auf den einen oder anderen Abendtermin. Sie gehen mit ihren Kindern auch mal unter der Woche auf den Spielplatz und sie haben auch kein Problem damit, alleine auf Elternabende zu gehen. Im Gegenteil, sie bestärken ihre Partnerinnen darin, auch mal ins Kino zu gehen oder am Wochenende wegzufahren, und bringen die Kinder derweil selbst ins Bett. Die jungen Väter sind tolerant und einfühlsam, sie denken mit und packen an, sie können kochen und wissen, wo die Waschmaschine steht. Und das ist keineswegs nur symbolisch, sondern das unterscheidet die meisten von ihnen schon mal grundsätzlich von den meisten ihrer Väter.

In diesem Punkt bin ich mir mit der Autorin offenbar völlig einig.

Natürlich müssen wir darüber diskutieren, dass die heutigen Väter nicht in gleichem Umfang bereit sind, auch auf beruf-

66 Jana Hensel, »Vater Morgana« in: *Zeit-Magazin* vom 30.12.2009

liche Karrieren zu verzichten, wenn es um das Thema Kindererziehung geht, und Einschnitte und Kompromisse gleichermaßen in Kauf zu nehmen, so wie das Frauen tun. Auch das ist
richtig. Aber wir müssen solche Veränderungen auch sehen
und anerkennen.

Und wir sollten der Vollständigkeit halber auch auf einen anderen Punkt zu sprechen kommen: Frauen haben heute nämlich
sehr wohl die Möglichkeit, sich nach der Geburt wieder ein
eigenes Leben jenseits von Kindern und Haushalt aufzubauen.
Und damit wären wir dann wieder beim Thema Spaß und Lebensfreude. Nur manche tun das und andere nicht. Woran liegt
das?

Ich war kürzlich mal wieder bei meinen Freunden mit den
sechs Kindern. Heute eine absolute Ausnahme. Der örtliche
Autohändler hat die junge Großfamilie mittlerweile zum Pro-
blemfall deklariert, weil sie mit schöner Regelmäßigkeit den
erst kürzlich erstandenen Familienvan in ein noch größeres
und noch längeres Modell umtauschen wollen. Inzwischen ist
es ein Bus. Wie sonst sollte man eine achtköpfige Familie samt
Gepäck irgendwohin bewegen können. Nun gut, das sind eben
die Alltagssorgen einer großen Familie.

Es war ein Feiertag und man hatte ein paar Freunde zum Essen
eingeladen. Die Mutter hatte sich zur Feier des Tages hübsch
gemacht und hatte sichtliches Vergnügen daran. Er hatte gekocht. Die Kinder saßen aufgereiht auf der Eckbank im Wohnzimmer. Es hat schnell was von einem großen Familienfest,
wenn alle versammelt sind. Vielleicht ging es etwas turbulenter
zu als in anderen Familien, aber es war nicht mal übermäßig
laut.

Nach dem Essen wurden die Kinder zum Spielen nach draußen
geschickt, nur das Baby turnte noch ein wenig auf dem Sofa
herum. Es gab Kaffee und Gebäck für die Erwachsenen und

dazu einen Digestif. Man unterhielt sich über allgemeine Themen, kam relativ schnell auf Filme, Musik und Politik zu sprechen, eben jeder nach seinen Prioritäten. Dieser Teil des Essens war ganz klar den Erwachsenen vorbehalten.

Ich komme an Feiertagen immer gerne in das Haus meiner Freunde. Zum einen ist es ganz einfach schön inmitten dieser Kinderschar, zum anderen aber sind beide Eltern interessanterweise die Einzigen, mit denen man sich, nachdem man den Kleinen die nötige Aufmerksamkeit geschenkt hat, einfach mal *nicht* über Kinder unterhält, sondern über alles mögliche andere. Und das bei sechs Kindern.

Ganz anders neulich auf dem 40. Geburtstag einer Freundin, Mutter eines 7-jährigen Sohnes: Der sprang um halb ein Uhr nachts immer noch auf der Party herum, eine Uhrzeit, bei der ich ehrlich gesagt so langsam selbst in Erwägung zog, nach Hause aufzubrechen. Die Gespräche der anderen anwesenden Gäste, mehrheitlich Eltern, die man über Kindergarten und Schule kennt, kreisten konsequent um Themen wie die neue Erzieherin im Hort, die letzte Erkältungsrunde in städtischen Kindertageseinrichtungen und die gestiegenen schulischen Anforderungen in der 4. Klasse. Erwachsene Menschen nach 21 Uhr, ein Kühlschrank, Bier in der Hand, Zigarette im Mundwinkel – ganz ehrlich, da fallen mir spontan ein Dutzend bessere Gesprächsthemen ein.

So wie auf dem runden Geburtstag der Freundin, so muss es natürlich nicht immer und überall sein. Aber ich habe diese Beobachtung durchaus schon häufiger gemacht. Und ich lese in der Zeitung, dass eine Frau wie Jana Hensel seit Monaten weder im Kino war noch Freunde getroffen hat. Da frage ich mich doch langsam, ob die ganze Frage der Vereinbarkeit von Kind und Karriere, von fehlendem Privatleben und einem Mangel an Glamour und Sexappeal im Leben berufstätiger

Frauen und Mütter nicht sogar in erster Linie etwas mit einer ganz bestimmten inneren Haltung zu tun hat. Oder eben mit einem ganz bestimmten Selbstverständnis als Frau.

Die Mutter der sechs Kinder war übrigens in diesem Monat schon zweimal im Kino – einmal sogar mit ihrem Mann. Sie hat kurzerhand die Erzieherin vom Kindergarten für den Babysitterjob rekrutiert. Die freut sich angesichts der unterirdischen Bezahlung, die man hierzulande für seine pädagogische Arbeit erhält, über jeden extra Job. Man muss nur mal fragen. Warum aber ausgerechnet junge Mütter von einem oder zwei Kindern in aller Öffentlichkeit am lautesten darüber lamentieren, dass Kino, Fitnessstudio und Sauna nun überhaupt nicht mehr drin seien, ist mir ehrlich gesagt ein Rätsel.

Ein anderes Beispiel ist dann doch mal ein echte Powerfrau: Juliane Kokott, ebenfalls sechsfache Mutter, Generalanwältin am Europäischen Gerichtshof mit Professur an der Universität St. Gallen – ich erwähnte sie bereits. Was man über die Staranwältin liest, lässt jedoch vermuten, dass sie dennoch ein wunderbares Beispiel für eine außergewöhnliche Frau ist, die nicht nur eine beispiellose Karriere hingelegt hat, sondern offenbar auch ein Privatleben und Kinder hat.

Schon von ihrer äußeren Erscheinung her passt Juliane Kokott so gar nicht in das Bild der typischen Karrierepowerfrau. Die Journalistin Anke Dürr beschreibt sie als auffallend schmale Frau mit sanftem Händedruck und leiser Stimme. Für eine Juristin, so Dürr, sei sie sogar ziemlich gewagt gekleidet: ein Anzug mit ausgestellten Ärmeln, der aus der Ferne hellgrau wirkt, bei näherem Hinsehen aber weiß mit einem feinen schwarzen Muster ist, darunter ein sehr buntes Shirt.[67]

---

67 »Kinder und Karriere: Wie viel passt in ein Leben?«, Juliane Kokott im Interview mit Anke Dürr in: *Der Spiegel* vom 09.04.2006

Frau Kokott scheint ihren Spagat zwischen Karriere und Familie nach dem Credo zu leben: Es gibt so viele verschiedene Lebensmodelle, am besten ist immer noch, den Weg zu wählen, den man selbst für richtig hält. Im Gespräch mit der *Spiegel*-Redakteurin wird schnell klar, dass die sechsfache Mutter nicht erwartet, dass man sie sich zum Vorbild nimmt. Die Staranwältin mit dem vollen Terminkalender macht allerdings auch deutlich, dass man sie dann bitte auch nicht mit »Die armen Kinder«-Sprüchen belästigen soll. Ähnliches denkt sich vermutlich auch unsere Arbeitsministerin.

Und trotzdem bleibt die Frage, wie all das zusammengeht. »Wie viel passt in ein Leben?«, so der Artikel über Juliane Kokott. Das Fazit: Wenn man von der sechsfachen Mutter und Staranwältin etwas lernen kann, dann ist das nicht nur die Selbstverständlichkeit und innere Unabhängigkeit, mit der sie die Dinge anpackt, sondern auch ihre Fähigkeit, die richtigen Prioritäten zu setzen. Tunnelblick. Die trockene Wäsche, die auf der Heizung liegt, dabei einfach ignorieren. Und mit dieser Haltung ist es ihr wohl auch möglich, ein eigenes Leben jenseits von Kindern und Karriere zu leben.

Auch Frau Kokott hat vermutlich in ihrem voll gepackten Alltag so manche 80-Prozent-Lösung zu schätzen gelernt. Wozu neben Europäischem Gerichtshof, Professur und sechs Kindern auch noch die perfekte Hausfrau mimen? So genau wissen wir das natürlich nicht. Vielleicht ist die Generalanwältin ja ganz nebenbei auch eine begnadete Köchin. Aber wichtig ist doch: Selbst wenn sie es nicht ist, so hängt sie beim Thema Haushalt und Wäsche mit Sicherheit keinem strahlenden Perfektionismus an. Das ist nicht nur grundsympathisch, sondern sie weiß ganz einfach Prioritäten zu setzen. Sie macht die Dinge so, wie sie es für richtig hält, und es ist ihr vermutlich herzlich egal, ob sie dabei traditionellen Vorstellungen von einer tüchtigen Hausfrau und hingebungsvollen Mutter entspricht oder nicht.

Nein zum Perfektionismus

Vermutlich liegt die Antwort auf die Frage »Wie viel passt in ein Leben?« im Hause Kokott oder bei jeder anderen Frau, die es schafft, nicht zwischen Karriere und Mutterdasein aufgerieben zu werden, in ebendieser inneren Unabhängigkeit. Frauen wie Juliane Kokott oder Ursula von der Leyen, die offenbar mit Leichtigkeit zwischen Kinderschar und Megajob jonglieren, zeigen sich nicht im Mindesten beeindruckt oder gar irritiert, weder von positiven Stimmen noch von negativer Kritik. Es ist die Gelassenheit und Selbstverständlichkeit, mit der sie sich ihren Herausforderungen stellen, genauso wie der unbeirrbare Glaube an sich selbst, der jeder berufstätigen Frau und Mutter als Vorbild dienen sollte.

Bestes Beispiel dafür ist Ursula von der Leyen. Kritik an der Arbeitsministerin gibt es reichlich, beliebt und erfolgreich ist sie trotzdem. Den einen ist sie zu links, den anderen zu rechts, den einen zu sehr Karrierefrau, den anderen zu sehr Mutter. Es scheint, keine Politikerin wurde je so engagiert bekämpft, ja geradezu gehasst wie sie. »Diese Frau nervt«, stellte *Der Spiegel* unumwunden fest. Ihr politischer Mut ist gleichermaßen gefürchtet wie bewundert. Die meisten hassen sie jedoch, weil sie nicht nur sieben Kinder hat und darüber nicht gramgebeugt, sondern stets mit einem Lächeln und einem provozierenden Optimismus in die Weltgeschichte hinausschreitet. Zwar zählt sie zu den beliebtesten Politikerinnen in Deutschland. Und dennoch bleibt sie für viele eine Provokation: das »Eifernde«, das »Fromme«, das »Heranmarschieren auf spitzen Schuhen«, die pragmatische Attitüde, das Dressurreiten, die Hausmusik, der Spitzname »Röschen«, die vielen Kinder und dann so eine Figur – Frau von der Leyen, so schreibt *Die Welt,* ist »mit jeder Faser eine Provokation«.[68] Ihr ist das egal.

Das Erfolgsgeheimnis solcher Frauen liegt ganz klar in ihrer inneren Unabhängigkeit und dem unbeirrbaren Glauben an sich selbst.

Der Versuch, es allen recht machen zu wollen, führt hingegen direkt in die Sackgasse. Das Streben nach Perfektion – Familie, Beruf, das bisschen Haushalt und alles am besten tipptopp – wird keinen glücklich machen. Gerade bei Doppelbelastung durch Kind und Karriere wird es höchste Zeit, sich vom Perfektionswahn zu verabschieden. Dann eben kein selbstgebackener Kuchen zur Geburtstagsfeier im Kindergarten. Dann ist die Wäsche eben ungebügelt. Dann ist man für das Meeting in der Agentur eben nicht zu 150 Prozent vorbereitet, dafür aber ausgeschlafen. Dann hat man eben ein paar Pfunde zu viel auf den Rippen, dafür aber ein entwaffnendes Lächeln. Dann ist man eben nicht im Topmanagement gelandet, hat aber einen Beruf, der einem jede Menge Spaß macht. Dann guckt einen die Nachbarin eben schief an, wenn man erst gegen 19 Uhr aus dem Büro kommt und die Kinder den ganzen Nachmittag von einem Kindermädchen betreut werden. Dann gilt man eben unter den Freundinnen als Snob, nur weil man sich drei Mal die Woche eine Haushaltshilfe leistet, um mehr Zeit mit der Familie verbringen zu können. Na und? Man kann es ohnehin nicht allen recht machen.

Dabei beginnen viele Frauen mit dem Perfektionismus ausge-

68 Mariam Lau, »Ursula von der Leyen – verhasst und erfolgreich« in: *Die Welt* vom 11. 05. 2009

rechnet dann, wenn sich Kinder ankündigen. Es fängt damit an, dass die werdenden Mütter durch sämtliche Kreißsäle der näheren Umgebung tingeln und nach afrikanischen Geburtsseilen, Maya-Gebärhockern, Sprossenwänden und Unterwassergeburts-Becken Ausschau halten, erzählt die Hebamme Luise Kaller im Interview.[69] Diese Frauen gehören, so ihre Beobachtung, nicht selten einer Generation der Spätgebärenden an, hochkonzentriert, fixiert und überinformiert und sehr darum bemüht, auch ja die richtige Entscheidung zu treffen. Oft fehlt es ihnen beim Thema Schwangerschaft und Geburt an der nötigen Spontaneität und Gelassenheit, findet Frau Kaller. Schon lange vor der Entbindung haben sie sich ausführlich über PEKIP-Kurse, Babyschwimmen und die örtlichen Treffen der La-Leche-Liga informiert. Im Kleinkindalter machen sie sich mit dem gleichen Ehrgeiz auf die akribische Suche nach der besten musikalischen Früherziehung oder dem richtigen Early-English-Kurs, um auch ja alle Möglichkeiten der Frühförderung auszuschöpfen.

Es liegt wohl an unserer Leistungsgesellschaft, dass Eltern glauben, stets das Beste aus ihrem Kind herausholen zu müssen, vermutet Ulrike Hartmann in ihrem Buch *Mutterschuldgefühle*. Schließlich sollen aus ihnen ja mal erfolgreiche, leistungsfähige und ehrgeizige Menschen werden, die am besten multi-lingual, hochbegabt, sportlich und schön sind und am Ende selbst eine perfekte Karriere hinlegen.[70]

»Die Mehrheit der Mütter nimmt ihre Kinder wie eine Art Rohdiamant wahr, der geschliffen werden muss«, glaubt die

---

69 »Singen oder Schreien – egal! Hauptsache, laut.« Luise Kaller im Interview mit Tina Hildebrandt und Henning Sußebach in: *Die Zeit* vom 02.01.2010

70 Ulrike Hartmann, »Mutterschuldgefühle: Bye-bye Perfektionismus!« auf *fem. com* vom 05.12.2010

Psychologin Ines Imdahl.[71] Und stellt sich der ersehnte Erfolg nicht ein, dann haben sie ganz klar etwas falsch gemacht. Eltern allgemein, doch insbesondere Mütter hecheln der Erfüllung idealer Normen hinterher und sehen sich einem immensen Leistungsdruck ausgesetzt. Unbewusst hängen solche Frauen der Vorstellung an, so Frau Imdahl, dass sie durch die richtige Förderung und Forderung ihre Kinder so formen können, wie es ihnen selbst und der Gesellschaft recht ist. Sie sollten möglichst nicht in Treppenhäusern und Supermärkten herumschreien und nach Möglichkeit Geige oder Klavier spielen. Doch gerade in diesem zwanghaften Streben nach Perfektion sieht die Psychologin eine der Hauptursachen, warum immer mehr Frauen heute Angst vor dem Kinderkriegen haben.

Mehr Gelassenheit

Auch wenn Nachbarn, Lehrer, Familie und Freunde und unzählige Ratgeber beständig Tipps und Tricks parat haben, wie das Kind am besten zu fördern und fordern sei, so sollte man diesem Perfektionswahn doch sehr kritisch gegenüberstehen. Gerade die deutschen Mütter fühlen sich doch von dem Anspruch, eine gute Mutter zu sein, oftmals überfordert. Sie haben ihr Selbstverständnis als Mutter verloren. Sie wirken unsicher und verlassen sich kaum noch auf ihren Instinkt. Im Mütter-Perfektionismus zeigt sich nämlich eine erstaunliche Unfähigkeit, sich auf das eigene Gefühl verlassen zu können.

71 »Mütter-Perfektionismus: Frauen von heute und ihre Angst vorm Kinderkriegen«, Ines Imdahl im Interview mit Andreas Fasel in: *Die Welt* vom 25.12.2010

Was wir dringend brauchen, so die Psychologin Ines Imdahl, ist ein neues, von der Perfektion befreites Mutterbild, das die Botschaft vermittelt: »Du darfst auch mal Fehler machen. Nur weil du mal die Nerven verloren und dein Kind angeschrien hast, wird es noch lange nicht drogensüchtig.«

Wer sich von der Perfektions-Panikmache nicht anstecken lassen möchte, der sollte sich von dem Gedanken lösen, immer alles richtig machen zu müssen. Und das gilt besonders für den Perfektionismus, der sich als Anspruch von außen manifestiert. »Lösen Sie sich vom Perfektionismus«, lautet einer der wichtigsten Grundsätze von *Simplify Your Life*-Guru Werner Tiki Küstenmacher: Nur weil man selbst keine begnadete Köchin, der Partner kein großer Handwerker und das Kind kein Einserschüler ist, muss niemand an der Welt verzweifeln.[72] Der Optimierungswahn vieler Eltern ist nichts anderes als das Streben nach vermeintlicher Sicherheit, nichts falsch gemacht zu haben. »Wer überall perfekt sein will, ist bloß feige«, behauptet Wirtschaftsjournalist Klaus Werle, Autor des Buches *Die Perfektionierer.* Das Streben nach Perfektion sei in erster Linie eine Strategie zur Vermeidung von Risiken und Fehlern. Doch damit nimmt man sich auch jegliche Möglichkeit, zu lernen und sich weiterzuentwickeln. Scheitern aber gehört zum Leben dazu. Und das ist mal wirklich kein billiger Kalenderspruch.

Doch was heißt das nun konkret? Wie kann ich mich vom Perfektionsstreben einer überehrgeizigen Mutter lossagen?

Das Wichtigste vorab: In Fragen der Kindererziehung gibt es keinen Preis zu gewinnen. Zumindest keinen, der einem von irgendeiner übergeordneten Instanz verliehen werden könnte.

---

72 »Lösen Sie sich vom Perfektionismus.« Werner Tiki Küstenmacher im Interview mit *Focus-Schule,* Ausgabe 5/2009

Wer versucht, eine gute Mutter zu sein, um auf der Beliebt-heitsskala nach oben zu klettern oder das eigene Ansehen zu steigern, läuft immer in eine Sackgasse.

Und gerade das perfektionistische Streben lässt so manche Mutter in ihrem Bemühen, das Beste für ihre Kinder zu tun, angestrengt und verbissen wirken. Auch die, die sich selbst für ganz locker und zwanglos halten, dann aber doch alle Mög-lichkeiten der Frühförderung unbedingt ausschöpfen wollen. Das Kind soll nach Möglichkeit Geige spielen und schon im Kindergarten Englisch lernen – und dabei immer »möglichst locker und zwanglos aussehen«, moniert die Psychologin Imdahl. Nur ist dieser Zwang zur Zwanglosigkeit auch schon wieder so ein Perfektionismus.

Übung 46:

Ihr Kind hat noch nie ein Musikinstrument in der Hand gehalten – na und? Vielleicht sind Sie ja selbst gänzlich unmu-sikalisch. Von Early English im Kindergartenalter halten Sie sowieso nix? Schließlich haben Sie die englische Sprache auch erst in der Schule gelernt und sprechen heute eigentlich ganz passabel. Bio und Vollwert schön und gut. Soll ja auch wirklich gut sein fürs Kind. Aber die Pfannkuchen mit Dinkel-Voll-kornmehl schmecken ganz einfach grauenhaft. Die Kinder im Kindergarten malen alle schon viel besser als der eigene Spröss-ling – aber muss man deshalb jetzt drei Mal die Woche zur Egotherapie rennen?

Sie gehen dafür gerne mit Ihren Kindern nachmittags im Wald spazieren, weil Ihnen das selbst guttut, wo Sie doch täglich acht Stunden auf den Bildschirm starren. Auch gut. Mit der Großen haben Sie schon im Kindergartenalter Ihre Leiden-schaft für Sushi geteilt. Schön. Für Legotürme konnten Sie sich nie erwärmen, aber Sie suchen gerne mit Ihren Kindern alte

Ernie & Bert-Folgen auf Youtube und machen es sich dabei mit den Kleinen zu Hause gemütlich. Prima. Bleiben Sie doch dabei. Wer sagt, dass das eine besser oder schlechter sei als das andere?

Das Wichtigste beim Thema Kinder und Familie ist es, sich von dem Gedanken zu verabschieden, an seinen Schwächen arbeiten zu müssen. Bis zu einem gewissen Niveau allgemeiner Fähigkeiten mag das ja schön und gut sein, so der *Perfektionierer* Klaus Werle. Aber darüber hinaus ist es viel klüger und sinnvoller, den eigenen Interessen und Leidenschaften nachzugehen und die eigenen Stärken auszubauen, anstatt sich an den Schwächen abzuarbeiten. Vielleicht fällt es Ihnen besonders schwer, sich in die Lego-Powerminer-Welt des Jüngsten reinzudenken und Sie können sich nur schwerlich für den neuesten Kristallsammler begeistern. Warum auch? Schließlich ist das Spielzeug für Menschen unter 1,50 Meter konzipiert. Dafür haben Sie mit Ihrem Kind unlängst eng zusammengekuschelt auf dem Sofa über alte Tom-und-Jerry-Folgen gelacht und ihm dabei besonders viel Nestwärme mitgegeben. So wird zwar aus Ihrem Kind kein großer Ingenieur oder Geigenvirtuose. Aber vielleicht ist das ja auch gar nicht so wichtig.

Mut zum Delegieren

Es gibt immer Aufgaben im Haushalt oder der Kindererziehung, die andere ebenso erledigen können. Und es gibt jede Menge Väter, die genauso gut mit den Kindern auf den Spielplatz gehen oder Hausaufgaben machen können. Doch auch hier wirkt ganz subtil der Mütter-Perfektionismus. Gut, es mag immer noch genügend Väter geben, die sich vor dem Herumstehen auf dem Spielplatz drücken oder das Vokabelabfragen ihren Frauen überlassen. Aber es gibt auch genug Mütter, die ihren Männern den richtigen Umgang mit dem Kind gar nicht zutrauen – natürlich nicht ohne den Vorwurf, es bliebe mal wieder alles an ihnen hängen. Dahinter steckt die Vorstellung, dass das »Projekt« Kind nur gelingen kann, wenn Frau sich selbst darum kümmert. Nicht wenige Frauen, so das Ergebnis einer Studie des Rheingold Instituts, trauen ihren eigenen Männern oftmals nicht zu, die Kinder zu versorgen. Der Satz »Mein Mann kann die Kinder nicht richtig anziehen« – fiel in den Interviews nicht nur einmal, bemerkt die Leiterin der Studie Ines Imdahl.

Aber ohne Delegation geht es nicht. Dazu gehört aber auch, zu akzeptieren, dass der junge Vater vielleicht nicht den richtigen Trinkaufsatz fürs Fläschchen verwendet oder auf dem Spielplatz nur die Hälfte der mitgebrachten Sandförmchen wieder einsammelt, weil Männer sowieso nie genau wissen, ob nun die himmelblaue Schnecke oder die knallrote Erdbeere das Eigentum der kleinen Prinzessin ist. Auch ist davon auszugehen, dass Oma den Kleinen immer ein bisschen zu viel Schokolade gibt. Und es kann durchaus sein, dass der Babysitter den Dreijährigen einen Tick zu lange vor der Glotze sitzen lässt. Auch gibt es in unserer heutigen Zeit immer noch genug Frauen, die sich städtische Kindertageseinrichtungen eher wie rumänische Waisenhäuser vorstellen und konsequent die Rundumbetreuung des eigenen Nachwuchses propagieren. Wer Kindererziehung in dieser Form an sich reißt und einem verqueren Mütterbild von strahlender Perfektion anhängt, für den wird es mit dem Arbeiten und dem Kinderkriegen natürlich schwer. Kinder und Karriere – das geht nun mal nur in Teamarbeit.

Die Generalanwältin Juliane Kokott spricht übrigens im *Spie-*

gel-Interview auffällig oft von »wir«, wenn es um wichtige Entscheidungen innerhalb der Familie geht. In ihrer Ehe scheint es viel Vertrauen und Toleranz zu geben. Kein einziges Mal äußert sie sich abfällig oder auch nur distanziert über ihren Mann. Das erklärt vielleicht, warum die Aufgabenteilung in der Ehe Kokott so gut zu funktionieren scheint, in anderen Ehen aber oft die eigentliche Konfliktlinie darstellt. Und die offenbart sich meist darin, dass die junge Mutter dem Vater ihres Kindes zum wiederholten Mal die Hölle heiß gemacht hat, weil er das Regenzeug vergessen hat, als er mit dem Spross das Haus Richtung Spielplatz verließ. Oder versehentlich die falsche Windelgröße vom Großeinkauf am Wochenende mitgebracht hat. Oder absolut keine Ahnung hat, was die Information »laktosefrei« auf den Gläschen mit Babybrei zu bedeuten hat. Dahinter steckt einmal mehr die Vorstellung, dass das »Projekt« Kind nur gelingen kann, wenn die Frau sich selbst um alles kümmert.

Vertrauen und Toleranz sind jedoch Eigenschaften, die berufstätige Mütter nicht nur von ihrem Umfeld erwarten dürfen, sondern auch in das ganze Thema Fremdbetreuung setzen sollten. Was sie in den meisten Fällen davon abhält, ist ein verqueres Mütterbild, das den Frauen die alleinige Autorität in Fragen der Kindererziehung zuspricht. Ein Ansatz, den man auch zum Wohle der Partnerschaft besser überdenken sollte.

Übung 47:

Finden Sie gemeinsam mit Ihrem Partner heraus: Wo beim Thema Haushalt und Kinderbetreuung ist der Partner gefragt? Wo können vielleicht sogar die Kinder schon mit anpacken? Es hat noch keinem Kind geschadet, den Müll runterzubringen oder die Spülmaschine auszuräumen. Und den Großeinkauf am Samstag können auch die Väter erledigen.

Und wenn er doch wieder die falsche Windelgröße mitbringt? Ganz ehrlich, davon hat noch kein Kind bleibende Schäden davongetragen. Teilen Sie die Verantwortung für Ihr Kind und übertragen Sie die Verantwortung auch auf andere. Niemand verlangt von Ihnen, dass Sie dauerhaft eine One-Man-Show hinlegen. Gegebenenfalls müssen Sie dazu auch etwas an Ihrer Einstellung ändern. Den Idealzustand gibt es ohnehin nicht. Irgendwas bleibt immer auf der Strecke. Am Ende ist es vielleicht die Bügelwäsche. Na ja, das lässt sich nun wirklich verschmerzen.

Mehr Puffer für Unvorhergesehenes

Der Perfektionswahn vieler Mütter rührt vor allem daher, dass Schwangerschaft, Geburt und das Aufziehen von Kindern für jede Frau eine fremde Erfahrung ist, das zumindest ist die Überzeugung der Hebamme Luise Kaller mit ihrer über 50-jährigen Berufserfahrung. Und in den meisten Fällen das schlichte Gegenteil zu ihrem bisherigen Alltag.

Kerngruppe der Kinderlosen sind nach wie vor Frauen aus der gebildeten Mittelschicht. Frauen mit guter Qualifikation und verantwortungsvollen Jobs bekommen heute besonders wenig Kinder. Die eigene Karriere wurde noch sorgsam geplant und zielstrebig verfolgt. Der Alltag verlief zwischen den eigenen vier Wänden, Büro und Freundeskreis. Das hatte viel Vertrautes, Übersichtliches und Routiniertes. Und nun hat man auf einmal ein schreiendes Etwas im Arm, vom dem man nicht so genau weiß, ob es müde, hungrig oder sonst wie bedürftig ist. Im Zweifelsfall alles zusammen.

Der Begriff des Unvorhergesehenen erhält mit Kindern ohnehin eine völlig andere Bedeutung, ja eine ganz neue Dimension. Schlaflose Nächte kennt man im besten Fall noch von durchzechten Partys und neuen Lovern. Ungläubig guckt man nun auf den Wecker, wenn einem der Säugling seinen neuen Schlafrhythmus präsentiert und nun dank des neuen Guten-Abend-Breis zwar um Mitternacht nichts mehr will, dafür aber gegen vier Uhr morgens hungrig aufwacht. Da ist es selbst im Sommer noch nicht wirklich hell. Definitiv eine unchristliche Zeit. Aber was interessiert das schon ein Baby.

Was auch jede Mutter kennt: Gerade hat man sich eine gefühlte Ewigkeit für den Spaziergang gerüstet, den Mittagsschlaf abgepasst, eine kleine Zwischenmahlzeit gerichtet, versucht, an alles zu denken, die Kinder mit dicken Pullis, Jacken, Schals, Mützen und allem, was dazugehört, ausgestattet, auch an den Puppenbuggi und die Apfelsaftschorle gedacht und allein fürs Anziehen, kaum zu glauben, aber wahr, eine geschlagene Stunde gebraucht. Die befreundete Mutter wartet auch bereits unten vor der Tür, da sind aus der Windel des Jüngsten eindeutige Geräusche zu vernehmen. Es hilft nichts: Der Anziehspaß beginnt von vorne. Und die Freundin geht am besten schon mal vor.

Wer bislang ein recht ordentliches Zeitmanagement hatte, wird mit Kindern meist eines Besseren belehrt. Die Rahmenbedingungen haben sich definitiv verändert. Kleine Zwischen- und Notfälle sind an der Tagesordnung. Genaues Planen ist kaum noch drin. Da hilft nur eins: großzügig mit der Zeit haushalten. Genügend Puffer einkalkulieren. Und nicht zu viel vornehmen. Wer nicht im Alltagschaos versinken will, sollte frühzeitig lernen, mit den eigenen Energiereserven sehr bewusst umzugehen. Und dazu gehört es auch, kein schlechtes Gewissen zu haben, wenn sich der Nachmittagsausflug trotz Verabredung eben um eine Stunde verschiebt.

Doch viele berufstätige Mütter kennen heute nicht nur den vollgestopften Terminkalender aus dem Büro, sondern laden sich auch beim Thema Kindererziehung viel zu viel auf. Die Kindererlebniswelt im Schwimmbad, der Flötenkurs und vorher am besten noch schnell in die Stadtbibliothek – das reicht als Programm für eine ganze Woche, wird aber nicht selten an einem Nachmittag absolviert. Der Stress ist so natürlich vorprogrammiert.

Eine Aufgabe abzulehnen, sich gegen den Trend zu stemmen und auch mal nein zu sagen, verlangt Unabhängigkeit und Selbstbewusstsein. Nicht jedes Angebot muss genutzt werden. Wer den Alltagskram endlich im Griff hat, tut gut daran, die gewonnene Zeit nicht gleich wieder zu verplanen. Um das Leben mit Kindern – aber auch ohne – zu genießen, braucht es auch mal Leerlauf, Platz für Müßiggang und Besinnung. Nur so kann ich mit meinen Kraftreserven besser haushalten.

Wenden wir uns also einem der wichtigsten Mütter-Themen überhaupt zu, viel wichtiger noch als allergenfreie Nahrung oder frühkindliche Förderung: dem nötigen Freiraum neben Kindern und Karriere.

Freiräume contra Perfektionismus

Gerade wenn das Alltagschaos droht über einem zusammenzubrechen und die Anforderungen des Mutterseins einen überfordern, ist es wichtig, einen Gegenpol zu haben, ein Rückzugsgebiet, etwas Eigenes, jenseits von Kindern und Haushalt.

Ich komme Ihnen jetzt nicht mit dem Vorschlag, sich ein eigenwilliges Hobby zuzulegen oder fünf Mal die Woche ins

Fitnessstudio zu rennen. Ich bin aber der Meinung, dass die Haltung französischer Frauen zum Thema Kindererziehung doch einiges für sich hat. Bei unseren Nachbarn hat es für die Frauen einen viel größeren Stellenwert, neben Kindern auch noch ein eigenes Leben, ein gesellschaftliches, ein soziales, ein Berufsleben zu haben. Und die französischen Frauen bekommen beinahe doppelt so viele Kinder wie Frauen hierzulande. Wer da keinen unmittelbaren Zusammenhang sehen will …

Der eigentlich bedeutsame Aspekt daran ist jedoch: Wer sich allein über das Muttersein definiert, wird enttäuscht feststellen, dass er über kurz oder lang keine wirkliche Herausforderung mehr im Leben haben wird. Das Aufziehen von Kindern ist ohne Zweifel eine sehr sinnvolle und höchst verantwortungsvolle Aufgabe. Und so manche Eltern, das muss man mal ganz ehrlich sagen, entbindet die Erziehung ihrer Kinder für schlappe 15 oder 20 Jahre von der Frage nach dem Sinn des Lebens. Und dann? Muttersein, das muss man sich deutlich vor Augen halten, ist eine Rolle, die uns lediglich für einen vergleichsweise kurzen Lebensabschnitt erfüllen wird.

Wir werden heute alle deutlich älter. Und wenn wir zurückblicken, wäre es bedauerlich, wenn sich die Vollzeitmutti fragen muss, was sie eigentlich all die Jahre gemacht hat, außer sich rund um die Uhr für andere abzurackern. Weil sie unter Umständen ihr ganzes Leben nur darauf aufgebaut hat, vor einiger Zeit mal ein paar Kinder in die Welt gesetzt zu haben.

Es ist wichtig, sich ein eigenes Leben neben Haushalt und Kindern aufzubauen. Und zwar von Anfang an. Auch weil dies die einzige Möglichkeit ist, den hohen Anforderungen, die Mutterschaft und Beruf an einen stellen, überhaupt gerecht zu werden.

Doch die Realität vieler Frauen sieht anders aus: Sie nehmen sich zu wenig Zeit für sich selbst, und die Berufstätigkeit geht, zumindest solange die Kinder klein sind, fast immer auf Kosten der eigenen Freiräume. Wenn aber überhaupt keine Freiräume mehr übrig bleiben, dann ist den Frauen auch jede Möglichkeit genommen, zu regenerieren und die eigenen Batterien wieder aufzuladen. Ausgehen mit Freunden, Kinobesuche, übers Wochenende wegfahren, sich für etwas engagieren, das einem am Herzen liegt – das ist nicht irgendein Luxus, den man sich als gute (sprich: aufopferungsvolle) Mutter in jedem Fall verkneifen muss, sondern im Gegenteil genau das, was jede Mutter unbedingt tun sollte, gerade um den hohen Anforderungen durch Karriere und Kindern gerecht zu werden. Ich möchte sogar behaupten, erst die eigenen Freiräume schaffen überhaupt die Voraussetzung dafür, eine gute Mutter zu sein.

Das Problem an unserem idealisierten Mutterbild ist ja vor allem, dass jede Frau, die eine gute Mutter sein will, tagtäglich einen enormen Anforderungskatalog abarbeitet, der sie nicht nur unglaublich viel Kraft kostet, sondern ihr auch kaum noch Raum lässt, sich überhaupt zu überlegen, was sie selbst gern tun würde oder woran sie besonders Spaß hätte. Berufstätige Frauen und Mütter funktionieren irgendwann einfach nur noch. Und ein bisschen schöner, bunter und sinnlicher haben sie sich ihr Leben eigentlich schon vorgestellt.

Das ist in unserer Gesellschaft häufig so und zieht sich im Grunde durch alle Lebensbereiche. Wer heute studiert, schielt eigentlich nur noch auf den Arbeitsmarkt nach dem Motto »Was will die Wirtschaft in fünf Jahren, wenn ich fertig bin?«, bemängelt der Wirtschaftsjournalist Klaus Werle.[73] Wer leistet es sich schon, den eigenen Interessen und Leidenschaften zu folgen? Alle gehen auf Nummer sicher. Da wird auf Effizienz

73 »Wer überall perfekt sein will, ist bloß feige«, Klaus Werle im Interview mit Roman Heflik in: *Stern* vom 18. 03. 2010

getrimmt, um in unserer Leistungsgesellschaft ja perfekt zu funktionieren.

Die Folge: Wir orientieren uns an äußeren Vorgaben und jagen fremden Zielen hinter. Mit Spaß und Leidenschaft hat das dann nichts mehr zu tun. Oft nicht mal mehr mit unseren persönlichen Wünschen. Dabei ist dieses Verhalten nicht einmal sinnvoll. Selbst Personaler beklagen inzwischen eine Situation auf dem Arbeitsmarkt, so Werle, in der Bewerber zwar beste Qualifikationen mitbringen, aber auch alle immer ähnlicher und stromlinienförmiger sind. Perfektion und Optimierung schaffen jedoch Gleichförmigkeit. Und nicht selten Mittelmäßigkeit. Was aber auf dem Arbeitsmarkt gebraucht wird, sind Menschen, die nicht einfach nur brav ihre Aufgaben erledigen, sondern zeigen, dass sie dabei kreativ sind, ihren eigenen Kopf haben und eine eigene Meinung formulieren können. Erst dann kann man in dem, was man leisten will, auch wirklich gut sein.

Das ist beim Thema Mutterschaft nicht anders.

Im Versuch, möglichst perfekt zu sein, leisten Frauen einen enormen Einsatz, der sie jedoch restlos erschöpft und auszehrt. Höchste Zeit, sich neue Prioritäten und Freiräume zu schaffen und ein eigenes Leben jenseits von Kindern und Haushalt aufzubauen. Dazu einige Vorschläge …

1. »Me first«

Die eigentliche Mütterfalle sind nicht unzureichende Kinderbetreuungsplätze oder fehlende Teilzeitstellen, sondern die Tatsache, dass Frauen umso unglücklicher werden, je mehr sie sich im Alltag abstrampeln. Der Grund: Sowohl das sentimental verklärte Mutterbild als auch das der modernen Karrierepowerfrau zwingen unserem Engagement die falschen

Motive auf. Und irgendwann geht es nur noch um Pflicht und Perfektion.

Mutterdasein kann durchaus erfüllend sein, wenn man das Aufziehen von Kindern als seine eigentliche Berufung ansieht. Und längst nicht jede Frau, die sich gegen Karriere und für Kinder entschieden hat, ist mit ihrem Leben unzufrieden. Überhaupt nicht. Unglücklich ist nur diejenige, die eigentlich Karriere machen wollte und trotzdem daheim bleibt.

Was vielen Frauen fehlt, ist die innere Verpflichtung sich selbst gegenüber, genau das zu tun, was man eigentlich tun möchte. Wer Kinder und Haushalt als reine Pflichterfüllung empfindet, wer stets mit dem eigenen Schicksal hadert und insgeheim der Meinung ist, zu Besserem und Höherem berufen zu sein, der hat schlichtweg nicht die nötige Verantwortung für sich selbst übernommen. Die äußeren Umstände, die Kinder, der Mann, das Haus, die Bügelwäsche – all das kann nie der wirkliche Grund dafür sein, die eigenen Ziele, Interessen und Leidenschaften aufzugeben.

Wer andererseits auf Biegen und Brechen Karriere macht, obwohl er sich insgeheim nichts sehnlicher wünscht, als mit einem Mann eine Familie zu gründen, wird genauso unglücklich sein wie die Frau, die auf ihre Karriere verzichtet, weil sie den Träumen ihres Mannes nicht im Wege stehen will, obwohl sie eigentlich selbst Großes vorhatte. In diesem Punkt halte ich mich an den Rat der *Viva La Diva*-Autoren und orientiere mich an den Sicherheitsanweisungen im Flugzeug: Dort wird man auch dazu aufgefordert, zuerst sich selbst die Sauerstoffmaske aufzusetzen und erst dann anderen Personen zu helfen. Nur wenn es mir gutgeht, habe ich auch genug Energie, dafür zu sorgen, dass es meinem Kind, meinem Partner oder meiner Firma gutgeht.

Setzen Sie sich daher selbst unbedingt an erste Stelle.

2. Aus der Reihe tanzen

Es braucht jede Menge Mut, Selbstvertrauen und innere Unabhängigkeit, um sich vom Idealbild der perfekten Mutter und Karrierepowerfrau zu distanzieren, um sich der Meinung anderer und fremden Ansprüchen zu entziehen, um auf die Zustimmung und Bestätigung von außen zu pfeifen.

Dabei geht es nicht darum, die eigenen Unsicherheiten und Sorgen, Ängste und Schwächen zu ignorieren. Wohl aber darum, sich davon nicht beirren zu lassen. Ich muss einstehen für meine eigene Meinung, meine Eigenheiten, meinen Lebensentwurf, auch auf die Gefahr hin, nicht in das vorherrschende Idealbild zu passen. Soll doch jeder nach seiner Fasson glücklich werden. Es geht mehr um Vertrauen in die eigenen Werthaltungen und mehr Achtung vor den eigenen Überzeugungen. Es geht ganz einfach darum, das zu verteidigen, was einem wichtig ist.

Ich habe das Recht, einfach lauthals loszulachen, in meinen eigenen vier Wänden Chaos anzurichten, meine Kinder bei der Tagesmutter unterzubringen, das Büro früher zu verlassen, um noch ein paar Stunden für mich zu haben, bevor die Kinder nach Hause kommen, mich aufreizend zu kleiden, Löcher in die Luft zu starren, Stunden im Bad zu verbringen, meine Kindern Fernsehen gucken zu lassen, unsinnige Internetkäufe zu tätigen, Marmelade einzukochen, mir die Lippen zu schminken, mich hängen zu lassen, bescheuerte Diskussionen zu führen, den ganzen Vormittag im Bett zu verbringen und alles andere, wonach mir im Augenblick ist. Ich habe ein Recht dazu. Mehr noch, ich sollte solche Eigenwilligkeiten sogar pflegen. Schließlich ist es das, was mich ausmacht. So bewahre ich mir meine Individualität. Ich tanze damit vielleicht aus der Reihe. Doch gleichzeitig demonstriere ich damit meine Stärke und Unabhängigkeit.

Übung 49:

Hebeln Sie alle Regeln aus, die Sie einschränken oder die Sie als sinnlos empfinden. Essen Sie zuerst das Dessert und dann den Hauptgang. Tragen Sie Ihr T-Shirt verkehrt herum. Oder kündigen Sie den Job und machen Sie sich selbständig. Es spielt keine Rolle, ob Sie im kleinen oder großen Stil aus der Reihe tanzen. Sie sollten es bloß unbedingt tun.

Wenn Sie an Ihrer Situation etwas verändern wollen, wenn Sie mehr Spaß, Leidenschaft und Lebendigkeit suchen, müssen Sie über Ihren Schatten springen, sonst bewegt sich in Ihrem Leben nichts. Also lassen Sie es krachen. Verhalten Sie sich jenseits der gesellschaftlichen Normen. Tanzen Sie aus der Reihe. Und lassen Sie sich dabei von nichts und niemandem abhalten.

3. Schöner scheitern

Millionäre stehen während ihres Erwerbslebens im Durchschnitt dreieinhalb Mal vor dem Bankrott. Erfolg hängt also ganz wesentlich von der Fähigkeit ab, Misserfolge in Kauf zu nehmen und aus Fehlern zu lernen.

Gehören Sie zu den Frauen, denen der Alltag regelmäßig über den Kopf wächst und die sich insgeheim fragen, ob ihr Leben unter anderen Vorzeichen wohl ein bisschen schöner, bunter und sinnlicher aussehen würde? Spaß und Leidenschaft sind Ihnen irgendwie abhandengekommen, aber Sie rühren sich nicht vom Fleck, scheuen jedes Risiko und vertrauen lieber darauf, dass es schon irgendwie gutgehen wird?

Schade, denn so erfahren Sie natürlich nie, wie es anders sein könnte.

Die einzige Möglichkeit: Ergreifen Sie die Initiative. Bringen Sie den Mut auf und riskieren Sie etwas. Im Kleinen wie im Großen. Wenn Ihnen Ihr Leben bislang zu wenig Glamour und Sexappeal hergab, dann tun Sie etwas dagegen. Tragen Sie etwas Gewagtes am Arbeitsplatz und verleihen Sie dem grauen Alltag damit ein bisschen Glanz.

Peinlich? Unangenehm? Und wenn schon. Wenn ich etwas verändern will, muss ich zunächst einmal lernen, meine Komfortzone zu verlassen und persönliche Peinlichkeitsgrenzen zu überwinden. Der amerikanische Flirt-Guru Ross Jeffries empfiehlt hier eine etwas eigenwillige Abhärtungstherapie: Gehen Sie doch einfach mal eine Woche lang zu McDonald's und verlangen nach Sushi oder Pizza. Jeffries nennt das »Desensibilisierung von Peinlichkeiten«. Der Effekt: Wer sich über einen längeren Zeitraum hinweg in dauerhafter Peinlichkeit bewegt, merkt, dass dieses Gefühl vor allem im Kopf entsteht. Und wenn es nur in unserem Kopf passiert, dann sollte es auch möglich sein, daran etwas zu ändern.

Übung 50:

Ich behaupte mal: Wer sich erst mal mit einer Federboa ins Büro getraut hat, der muss sich über mangelnden Glamour und Sexappeal in seinem Leben nicht mehr beklagen. Sie glauben mir nicht? Probieren Sie es aus. Mehr Mut zum Risiko ist gefragt, wenn Sie etwas bewegen wollen. Wer Veränderung sucht, der muss sich etwas trauen. Brechen Sie aus Ihrer Routine aus. Nehmen Sie gezielt Dinge in Angriff, die Ihnen nicht besonders leichtfallen oder unangenehm sind. Machen Sie es trotzdem und zwingen Sie sich so, Ihre Komfortzone zu verlassen. Machen Sie etwas einmal bewusst anders, auch auf die Gefahr hin, zu scheitern. Nur so kommen Sie weiter.

4. Kleine Fluchten als Realitätscheck

Auch um dem grauen Alltag zu entfliehen, ist in erster Linie Eigeninitiative gefragt. Suchen Sie sich gezielt etwas aus, was Sie sich eigentlich nicht zugestehen. Champagner zum Frühstück. Ein exklusives Schmuckstück. Leisten Sie sich kleinere Extravaganzen oder verschaffen Sie sich ein Erlebnis, das Sie beflügelt, bereichert und berührt. Und sei es einfach nur ein Konzert, eine Ausstellung oder ein Kinobesuch. Gönnen Sie sich kleine Fluchten aus dem Alltag. Erst so merken Sie wieder, wo Sie stehen und wo Sie eigentlich hinwollen. Verstehen Sie derlei Extravaganzen als kleinen Realitätscheck, den Sie hin und wieder durchführen sollten, um herauszufinden, was Ihnen eigentlich wichtig ist. Befreien Sie sich selbst zumindest für einen bestimmten Zeitraum von den Fesseln des Alltags.

Ich wollte einmal unbedingt auf ein Konzert der brasilianischen Sängerin Bebel Gilberto. Allerdings hatte ausgerechnet an diesem Tag mein Sohn Geburtstag. Das würde in jedem Fall eng werden, soviel stand schon mal fest. Ich hatte also die Alternative: entweder ein schönes Konzert oder ein aufgeräumtes Kinderzimmer am nächsten Morgen. Glücklicherweise habe ich mich für das Konzert entschieden. Auch wenn ich zugeben muss, dass es schon verdammt stressig war. Und dem Chaos in der Küche, dem Kinderzimmer und eigentlich der gesamten Wohnung am nächsten Morgen zu begegnen, war nicht sonderlich reizvoll. Auch die Kinder punktgenau ins Bett zu bringen, mich selbst fertig zu machen, auf das Konzert zu hetzen – all das war wirklich nicht ohne. Ich habe meiner Begleitung gesagt, ich könnte es gerade so zum Konzertbeginn schaffen, keine Minute früher. Er müsse sich um Karten, Sitzplätze und Getränke kümmern. Und ich könnte von Glück reden, wenn ich den Anfang des Konzertes nicht verpasse.

Es war ein Riesenstress. Keine Frage.

Aber dann saß ich da, in der riesigen Konzerthalle, lauter begeisterte Musikfans in gespannter Erwartung, die eigene Vorfreude, die charmante Begleitung – der ganze Stress war auf einmal wie weggeblasen und das Küchenchaos auf jeden Fall weit, weit weg.

Es ist allein unsere Aufgabe, für ein bisschen Spaß und Abwechslung in unserem Leben zu sorgen. Erst dann wird einem bewusst, wie wichtig es ist, Termine und Verpflichtungen einfach mal loszulassen und wieder Raum für Erlebnisse zu schaffen, die uns beflügeln. Und klar, das Geburtstagschaos am nächsten Morgen war beträchtlich und der Babysitter teuer. Und doch ist all das kein Grund, auf solche kleinen Highlights grundsätzlich zu verzichten. Denn genau da finden wir doch den nötigen Spaß, die Leidenschaft und Lebendigkeit, für die im Alltag immer kein Platz mehr bleibt. Und das wäre um einiges schlimmer als eine unaufgeräumte Küche am nächsten Morgen.

Es liegt allein an uns, glücklich zu sein und das Leben zu genießen.

5. Kinderfreie Zonen schaffen (1)

Das Schlafzimmer ist der kleinste Raum in der ganzen Wohnung. Darin steht immer noch dieses alte 1,40 Meter breite Bett, das man noch aus Studentenzeiten hat. Längst wollte man sich mal etwas Neues und Schönes leisten. Aber nun gut, man kennt das, nichts ist so dauerhaft wie eine Übergangslösung. Der Wäscheständer steht mehr oder weniger fest etabliert auf der einen Seite. Auf der anderen stapelt sich die Bügelwäsche. Die Bettwäsche ist von Ikea und von dieser seltsamen Qualität des Möbelgiganten, dass sie mindestens die ersten 20 Wäschen ungewöhnlich steif und widerspenstig ist, um sich dann direkt in ein löchriges, abgewetztes Wäschestück zu verwandeln. Das

Schlafzimmer ist der einzige Raum, der den Eltern vorbehalten ist. Und ausgerechnet der sieht nicht selten aus wie eine schäbige Rumpelkammer.

Die eigenen vier Wände sind ein Spiegelbild dessen, wie wir uns selbst sehen. Und wer ein solches Schlafzimmer zu Hause hat, macht deutlich, dass er die eigenen Bedürfnisse stets hinten anstellt und anderen den Vortritt lässt. Da wird improvisiert und über Jahrzehnte hinweg mit Notbehelfen gelebt. Doch woran es meistens fehlt, ist nicht das nötige Kleingeld, sondern der ausreichende Bezug zu sich selbst.

Eine Wohnung sagt viel darüber aus, was einem wichtig ist. Ich habe Kinder, und die haben eine sehr hohe Priorität in meinem Leben. Die Wohnung ist also freundlich und kindertauglich eingerichtet. Es gibt keine kostbaren Designer- oder Erbstücke, die so positioniert sind, dass sich ein Kind in der Wohnung kaum noch bewegen kann, ohne etwas kaputt zu machen. Der Fußboden ist robust, so dass man auch mal mit Wasserfarben auf dem Boden malen oder mit Spielzeugautos um die Ecke flitzen kann. Und trotzdem ist diese Wohnung auch meine Wohnung. Sie ist Ausdruck meines Stils und meines Geschmacks. Ich umgebe mich gerne mit schönen Dingen. Und daran hat auch mein Muttersein nichts geändert.

Da hängt keine Schaukel im Türstock des Wohnzimmers. Da gibt es keine Möbel, die allein praktischen Gesichtspunkten genügen. Da werden nicht die untersten Regalfächer ausgeräumt, sobald das Kind ins Krabbelalter kommt. Da stapeln sich nicht die Comics und Bilderbücher neben meinem Bett. Da gibt es keine angemalten Wände. Und da liegen auch keine Spielsachen überall in der Wohnung verstreut herum. Dafür gibt es ein Kinderzimmer. Und genau da gehört das alles auch hin. Ich lasse ja schließlich auch nicht meine Unterhosen im Kinderzimmer herumliegen.

Die Außenwelt ist ein Spiegel der Innenwelt. Wie es um meine Innenwelt bestellt ist, spiegelt sich auch darin wider, wie ich mir meine Umgebung gestalte. Die Wohnung, in der sich wahlweise in den Ecken das Spielzeug türmt oder aber flächendeckend über den Boden verteilt ist und die über und über mit Kinderfotos und -zeichnungen tapeziert ist, erweckt nicht gerade den Eindruck, dass die dazugehörigen Eltern auf so etwas wie ein eigenes Leben oder eine Privatsphäre Wert legen. Ich liebe Kinderzeichnungen und ich habe jede Menge davon. Es stört mich auch nicht, wenn die Brio-Eisenbahn mal für ein paar Tage im Wohnzimmer aufgebaut bleibt. Nur grundsätzlich bin ich der Meinung, dass es ganz klar einen Kinderbereich und einen Erwachsenenbereich geben sollte – zwei Bereiche, die jeweils unterschiedlichen Bedürfnissen genügen und zusammen genommen eine Wohnung ergeben, in der sich nicht nur Kinder, sondern auch Erwachsene wohl fühlen.

Es ist alles eine Frage der Prioritäten. Und der Achtung vor sich selbst.

6. Kinderfreie Zonen schaffen (2)

Gleiches gilt für jeden anderen Bereich des Lebens. Wer sich gestresst oder überfordert fühlt, braucht ein Rückzugsgebiet jenseits von Haushalt und Familie. Für manche ist es der Beruf, der einem den nötigen Gegenpol bietet. Für andere ist es das Hobby, bei dem man Inspiration und Muße finden kann. Wieder anderen hilft die Konzentration auf geistige Inhalte, die Beschäftigung mit Kunst und Kultur, der Besuch von Bibliotheken, Museen, Parks, Theatern oder Galerien. Auch bei der Betrachtung der Natur kann man Erholung finden.

Ich habe mal nach ein paar äußerst turbulenten Weihnachtsfeiertagen die komplette Ausgabe des vergangenen Jahres von

Architectural Digest durchgeblättert. Wie gebannt. Völlig versunken. Stundenlang. Ich habe dabei unzählige schöne und erbauliche Dinge entdeckt und immer und immer wieder betrachtet. In dieser Beschaulichkeit lag beinahe schon etwas Meditatives. Ich hatte meine Aufmerksamkeit und Konzentration auf etwas gelenkt, das absolut nichts mit Kindern oder Haushalt zu tun hatte. Und genau darin lag der regenerative Effekt.

Oft hilft auch weniger Anspruchsvolles: Fernsehen, Joggen, Shoppen, im Internet surfen, Bier trinken. Oder Kreatives wie Nähen, Stricken, Töpfern. Backen Sie Plätzchen. Schreiben Sie ein Gedicht. Zupfen Sie Unkraut. Besuchen Sie eine Karaoke-Bar. Starren Sie Löcher in die Decke. Machen Sie einen Spaziergang. Egal, was Sie tun, tun Sie es für sich – und ohne Kinder.

Wichtig ist nur, dass Sie sich dazu verpflichten, eine Pause einzulegen und etwas zu tun, was Ihnen Freude bereitet und Entspannung verspricht, wenn Sie sich frustriert, überfordert, festgefahren oder gelangweilt fühlen. Die Arbeit oder der Haushalt können warten. Und vielleicht lassen sich nach einer kleinen Pause die Dinge noch viel schneller erledigen. So bekommen Sie den nötigen Elan, mit dem sie sich wieder Ihren eigentlichen Aufgaben widmen.

Schlusswort

»Haben Sie auch das Gefühl, stets auf dem Sprung zu sein? Immer in Topform mit guter Laune allen Stress zu bewältigen und nie an Tempo zu verlieren? Kennen Sie den Druck, eine erfolgreiche Frau mit endlosen Energiereserven sein zu müssen?« Was ein großer Kosmetikkonzern da auf dem Beipackzettel seiner »innovativen Anti-Müdigkeitspflege« als weibliches Problem erkannt haben will, mag zwar den Alltag vieler Frauen im Großen und Ganzen treffen. Die Frage ist nur, ob eine Hautcreme mit dem klingenden Namen *Skin-Ergetic* da wirklich Abhilfe versprechen kann.

Fast jede Frau, die sich jeden Tag aufs Neue tapfer durch ihren Alltag kämpft, kennt dieses Gefühl: Statt Spaß, Leidenschaft und Lebensfreude nichts als Pflicht und Perfektion. Aufgerieben zwischen beruflicher Karriere und Mutterdasein kommen die eigenen Bedürfnisse sowieso immer zu kurz. Und das, so stellen nicht wenige dann enttäuscht fest, hat sich mittlerweile auch auf ihr Aussehen und die eigene Zufriedenheit ausgewirkt.

Kosmetikkonzerne und Modeindustrie versprechen da bereitwillig Abhilfe und bieten an, mit einer neuen Hautcreme oder einem neuen Styling das weibliche Lebensgefühl wieder in Form zu bringen. Dabei fehlt es den heutigen Frauen nicht an innovativen Lifestyleprodukten, sondern an der richtigen Balance zwischen fremden Erwartungen und dem, was sie selbst vom Leben erwarten. Doch die kann jede Frau nur für sich selbst und nach ihren eigenen Prioritäten herstellen.

Smart, souverän und sexy – davon ist so manche berufstätige Frau und Mutter weit entfernt. Aber nicht etwa, weil sie nicht attraktiv wäre, sondern weil ihr angesichts der Doppel- und Dreifachbelastung moderner, emanzipierter Frauen die nötigen Freiräume abhandengekommen sind. Doch es gibt immer die Möglichkeit – und einiges davon, so hoffe ich, konnte ich in diesem Buch aufzeigen –, sich die nötige Souveränität und Gelassenheit im Alltag zurückzuerobern, so dass wieder genügend Raum bleibt, auch die charmante, witzige und geistreiche Seite der eigenen Weiblichkeit hervorzukehren. All das ist möglich. Der Schlüssel dazu liegt in einem emanzipierten Selbstverständnis.

Was Frauen brauchen, ist keine teure Antifaltenpflege, sondern ein neues, realistisches Selbstbild. Dazu gehört die nötige Souveränität und innere Unabhängigkeit, sich gängigen Glücksversprechen von Erfolg und gutem Aussehen zu widersetzen und für sich selbst zu entscheiden, was einem im Leben wichtig ist. Dazu gehört aber auch, sich wieder in einem entspannten Umgang mit der eigenen Weiblichkeit zu üben.

Bieten Sie dem Alltagsstress die Stirn. Tragen Sie einen Rock und hohe Absätze. Oder überzeugen Sie mit einem eigenen Kopf und einer eigenen Meinung. Ganz wie Sie wollen. Beides ist extrem sexy. Machen Sie die Dinge einfach so, wie Sie es selbst für richtig halten. Aber stellen Sie Ihr Recht auf eine weibliche Ausstrahlung nicht länger in Frage, nur um irgendwelchen verstaubten Ansprüchen einer emanzipierten Norm zu genügen. Geben Sie sich aber auch nicht der Illusion hin, das perfekte Äußere oder aber das perfekte Nebeneinander von Kind und Karriere würden Ihnen Glück und Zufriedenheit garantieren. Denn eines sollte mit diesem Buch deutlich geworden sein: Wer sich stets an unerfüllten Erwartungen misst oder fremden Zielen hinterherjagt, hindert sich selbst am meisten daran, genau das zu haben, zu tun und zu sein, was man wirklich will.

Smart, souverän und sexy – das widerspricht weder dem Ideal einer guten Mutter noch dem der hart arbeitenden Karriere-frau, sondern das sollte im Gegenteil das Mantra jeder moder-nen und emanzipierten Frau sein.

Dietlind Tornieporth

Die perfekte Verführerin

Wie Sie garantiert jeden Mann erobern

Bislang wurden Frauen angebaggert, aufgerissen, rumgekriegt und flachgelegt. Das ist jetzt vorbei.

Frauen, die dieses Buch gelesen haben, können in Zukunft selbst bestimmen, welche Männer sie kennenlernen, mit welchen sie sich verabreden und mit welchen sie Sex haben wollen. Egal, ob es nun der Mann fürs Leben oder ein prickelndes Wochenende in Paris sein soll.

Denn »die Kunst der Verführung ist keine Masche«, sagt Dietlind Tornieporth, »sondern eine Lebenshaltung.« In das Geheimnis, wie man diese Kunst perfektioniert, weiht *Die perfekte Verführerin* ein – von der ersten Annäherung über das Wecken von Begehrlichkeiten bis zum Ziel der Wünsche.

Mit unentbehrlichen Tipps, erprobten und überraschenden Strategien, basierend auf der Psychologie der Verführung. So geht garantiert jeder Mann ins Netz!

Knaur Taschenbuch Verlag